Goethe's
Werke.

動乱の意《い》想《そう》メフィストフェレスめく

玄月

edit gallery

ゲーテ全集　所蔵：モデュレックス 光冊房

撮影　熊谷聖司

千夜千冊エディション

観念と革命

西の世界観Ⅱ

松岡正剛

角川文庫
21871

千夜千冊 EDITION

松岡正剛

観念と革命

西の世界観 II

前口上

なぜ西の現代史はドイツの二度の敗戦と逆上に向かったのだろうか。
カント、フィヒテ、ヘーゲルの観念哲学は昆虫の巣にすぎなかったのか。
ショーペンハウアーとニーチェのシナリオは非‐共同体の幻想だったのか。
本書は、その後のマルクスとハイネ、レーニンとトロツキー、
フッサールとハイデガー、サルトルとカミュを対比しつつ、
二十世紀前半の西の「喘《あえ》ぎ」と「変奏」と「唐突」を綾《あや》模様にしてみた。

目次

第一章　ドイツという観念

第二章　神は死んだのか

第三章　青年・戦火・革命

第四章　危機の二十世紀哲学へ

第一章 ドイツという観念

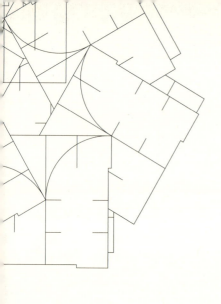

ヴォルフガング・フォン・ゲーテ『ヴィルヘルム・マイスター』
ヨハン・ゴットリープ・フィヒテ『ドイツ国民に告ぐ』
フリードリッヒ・ヘーゲル『精神現象学』
フリードリッヒ・ヘルダーリン『ヘルダーリン全集』
カール・フォン・クラウゼヴィッツ『戦争論』
カール・マルクス『経済学・哲学草稿』
ハインリッヒ・ハイネ『歌の本』

ゲーテがドイツ的な「世界世代」を支え、
ドイツ人のための「世界修養」の方法を描く。

ヴィルヘルム・マイスター

ヴォルフガング・フォン・ゲーテ

山崎章甫訳　岩波文庫　全六巻　二〇〇〇・二〇〇二

Johann Wolfgang Goethe: Wilhelm Meister 1796–1829

惟《おも》うにヴィルヘルム・マイスターを語るということは、ドイツにおける精神の修養の過程をあますところなく語るということで、ドイツ人の修養を語るとはまさにゲーテを語ることなのである。ゲーテを語ることはドイツの感情そのものを語ること、ドイツの感情はその最もドイツ的な時象を語ることにほかならない。

そのドイツ的な時象を語るにはゲーテやシラーの疾風怒濤《しっぷうどとう》を語らないかぎりは、何も始まらない。すべてがゲーテで始まったとは言わないけれど、近代ドイツを語ることは大ゲーテに出自する。

ドイツ観念論が絶頂期に向かうなかで、一番の天才だったろうシェリングが、一八一一～一四年に『世界世代』という野心的な歴史観の企てを綴《つづ》ったことがある。神の時代から自分が属する現在までを通観したものだが、未完のままになっている。

この本でシェリングは「自分が属する現在」を示した。どういう現在かというと、カント『純粋理性批判』（一七八一～八七）、フィヒテ『全知識学の基礎』（一七九四）、ゲーテ『ヴィルヘルム・マイスターの修業時代』（一七九六）、ヘルダーリン『ヒュペーリオン』（一七九七～九九）、ヘーゲル『キリスト教の精神とその運命』（一七九八）、シェリング『超越論的観念論の体系』（一八〇〇）、シラー『崇高について』（一八〇一）、ヘーゲル『精神現象学』（一八〇七）、フィヒテ『ドイツ国民に告ぐ』（一八〇八）、ベートーヴェン《運命交響曲》《田園交響曲》（一八〇八）といった著作や作品が集中した、あの「ドイツ的現在」のことをいう。それが世界世代なのである。

数年後、ドイツ・ロマン派の旗手となったフリードリヒ・シュレーゲルは、この世界世代的現在をつくったのは、フランス革命とフィヒテの知識学とゲーテの『ヴィルヘルム・マイスター』によるものだったと強調した。

のちに〝解釈学の父〟と呼ばれることになるヴィルヘルム・ディルタイは、カント以降のドイツの精神潮流（つまり世界世代によるドイツ的現代）が一七七〇年～一八〇〇年のあいだに頂点に達したと述べた。

まあ、そうだろう。ディルタイを継承したヘルマン・ノールはそれを「ドイツ運動」

と名付け、のちの哲学史はこの時代を「ドイツ観念論の時代」と総称した。これまた、そうだろう。そう言うのがふさわしい。そうだとすると、ゲーテはこれらすべてを覆っていたわけである。ゲーテの存在はそれくらい大きい。

ヨハン・ヴォルフガング・フォン・ゲーテは一七四九年に生まれて一八三二年まで生きて、八二歳の長寿をまっとうした。十七歳でライプツィヒ大学の法学部に入ったときは、ヴォルテールの『寛容論』やライプニッツの『人間知性新論』が学生たちの話題になっていて、二五歳で書いた『若きウェルテルの悩み』がベストセラーになったときは、ワットの蒸気機関やトマス・ペインの『コモンセンス』やアダム・スミスの『国富論』がニュースになっていた。

このあとカントの『純粋理性批判』やルソーの『告白』やフィヒテの『全知識学の基礎』といった瞠目《どうもく》すべき著作が連打されるのだが、ゲーテが『ヴィルヘルム・マイスターの修業時代』を世に問うたのは、一七九六年の四七歳のときである。その直後、ゲーテはナポレオンが祖国ドイツに侵攻してきた馬上の雄姿をイエーナやワイマールで見ていた。そのナポレオンさえゲーテの前に出たときは「私はあなたのファンである」と言った。

長寿だったからゲーテがドイツ観念論の時代やシュトゥルム・ウント・ドラングやロ

マン派の時代を覆ったのではない。おそらくヨーロッパの史的言語に早くから堪能だったことが、ドイツ人ゲーテを世界精神化したのだと思う。シェリングの言う「世界世代」の先駆けになれたのだと思う。少年期からギリシア語、ラテン語、ヘブライ語、イタリア語、フランス語、英語のリテラシーにふれ、やがて習熟していった。

もう二つほど、ゲーテをませさせたことがある。ひとつは小さな頃から物語や伝説のたぐいを片っ端から読んでいたことだ。なかでもフェヌロンの『テレマックの冒険』とデフォーの『ロビンソン・クルーソー』がお気に入りで、このあたりに独自者が教養と経験を身につけて未知の世界を克服していくというビルドゥングス・ロマン（教養小説・自己形成小説）の母型があったとおぼしい。

年上の女性に憧《あこが》れる傾向をもっていたことも気になる。十四歳のときに近所の料理屋のグレートヒェンという年上の娘に初恋をした（失恋もした）のは有名な話だが（グレートヒェンはのちの『ファウスト』第一部のヒロインの名になった）、ライプツィヒ大学にいたときも、通っていたレストランの娘ケートヒェンに惚《ほ》れた。やはり二、三歳年上のお姉さんだった。年上に惚れっぽいのは、べつだん珍しいことではないけれど、ゲーテにおいては特段なのである。

カール・アウグスト公の招請で滞在することになったワイマール公国でも、二六歳のゲーテは七つ年上で七人の子どもがいるシュタイン夫人と十年にわたって深い交際に陥《い》った。年上の女性に惹《ひ》かれたからというのではないが、遠いもの、高いもの、孤高を容れざるをえないことがゲーテをゲーテたらしめたのである。

ぼくは、ゲーテを語ろうとはしてこなかった。こういう言い草は不遜《ふそん》とも奇異とも聞こえるかもしれないが、ゲーテをしてゲーテに語ってもらうのが好きだったのだ。読んでいさえすれば、それで充分だった。とくにエッカーマンが記録した『ゲーテとの対話』（岩波文庫・全三巻）で、ゲーテの語るところにひたすら耳を傾けているのが好きだった。ニーチェがルター訳聖書とショーペンハウアー『意志と表象としての世界』と『ゲーテとの対話』の三冊だけで、その思索の始点と終点をいつも決めていたというのがよくわかるほどに、納得できた。

ただしぼくはニーチェとは異なる読み方をした。ゲーテの語りに最初に耳を傾けていたのは高校時代のことだったけれど、そのころ併読してみた『ツァラトストラかく語りき』や『この人を見よ』は痛くて尊大で辛くて高邁《こうまい》、陶酔的でありながらチクチクとしていた。それにくらべると、ゲーテの言葉を読んでいるのは音楽のような浄感があった。真実というものがあるとすればなるほどこういうものなのかと感じさせた。

それほどに『ゲーテとの対話』は、芸術者というものが何を見聞して何を表意しなければならないのか、そのことを連日連夜、ほぼ十年にわたって細部におよんで語りつづけた記録だった。こんな記録はほかにない。ドキュメンタル・モニュメントとして特筆すべきである。

さてそれはそれ、わが昔日のことは菫《すみれ》色の往時の片隅にそのまま日光写真のように放置して、今夜は坐《すわ》りなおしてゲーテをちょっぴりナマに語ることにする。

その時代はエステティックなモードからいえばロ、コ、コ、だったのである。ゲーテが十六歳で故郷のフランクフルトを出てライプツィヒ大学で法律を学んでいた一七六五年あたりのことだ。

ライプツィヒはそのころ「小さなパリ」と言われていて、このプチ感覚はロココの本質だった。それはフランスから移入された瀟洒《しょうしゃ》な文物主義というもので、なんでもプチにしさえすれば流行した。『情報の歴史を読む』（NTT出版）にも第五〇三夜のゾンバルト『恋愛と贅沢《ぜいたく》と資本主義』（至誠堂・論創社）にも書いておいたことだが、そのころフランスでは「贅沢」と「小物」が流行して、ゾンバルトによればそれが資本主義の起爆点にも成功の原資にもなった。

これがドイツに入ってプチ・フランス主義となって蔓延《まんえん》しはじめていた。ライプツィヒはそのショーケースのような町だ。

ゲーテはそんなライプツィヒで喀血《かっけつ》して体を壊し（結核だったようだ）、親戚の敬虔《けいけん》なクレッテンベルク嬢の感化によってアルノルトの『分派教会と異端者の歴史』を読んだのである。教会がしてきたことは、ひどかった。ゲーテは教会信仰を捨て、代わりに心の宗教に向かう。そのため一七七〇年にアルザスの風光に包まれたストラスブールの大学に入った。ドイツを感じた。ここでプチ・フランス主義を脱却することがゲーテの課題になっていく。

ゲーテが自身に負わせた課題は、ドイツ精神をフランス擬古主義の文学的植民地から脱却させようというものだ。これはどこか、本居宣長が「漢意《からごころ》」を排して「古意《いにしえごころ》」を思索しようとしたことに似ている。ゲーテにとってはフランスが漢意《からごころ》、ドイツ精神が古意《いにしえごころ》だったろう。ちなみに宣長とゲーテはまったくの同時代人だ。

翻って、「ドイツ精神はフランスから独立すべきだ」とゲーテに決断させたのはヨハン・ゴットフリート・ヘルダーだった。

ゲーテより五歳年上にすぎないが、ケーニヒスベルク大学で神学を修め、カントにも学んで早くから大知識人の器量を発揮した。ホメーロスとシェイクスピアをドイツにもたらし、民族文化の比較を可能にした。ぼくはヘルダーの自然と民族の個性を謳歌《おうか》する人間史が大好きなのだが、ゲーテこそはヘルダーに全身を揺さぶられた最初のシンパサイザーだったのである。

ここに勃興《ぼっこう》したのがいわゆる「疾風《しっぷう》怒濤《どとう》」（シュトゥルム・ウント・ドラング）というものだ。ヴォルテール流のプチ老成したフランス文芸思想を批判して、根源的自然の内在力を引き受けるような文芸や歌謡を奨励するもので、とりわけドイツ的個人の天才的才能の発露を期待した。「もう外人はたくさんだ」という叫びでもあった。こうしてヘルダーとゲーテを筆頭に、ドイツ詩人の意情の個性が沙羅《さら》双樹《そうじゅ》のごとく開花する。ゲーテはこれを「疾風怒濤」とはせずに「ドイツ文学革命」とよんだ。

この時期、ゲーテが牧師の娘と恋をして、自分の才能を選ぶためにこの娘を捨てたことは、その後のゲーテ生涯の自責になって、のちのち『ファウスト』のグレートヒェンとなっていくのだが、それはいまは問わない。ともかくゲーテは娘を捨てて、ドイツの法精神の昂揚《こうよう》のためフランクフルトで弁護士を開業した。その一方で自由のために闘う篤実剛毅《とくじつごうき》な中世騎士を主人公とした戯曲『ゲッツ・フォン・ベルリヒンゲン』を書き、他方では恋に自殺する『若きウェルテルの悩み』（岩波文庫ほか）を小説にして、その名を一躍とどろかせたのだった。法と文学の両刀づかいである。

デビューは鮮やかだった。自身の才覚に無窮も感じただろう。だからふつうなら、これでゲーテは大作家に終わっても文句は言えまいにそうしなかったのは、次の究極の体験が待っていたからだった。

一七七五年、ゲーテは人口一万人に満たないワイマール公国の宮廷に入る。二六歳だ。若くしてドイツのどんな市民生活からも得られぬ全局的な活動の舞台を与えられたのである。それを出世とよんでいいのかどうかわからないが、九ヵ月後には枢密院に議席をもつ顧問官となって、若き大公カール・アウグストと奔放な遊楽を享受した。

それならそのまま遊びほうけてもよかったのに、この若き文豪はまたしてもそうならない。アウグストを英明な君主たらしめるために、あらゆる知識と政務の提供をすることにした。そこで研究着手したのが、のちの自得自若な自然科学観を形成する解剖学や植物学や色彩学への放電だ。鉱物学・地質学・動物学への投身だ。学知によって英明のパースペクティヴを息づくものに仕立てあげようと試みたのである。これは凄《すご》かった。ゲーテの原型思考がみごとに発揚された。ドイツ語で「ウル」(ur-)と言う。ウルの魂だ。そのウルをもって広範囲な領域にとりくんだなんて、のちのキュビエかラマルク以外には見当たらない。

なかでも「形態学《モルフォロギー》」の着想と構想が卓抜だった。ゲーテの科学はのちの科学史でも話題になった『色彩論』をはじめ、いずれも集中的な推理力によって独創された成果であるけれど、そのすべての下敷となったのが「内に秘められた原型」(Urform)がしだいに形を変容させて成長する」という形態学思考というものだ。

ぼくがこのようなゲーテの思考方法に惹かれたのは「遊」を創刊する直前のことである。なんと凄いことを構想するものかと引きずりこまれた。だから「遊」の第一期にひそんでいる視線の一部はいくらかゲーテから受け継いだものだった。そのことをたちどころに喝破してくれたのは、発生学者の三木成夫《しげお》さんである。三木さんは「シュタイナーにならないゲーテ主義者」だった。

ゲーテは三二歳で貴族に列せられ、ついで宰相となっている。自信を高揚させることも自分の欠陥を洞察することもともに得意なゲーテにとっては、宰相としてのワイマールの日々は極上無比だったろう。

ゲーテの意情には「内なる王国理念」のようなものがあったのだろう。生まれ育ったフランクフルトは神聖ローマ帝国皇帝の戴冠式《たいかんしき》が必ずおこなわれていた町である。少年ゲーテはヨーゼフ二世の戴冠を目の当たりにして胸打ち震える昂揚を感じている。ワイマール公国はそのミニモデルだった。

こうしてゲーテは生涯の大半をワイマールに暮らす。晩年になってからのことだけれど、エッカーマンにも何度もワイマールという国のすばらしさを説いている。ゲーテを慕い、ゲーテを包んだシュタイン夫人の慈愛のようなものも大きかったのだろう。どこで読んだか忘れたので正確な数はさだかではないが、たしかゲーテが彼女に送った手紙だけでも一七〇〇通をこえていたはずだ。

しかしそのようなゲーテでも、この理想主義的な活動の日々を抜け出さざるをえない日がやってくる。これが有名なイタリア旅行である。一七八六年九月からの約二年だ。ここでいよいよ『ヴィルヘルム・マイスター』の書き継ぎが始まった。これも本当かどうかは確かめてないが、このイタリア旅行はワイマールの誰にも知らせずに、旅立ったらしい。

のちに名著『イタリア紀行』としてまとまった体験については追走したいことがいくつかあるが（たとえばリルケやロレンスやタルコフスキーとの比較など）、ここでは省く。なかで二つだけあげるなら、「原《ウル》」と「変成《メタモルフォーゼ》の形態学」の概念を発見したこと、ゲーテ自身がヴィルヘルム・マイスターとして圧縮遍歴を体験したことだろう。

ゲーテはイタリアで「普遍」と「原型」を本気で探した。異国に赴いて「普遍」と「原型」を探しだすには、エキゾチシズムに溺《おぼ》れてはいられない。ゴーギャンがそうであったように、その土地の奥の深みと向き合っていく。それをゲーテは二年でやってのけた。モルフォロギーはメタモルフォーゼとなって動き出したのだ。

そのことをミハイル・バフチンは『イタリア紀行』でゲーテがブレンナー峠にさしかかったときの観察をあげて、褒めちぎったものだった。「アルプスの雲の変容と天気の変化は山塊のもつ引力による」とみなした個所である。たしかに『イタリア紀行』はそうしたメタモルフォーゼの自然観察に満ちている。ぼくが好きな花崗岩についても、ゲーテは岩石を地球の空間的配列から見つめたうえで、花崗岩にひそむ時間の堆積が原初の空間の記憶にあたっているのではないかというような指摘をしていた。

　ゲーテは、自分自身が全人的人格に達するための主人公《アバター》をつくりあげる作家だった。そのマスタープログラムが、大作『ヴィルヘルム・マイスター』である。ふつう文学史ではビルドゥングスロマン（Bildungsroman）と名付けているが、たんに教養小説というふうに理解しないほうがいい。「人格を形成するロマン」の〝形成する〟に重点がある。その形成もまるで森の大樹が成熟していくかというほどに長い。

　執筆はとんでもない長丁場になった。五十年以上をかけている。作品は、『ヴィルヘルム・マイスターの修業時代』とシラーの激励で再開して完成させた『ヴィルヘルム・マイスターの遍歴時代』に分かれて発表された。

　修業時代の主人公は裕福な商人の子で演劇を志している青年ヴィルヘルムである。旅まわりの一座とともにさまざまな地で多様な人物と多彩な体験をする。遍歴時代ではヴィルヘルムは息子のフェーリクスと二人で各所を訪れる。バフチンがさすがに「クロノトポス」（時の場）という用語を発明したように、ゲーテは主人公に交差してくるクロノトポスの結び目ごとに物語を発明していくのである。

けれども制作には長い年月がかかったわけだから、そこにはさすがのゲーテにも構想のためらいと表現の変更とがあった。静かに苛烈《かれつ》な恋もしたかった。

ワイマールに戻ったゲーテが、意外にも寂寞《せきばく》を思い知らされたということを、文学史家たちはどう見ているのだろうか。政務から退き、交友こそ絶たなかったものの、ひたすら普遍の人間であろうとしてワイマールの一隅に蟄居《ちっきょ》したことは、大才ゲーテの生きる計画のシナリオのどこにメモってあった予定表なのか。さすがにエッカーマンもこのことについては質問をしていない。

おそらくはどこにもなかったシナリオが、ここで発露したのだと思いたい。それは、クリスチアーネ・ヴルピウスという造花の花売り娘にゲーテの情感が血流のように注がれたことにあらわれている。ゲーテはこの少女を引き取って、ちっぽけな擬似時空のようなものをつくりあげた。いっさいの前歴を捨て、栄光を脇に押しやり、少女に賭けたのである。これがロリコンなら話はまだわかりやすいのだが、どうやらそんなものではない。やはりのこと、それはヴィルヘルムの人格の形成の結び目のひとつであり、かつまたこの少女を居住させた擬似時空体験を『ローマ哀歌』というまことに格調正しい様式の詩に昇華することだったのである。

ゲーテは、ナボコフにも川端康成にもならなかったのだ。それどころか途中で勃発したフランス革命のさなかには、対仏作戦の連隊長として二度にわたって従軍するとともに、戻ってからはワイマール宮廷劇場の総監督として、今度はあらゆる演劇的古典性の完成のために一身を捧げはじめた。その渦中に『ファウスト』と『ヴィルヘルム・マイスター』が書き継がれていったのだ。まったくもって想像を絶する精神と肉体のモルフォロギーである。そうしたなかで注目せざるをえないのは、ゲーテがどんな渦中においても少女というものを憧憬《どうけい》しつづけていたということだ。

ゲーテにおける少女がどういうものなのか、覗《のぞ》きたいのならやっぱり『ファウスト』を読むべきだ。『ヴィルヘルム・マイスター』はそのあとでないとわからない。

ファウストがメフィストフェレスに魂を売ったという話ではない。壮大な生命観の賛歌をめざした話である。ファウスト博士が自身の罪業を負い、「悪」と戦う活動精神の悲劇を描いているのであって、メフィストフェレスは悪魔というより、つねに「悪を欲することによってかえって善をなしている人格」なのである。この逆倒のメフィストフェレスを受信することこそ、『ファウスト』の読法の本懐になる。のちに手塚治虫が想像力の源泉としたものだった。

それなら、ファウストは自身の活動の善と悪とをどこで分けているかといえば、まさに少女グレートヒェンに接しているときにおこす補償の気持ちによってしか、内なるメフィストフェレスとの分別が叶《かな》わなかった。

グレートヒェン(Gretchen)は本名がマルガレーテという貧しい父なし子で、立派なことも器用なこともできないのだけれど、愛することだけを知っているという、そういう少女だ。それでグレートヒェン(いつかめざましく成長する少女)と愛称されて、ファウストの前に現れる。少女に慕われたファウストは、そのときはただ忽然《こつぜん》と活動力を失っていく。ファウストは活動こそが生きがいの精神ロボットなのである。グレートヒェンには愛だけがある。ファウストはその愛によってメフィストフェレスとの契約を破れるはずなのだが、その愛の前には活動がおこらない。アニメーション(アニマ・モーション)がエマネーション(流出)につながらない。

かくしてブロッケン山頂で開かれている「ワルプルギスの魔女の祝宴」の夜、誤って赤子殺しという罪を犯したグレートヒェンの幻影をファウストははっきり見たはずなのに、その決定的瞬間に活動を何らおこせなくなっていく。このためグレートヒェンは獄門に送られる。このときファウストが何を考えたのかが『ファウスト』全巻のテーマになっている。

ゲーテはファウストの罪を厳正に描いた。その罪とは、すでに壊れてしまった相手の姿がそこにあることを知っているという、そのことなのである。ファウストの罪はゲーテの罪である。失意を知っていながら放置していたことが罪なのだ。ゲーテにとっての少女もまた、フラジリティの極北だった。かくして『ファウスト』の最後は、こういうふうになっている。「永遠的なるものは女性的なるものである、そこへわれらをひいて昇らしめよ」。

ふりかえって、主人公ヴィルヘルム・マイスターは、失恋の末に演劇に身を投じた青年だった。ずたずたになった魂の回復のために一座に交じり、結社に入り、多様な体験を通過して、他者を知る。そのうち魂の回復はこの他者との共働性の中にしかないことを知る。しかしそのためには、時象の総体をできるだけ小さくしながら受け止めて、ともに働く者たちとのあいだで意情をこそ共有しなければならない。青年はそれを知るためにのみ修業と遍歴を重ねてきた。

グレートヒェンは男装の少女ミニョンであり、ミニョンと組んでいる老いた竪琴《たてごと》師は、ゲーテがイタリア旅行で出会った老人の「原型」なのだ。ぼくはこれを最初に読み進んだとき、すぐさま『華厳経』の入法界品《にゅうほっかいぼん》を思い出し、マイスターが五三人の善知識を訪ね歩いた善財童子に見えたものだった。けれども善財童子の目標は解脱《げだつ》であって覚醒である。ゲーテがヴィルヘルム・マイスターに託した目標はそういうものではなかった。それはあえていうなら華厳よりも華厳禅に近く、華厳禅よりも曹洞禅に近い透体脱落だったのだ。

ゲーテが『ヴィルヘルム・マイスター』や『ファウスト』を書いたテーマを、多くの文学史では「人間にひそむ普遍性の探求だったとみなしている。それはそうかもしれないが、ぼくは「普遍性についてのドイツへの導入」もしくは「普遍性についてのドイツからの回答」だったと思いたい。

もう一度、天才シェリングが提示した「世界世代」という歴史観に戻ってみれば見えることだが、ゲーテの青年期から晩年までは、カントからヘーゲルに及んだドイツ観念論とノヴァーリスからベートーヴェンにおよぶドイツ・ロマン主義が時代を貫いていた時期だ。そのあいだヨーロッパはアメリカとの戦争、フランス革命、イギリス産業革命を通過し、続いてナポレオンによる制覇を受け入れざるをえなかった。その渦中、ドイツはなんらイニシアティブがとれなかったのである。一八〇六年にはナポレオンがイエーナを占拠し、ゲーテも町の連中の右往左往の手助けに走ったものだった。

こうした経緯は、ゲーテに「どこにでもあてはまる普遍性」など要求しない。むしろ「ドイツにこそひそむ普遍性」を追求させた。革命や断罪は求めなかった。王国を思い描いたのだ。楽観主義だろうか。そうかもしれないが、この「大いなる楽観」をゲーテが保証しつづけていたことが、フィヒテやシェリングやヘーゲルやノヴァーリスやシュレーゲル兄弟をして、世界世代にさせたのだった。ぼくはそう思っている。

加えて指摘しておかなければならないことがある。一言ですむ。それは『ヴィルヘルム・マイスター』の主題はおそらく「諦念《ていねん》」であろうということだ。日本流でいえば九鬼周造が「いき」とよんだものに近い。

この諦念は晩年のゲーテがさしかかった近代ヨーロッパ社会では、無視されるか唾棄《だき》されつつあるものだった。けれどもゲーテはこの諦念を大きくしようとした。そして人間が遠ざかる真実に、たとえ一瞬でもいいから夜陰にきらめく稲妻のような光を投げかけることを希《のぞ》んだのだ。この諦念は日本語に訳せば「無常」というものでもあるが、ゲーテの無常はひどく巨《おお》きなものだったのである。ゲーテはヴィルヘルム・マイスターをいいい無常のマイスターに昇華させたのだった。

ぼくはこのことが、のちのドイツ観念哲学やドイツ・ロマン主義の系譜を、キルケゴールやショーペンハウアーやニーチェの思想を、カフカやグラスの文学を支えていったのだと思う。のちに『ファウスト博士』という作品も仕上げてみせたトーマス・マンは『ヴィルヘルム・マイスター』がわれわれに告げているのは、いいかげんに個人主義的人道主義を捨てて、共働体で出会った者たちとの連帯をはかってほしいということだったのではあるまいか、と書いた。かくしてヴィルヘルム・マイスターは一から十までがドイツ最大の無常凱歌だったのである。

第九七〇夜　二〇〇四年四月二二日

参照千夜

一二〇〇夜：ヘルダーリン『ヘルダーリン全集』　一七〇八夜：ヘーゲル『精神現象学』　三九〇夜：フィヒテ『ドイツ国民に告ぐ』　二五一夜：ヴォルテール『歴史哲学』　九九四夜：ライプニッツ『ライプニッツ著作集』　六六三夜：ルソー『孤独な散歩者の夢想』　一一七三夜：デフォー『モル・フランダーズ』　一〇二三夜：ニーチェ『ツァラトストラかく語りき』　一一六四夜：ショーペンハウアー『意志と表象としての世界』　五〇三夜：ゾンバルト『恋愛と贅沢と資本主義』　九九二夜：小林秀雄『本居宣長』　九九九夜：ホメーロス『オデュッセイアー』　六〇〇夜：シェイクスピア『リア王』　五四八夜：ラマルク『動物哲学』　二一七夜：三木成夫『胎児の世界』　三三夜：シュタイナー『遺された黒板絵』　七五八夜：森鷗外『阿部一族』　四六夜：リルケ『マルテの手記』　八五五夜：ロレンス『チャタレイ夫人の恋人』　五二七夜：ピーター・グリーン『アンドレイ・タルコフスキー』　一六一夜：ナボコフ『ロリータ』　五三夜：川端康成『雪国』　九七一夜：手塚治虫『火の鳥』　一三二夜：ノヴァーリス『青い花』　六八九夜：九鬼周造『「いき」の構造』　六四夜：カフカ『城』　一五三夜：ギュンター・グラス『ブリキの太鼓』　三一六夜：トーマス・マン『魔の山』

フィヒテがカントを受け継ぎ、ナポレオンに対抗して、「知識学」による「感性の教育」を国民に訴える。

ヨハン・ゴットリープ・フィヒテ

ドイツ国民に告ぐ

石原達二訳　西洋の教育思想（玉川大学出版部）一九九九

Johann Gottlieb Fichte: Reden an die Deutsche Nation 1808

一人の哲人が国民のすべてに何かを訴えることは、歴史上においてもそうそうないことだ。フィヒテがそれをやってのけた。レーニンや孫文や浜口雄幸《おさち》やヒトラーやカストロのような政治家や革命家ではない。フィヒテは哲人であり、一介の大学教授だ。著述ではない。声を嗄《か》らしての肉声の演説だった。マイクロフォンもなかった。それも一回や二回ではない。一〇回をこえた。なぜフィヒテはドイツの国民に向かって熱烈な演説を連打しつづけようとしたのか。その肉声で何を訴えたかったのか。

ぼくがこの本の標題を知ったときの名状しがたい戦慄感《せんりつかん》のようなものは、何といったらいいか、ニーチェが「ツァラトストラかく語りき」とか「この人を見よ」と言ったということを知ったときと、よく似ていた。ドイツ国民に告ぐ？　そのころのドイツとはどういう国だったのか。大群衆を前にして語ったのだろうか。いやいや、大学の先生がそんなことをするはずがない。そもそもいったい、このフィヒテという男は何者だったのだ？

ヨハン・ゴットリープ・フィヒテは、一七六二年にザクセン地方ドレスデン近郊の寒村の職人の家に生まれた。八人きょうだいの長男である。幼くして聡明だったようだが貧しすぎて修学できず、近くの教会で聞くゲルマン神話に耽《ふけ》っていた。

そういう少年フィヒテに興味を寄せた男爵ミルティッツ侯がいて、そこに引き取られ、名門プフォルタ学院に入った。ここは青少年期のニーチェやランケが学んだところだ。一七八〇年にはイエーナ大学に進み、神学を修めた。ワイマール公国領の大学で、カール・アウグスト公のもとでゲーテが活動を始めると、たちまち文化センターとなり、シェリング、シュレーゲル兄弟、ヘーゲルらが学んだ。

ところがその間にミルティッツ侯が死去したため、学資がストップした。二六歳で研究を断念したフィヒテは、自殺を考えるほどの貧窮になったらしいが、友人の紹介でなんとかスイスで家庭教師の職を得た。このときカントのテキストを教材にした。

カント哲学に関心をもったフィヒテは一七九一年にケーニヒスベルク（現在はカリーニン

グラード）のカント翁を訪ねた。七十歳に近かった。そのときのカントの示唆は体の血を清新にした。その気分のまま処女作『あらゆる啓示批判の試み』（哲書房・全集1）を書き、カントの紹介で出版にこぎつけた。評判がいい。

一七九四年、イエーナ大学の教授職に就いた。「根本哲学」を主唱していたラインホルトの後任だ。すぐに『全知識学の基礎』（岩波文庫）を問い、知識人を唸《うな》らせた。これは惟《おも》うにイアン・ハッキングばりの編集的世界観の近代的な芽生えのひとつであって、またヘーゲルが組み上げることになる現象学の萌芽でもあった。

一七九八年、三十代後半になっていたフィヒテはしばらく哲学雑誌を編集していたのだが、そこに載せた文章が無神論だとの非難をうけ、論争に発展した。「無神論論争」だ。翌年、イエーナ大学を追われるようにして辞めたフィヒテは、若きシュレーゲル兄弟、シュライエルマッハー、ティークらのロマン派の文人たちと交流するようになって、新たなドイツ人としての深い自覚に入っていった。フィヒテが「ドイツ」や「ドイツの魂」を強く感じはじめたのはここからだったろう。

そこに立ち塞《ふさ》がったのがナポレオンである。ドイツ人にとってナポレオンの侵略がどういうものだったかは、日本人のぼくには想像を絶する。いろいろ書いてみたいことはあるけれど、その時代背景については略する。ともかくもフランス軍がプロイセンを支配するなか、ベルリン大学の哲学科の初代教授になった。

フィヒテは何度も軍靴の音が高まるベルリンで講演に立ち、祖国の再生を訴えたのである。ウンター・デン・リンデン通りにある真冬のベルリン科学アカデミーの講堂だ。講演は一四回。「我々」(das Wir) を語った。それが『ドイツ国民に告ぐ』である。

次のように演説を始めた。「独立を失った国民は、同時に、時代の動きにはたらきかけ、その内容を自由に決定する能力をも失ってしまっています。もしも、ドイツ国民がこのような状態から抜け出ようとしないなら、この時代と、この時代の国民みずからが、この国の運命を支配する外国の権力によって牛耳られることになるでしょう」。

そして、次のような趣旨を激烈に語っていく。


私がこれから始める講演は、三年前の冬に行った『現代の特質』の続きだ。私は先の講演においてわれわれの時代は全世界史の第三期にあたり、たんなる官能的利己心がそのすべての生命的な活動、運動の原動力になっているということを申しのべた。しかし同時にこれがために、利己心は行くところまで進みすぎて、かえって自己を失うに至ったのだとも申しのべた。

これでは行方を失いつつあるドイツは救えない。私はこの講演をドイツ人のために、もっぱらドイツ人についての出来事に絞って語りたい。なぜドイツ人のためなのか。それ以外のどんな統一的名称も真理や意義をもたないからなのだ。

　われわれは、未来の生を現在の生に結びつけなければならない。そのためにはわれわれは「拡大された自己」を獲得しなければならない。それにはドイツはドイツの教育を抜本的に変革する必要がある。その教育とは国民の教育であり、ドイツ人のための教育であり、ドイツのための教育である。

　私のこの講演の目的は、打ちひしがれた人々に勇気と希望を与え、深い悲しみのなかに喜びを予告し、最大の窮迫の時を乗り越えるようにすることである。ここにいる聴衆は少ないかもしれないが、私はこれを全ドイツの国民に告げている……。


　フィヒテの講演は、このあと新たな教育の提案に移っていく。それこそはドイツ人の、ドイツ人による、ドイツ人のための教育計画とその哲学の披瀝《ひれき》だった。ここでその内容をあっさり要約してしまうのは、フィヒテの演説の熱情と口調を失わせるのでしのびないけれど、やむをえずかいつまむと、提案はおおむね六項目にわたっていた。

（1）学校を、生徒が生み出す最初の社会秩序にするための「共同社会」にするべきだということ。

（2）教育は男女ともに同じ方法でおこなわれなければならないということ。

(3) 学習と労働と身体が統一されるような教育こそが、とくに幼年期から必要であること。
(4) 学校は「経済教育」をおこなう小さな「経済国家」のモデルであろうとするべきであること。
(5) 真剣な宗教教育こそが「感性界」を可能世界にしていくはずだということ。
(6) すべての教育は国民教育でなければならず、したがってすべての教育はドイツ人に共通のドイツ語でなければならないということ。

この六項目だ。いまではそれほど画期的なことを主張しているわけではないように見えるかもしれないが、当時の教育論がスイスのハインリッヒ・ペスタロッチの民衆救済型の農場的教育論に代表されている時期に、教育をドイツ人の民族観念や言語感覚と根本的に結びつけ、それを熱情あふるる口調で主張しつづけたということは、やはり尋常ではなかった。

フィヒテの思想は有機的で生命観に充《み》ちていた一方、きわどいところも差別的なところもある。とくにユダヤ人については警戒を解かなかったし、しばしば排撃的な言辞を用いた。のちに反シオニストらがフィヒテに心酔したのはそのためだ。

しかし、カント哲学を最初に継承したのもフィヒテだったのである。ヨーロッパの知的世界観は、フィヒテを外しては先につながらない。久保陽一の『ドイツ観念論とは何か―カント、フィヒテ、ヘルダーリンを中心にして』（ちくま学芸文庫）や大橋良介編『ドイツ観念論を学ぶ人のために』（世界思想社）などを覗《のぞ》かれるといい。

フィヒテは「知識学」（Wissenschaftslehre）の人であった。「知識学を生きる哲人」であった。知識で生きるのでなく、知識学を生きるのである。こんな一節がある。『知識学をもつ者は、（略）知識学を生き、知識学を行い、自分のそのほかの知の内でそれを駆使する。（略）人は知識学をもつのではなく、知識学であるのであり、誰であれ、自身が知識学になってしまうまでは、知識学をもつことはない」。

何かを覚悟しているような表明だ。知識ではなく知識学が血をもって生きる。これは知識学者になるということではない。机になるのではなく机学になるように、星を見るだけではなく星学になるように、存在を担うのではなく存在学になるように、知識に向かったり知識を取ったりするのではなく知識学になる。

そんなこと、ありうるのだろうか。フィヒテはありうると見た。フィヒテのあとのヘーゲルも、ありうると見た。それが「ドイツ観念哲学」という、空理空論を怖れず、そこに全存在を投与してしまおうという、とんでもない哲学である。その全貌はともかくとして、こんなことが成立するために、フィヒテが前提にしたことがある。それは理性を理論的な理性と実践的な理性に分けないと決めたことだ。理論理性と実践理性は一つの理性の二つのあらわれであるとみなしたのだ。

フィヒテの言う「一つの理性」とは「自我」(das Ich) である。たんなる自我ではないので、フィヒテは「絶対自我」とか「同一自我」とか「自我の原則」というふうにも言った。もし「一つの理性」が絶対的な原則をもちうる自我だとしたら、どうなるか。理論に傾く自我と実践に向かう自我は、その根元において統合 (synthese) されているのである。絶対的自我の両面性のようなものが、われわれを考えこませたり、行動させたりしているということになる。

このように自我があらわれることを、フィヒテは「事行《じこう》」(Tathandlung) と名付けた。わかりにくい訳だけれど、平たくは「なりゆき」とか「なりふり」というところだろう。その「なりゆき」や「なりふり」を含む「事行」に理論理性も実践理性もひそんでいるとみなしたのだ。ただし、少し気になることがある。それは自我はずっと持続しているのかどうかということだ。また定常的なのだろうかということだ。定常的であってほしいので絶対的自我という想定をしていたのだが、そうでもないこともある。つまり「非我」(das Nicht-Ich) になっていることもありうる。

こうしてフィヒテは、自我と非我を孕《はら》んだままに世界の全知識に向かえるような「原則」(Grundsatz) をもつ人間のありかたを、まとめて「知識学としての全部自己」というふうに捉《とら》えたのである。全部自己というのはぼくの翻訳だ。そのことを証明してみせたのが『全知識学の基礎』という、岩波文庫二冊分だった。

フィヒテはベルリン大学の総長になったあと、チフスに感染して一八一四年、五一歳で急死した。後年、ヘーゲルは生前の強い希望で自分の遺体をフィヒテの隣に埋葬させた。フィヒテ亡きあと、ドイツ観念哲学はシェリングとヘーゲルに渡っていくのだが、そこにはドイツ・ロマン派の動向がつねに絡んでいった。

そのドイツ・ロマン派の領袖《りょうしゅう》であったシュレーゲル兄弟の弟フリードリヒ・シュレーゲルは、ドイツをつくったのはフランス革命とフィヒテの知識学とゲーテの『ヴィルヘルム・マイスター』だったと言った。きっとそうだったのだろうと思う。

フィヒテはさらに次の次の時代の思想も予告していた。哲学は必ずやどこかで「絶対悪」を求め、いわゆるニヒリズムに達するだろうというものだ。この予告は当たっていた。時代思想はシェリングの「無底」やバクーニンの「無政府」をへて、ニーチェの「超人」にも向かったのである。

こんな説明でフィヒテの知識学という怪物の輪郭が伝わったかどうかやや心もとないけれど、もう一言、加えておく。フィヒテは、こういうふうに「知識学としての全部自己」が動くのは、知識は必ず定立《テーゼ》(These)と反定立《アンチテーゼ》(Antithese)の両方で動き出し、そのどこかで統合《ジンテーゼ》(Synthese)をおこしているからだとみなして、このような考え方の有効性を強調していったのだ。アリストテレス以来の弁証術(ディアレクティケー)は、こうしてフィヒテ、ヘーゲル、マルクスの弁証法になったのである。

第三九〇夜　二〇〇一年十月二日

参照千夜

一〇四夜：レーニン『哲学ノート』　一〇二三夜：ニーチェ『ツァラトストラかく語りき』　九七〇夜：ゲーテ『ヴィルヘルム・マイスター』　一七〇八夜：ヘーゲル『精神現象学』　一三三四夜：イアン・ハッキング『偶然を飼いならす』　一四二二夜：レオン・ポリアコフ『アーリア神話』　二九一夜：アリストテレス『形而上学』　七八九夜：マルクス『経済学・哲学草稿』

理性を弁証法で「絶対知」に高めること。
ひょっとしてドイツ観念哲学はこれで「行き場」を失ったのではあるまいか。

精神現象学

フリードリッヒ・ヘーゲル

長谷川宏訳　作品社　一九九八

G. W. F. Hegel : Phänomenologie des Geistes 1807, 1832

◉1意識、2自己意識、3理性、4精神、5宗教、6絶対知

今夜の千夜千冊は長谷川宏さんの新訳で話題になったヘーゲルの『精神現象学』を採り上げるけれど、話はうんとさかのぼって、ぼくが早稲田の一年にいたときの秋の、ちょっぴり苦い話から始めたい。

マルクスの『ヘーゲル批判』(新潮社「マルエン選集」第一巻)の読み合わせ会に出たのだ。城塚登訳の「ヘーゲルの弁証法と哲学一般の批判」と日高晋訳の「ヘーゲル法哲学批判」の共読だ。当時の革マル派の拠点のひとつであった早稲田大学新聞会の主催で、のちに宝島社をおこした鈴木(石井)慎二のすすめで参加した。慎二さんはぼくが九段高校で新

聞部にいたときの三年生で、そのころから多弁多論派のジャーナリスティックな先輩だった。その後も何かと面倒をみようとしてくれていたが、それが「オルグ」だということは、しばらくあとでわかった。

読み合わせをしてみると、マルクスの言葉づかいの切れ味と逆説的な言いまわしでヘーゲルが木っ端微塵《こぱみじん》の仕打ちを受けているのが風呂上りのようななかなかの快感で、だからマルクスの言い分にはそこそこ入りこめたのだが、ただ少し変な気分にもなってきた。これでは肝心のヘーゲルのことがさっぱりわからない。打倒の標的となったヘーゲルのことが少しくらいは見えないと、マルクスの狙いがいまひとつ掴《つか》めない。

高田馬場の古本屋でヘーゲルを物色した。棚から本を手にしつつ一瞥《いちべつ》一感、マルクスはこんな途方もない分厚い相手を一撃で倒す気になったのかとびっくりした。何から入ったらいいのかわからなかったけれど、樫山欽四郎《きんしろう》訳の『精神現象学』にした。

初めて読むヘーゲルは樫山訳の苦虫を嚙《か》みつぶしたような言葉づかいのせいもあって、そうとうに執拗《しつよう》な中身だったが、それにもかかわらず構想の全容に何かが漲《みなぎ》っているのが伝わってきて、みっちりとした絨毯《じゅうたん》の模様を読むようだった。

しばらく鞄《かばん》の中に『精神現象学』を持ち歩いていたので、あるとき新聞会の先輩から「なんだヘーゲルなんか読んでるのか。逆立ちするぞ」と揶揄《やゆ》された。「でもマルクスだってヘーゲルを読んだんだから、やっぱり一応はぼくも……」とかなんとか説明しようとしたと思うのだが、すかさず「だからお前は歴史主義なんだよ」と一蹴《いっしゅう》された。逆立ちとか歴史主義という用語がピンとこなかったけれど、ケチがついたぶん、意地になって『精神現象学』を鉛筆なめなめ読んでみた。

1「意識」、2「自己意識」、3「理性」、4「精神」、5「宗教」、6「絶対知」という構成である。半分以上は退屈で、残りの半分はうねうねした説明に参ったのだが、まさに「意識→自己意識→理性→絶対知」の順に、読み手が絨毯模様の中で絶対知に向かうようになるはずだという意図には惹《ひ》かれた。

とくに3「理性」の中ほどに「頭蓋《ずがい》論」という一節が出てきて、生物が進化してヒトになり、自己意識が脳（頭蓋）にまで昇りつめたのだが、そこで転回をおこすべきだというところに、ハッとさせられた。『精神現象学』は頭蓋論のところで折り返されていたのである。ドイツの観念哲学は折り返すのかと思った。

人間は進化のあげく巨大で濃密な脳神経系を得た。それが言葉や道具を発明させ、家族や国家や文学や建物や音楽をつくりだしもした。もしも生命史を通した「意識あるいは精神の歴史」というものがあるとするなら、その発端は「物質が情報高分子になって光合成とＤＮＡを操るようになったこと」にあり、その現在は「脳が自己と意識をもって全物質史と全生命史と全文明史を眺めていること」にある。

ヘーゲルの時代は十八世紀晩期から十九世紀前半にかけての時期だから、遺伝子のことも光合成のことも脳のこともほとんど見えてはいない。つまり「情報」についてはまったくなんらの展望ができていなかった。けれどもヘーゲルは、この長大な「物質が精神に変じてきた歴史」のプロセスに、自分自身が属していることをもって、その変遷を自覚するにはどうすればいいかについて考えたのだろうと思う。そして、「自分の脳」が「物質の歴史」を「精神の歴史」に読み替えているのだろうと確信したのだろう。

『精神現象学』のプランは、人間の頭蓋の中に「脳」という「意識によって世界を観察する力」(理性や知性)が成熟し、そこから転回がおこって、その理性や知性が世界の変遷の真相を求めて精神をフルに燃焼させ、すべてをひっさげたうえで絶対知に向かうのではないかというものだったのだ。

この大胆なプランによる大冊が発表刊行されたのは一八〇七年のことである。一八〇七年がどんな年だったかということは、あとでふれる。

◉半分ヘーゲル、半分マルクス

ヘーゲルのプランは、人類の「精神が経験する学」をヘーゲル自身の脳が全面的に追走してみせるという大掛かりなものだった。物質の歴史がその頂点を脳に求めて展開してきたのだとするなら、この追走は可能であろう。ヘーゲルはこういう追走によって学問体系を確立したかったのである。追走学といいたいほどだ。

ぼくは、なるほど、そういうふうに「類と個をつなげる見方」があったのかと感心したが、それとともにマルクスがヘーゲルに文句をつけた決定的なところも、そうかそうか、なるほどそこか、ということが見えてきた。ヘーゲルは、精神が現象知にとらわれているからいつまでも迷いが生じるので、現象知から絶対知に進みなさい、そのほうが歴史は新しく展《ひら》く方向になる、思索も自由になると主張しているのだが、マルクスはそれはおかしい、話は逆だと見たわけである。

ヘーゲルは精神が現象知にとらわれている時点で、現象のほうに価値観の本質を移動させてしまっているのだから、そこから絶対知に進んだのだが、マルクスはそうではなく、そういう迷いの精神（意識）をつくってきた物質の歴史のほうに目を転じなければいけないと見たのである。そうであるなら、「精神が経験する学」を追走するのではなく、新たな「物質が経験する学」を立ち上げるべきだと主張したのだった。

マルクスにしてみれば、人間と社会の歴史は精神をどんどん狭隘《きょうあい》なものにしてきた歴史であって、それは「物質の歴史」がそのように向かい、意識や精神を物象化してきたのだから、そうであるならわれわれが立ち向かうべきはむしろ「物質が経験する学」であって、それは「後方への旅」になるはずだというのだ。

マルクスはこのようなヘーゲルに対する批判をもって、いわゆる史的唯物論の確立に向かっていった。一言でいえば「物質的に歴史を見ることによる既存の価値観の転倒」という体系の確立に向かったのだった。

正直に言うが、当時のぼくはマルクスが「唯心から唯物へ」と大きく転換していくラディカルな手立てのほう（後方への旅）に惚《ほ》れぼれしていた。そのためヘーゲルが精神の高みや絶対知を標榜《ひょうぼう》して、そこに居坐《いすわ》ろうとしているというか、高みの見物をしているというか、そんな「上から目線」のままにいることがいまひとつ納得できなかったので、マルクスのヘーゲル批判にはそれなりに得心できたのである。

ところが他方では、実はマルクスが精神や意識は労働によって「疎外されている」とみなしていることについては、それがどこでどうして「物質がおこしていること」になるのか、そこがいまひとつわからなかった。それからというもの、半分ヘーゲル、半分マルクスという日々をおくることになる。まあ、これはぼくが史的唯物論を理解できていなかったということなのだろうけれど、いまから思えば、ずいぶん中途半端なことだった。

ちょっぴり苦い話はここまでだ。ではこの先はマルクスを離れて（のちにもう一度戻るが）、ヘーゲルの生涯と著作をめぐりつつ、『精神現象学』がもたらしたものが何だったのか、マルクスのほうからではなく、カント、フィヒテ、ヘーゲルというふうに進捗《しんちょく》してきたドイツ観念哲学のほうから眺めておく。

◉「フィヒテはカントを超えている」

ヘーゲルのフルネームは、ドイツ人はみんなそうだけれど、長ったらしい。ゲオルグ・ヴィルヘルム・フリードリッヒ・ヘーゲルという。一七七〇年八月にシュトゥットガルトの主税局で書記官をしていた父親のもとに長男として生まれた。母親は家庭教育に熱心で、三歳でドイツ語学校に、五歳でラテン語学校に、七歳からはギムナジウムに通った。両親はヴィルヘルムと呼んでいた。

一七七〇年はカントの『感性界と叡知界《えいち》の形式と原理について』やヘルダーの『言語起源論』が書かれた年で、その後はゲーテの『若きウェルテルの悩み』やレッシングの『賢者ナータン』が立てつづけに出版され話題となった。ドイツ人の眠りがゆっくりと覚めつつあった時期である。

しかし隣りのフランスではディドロの『ダランベールの夢』やギボンの『ローマ帝国衰亡史』第一巻が、イギリスではヒュームの著作群やアダム・スミスの『国富論』が登場し、アメリカでは独立戦争が始まっていた。イギリス経験論と大陸合理論と新大陸アメリカ主義とが一挙に蠢動《しゅんどう》していたのである。目覚めつつあったとはいえ、ドイツは分国状態のままで、国際舞台の最前線からかなり遅れていた。

一七八八年、十八歳のヘーゲルはシュトゥットガルトのギムナジウムの少年浪漫の日々を了《お》えて、南ドイツのテュービンゲン大学の付属神学校に入る。三〇人の新入生の中にのちに詩人となったフリードリッヒ・ヘルダーリンがいて、二年後にはフリードリッヒ・シェリングが入学してきた。ヘーゲルとヘルダーリンが同い歳で（ベートーヴェンも同い歳）、シェリングはすこしおませで、五歳年下だった。この一七八八年というのはカントの『実践理性批判』第一版が発表された年だから、哲学史にとっては象徴的な年にあたる。

三人のフリードリッヒはとても仲良しで、寄宿舎の同じ部屋で何度も話しこんだり、一緒に郊外の森に「自由の樹」を植えたりした。有名な話だが、ヘーゲルはヘルダーリンのノートに「ヘン・カイ・パン」（hen kai pan）と書き込んだ。ギリシア語で「一つですべて」という意味だ。クセノファネスが言い出したことで、その後は中世神学の汎神論のテーゼになったものだが、いかにも青年ヘーゲルの気概があらわれている。

時代はドタンバタンと動いていた。そのうち神学校は、一七八九年のバスチーユ解放とともに狼煙《のろし》をあげたフランス革命の話で持ちきりになった。フランスの新聞やパンフレットを読みあさる学生サークルもできた。学生たちのあいだに神学校に対する不満が募り、理性による神学問答に対する疑問が交わされるようになっていた。

そんなとき、天才肌のシェリングが「おい、フィヒテはカントを超えているぞ」と言いだした。ヘーゲルはギョッとし、その指摘を補うものが自分にないことを感じる。慌ててフィヒテの「知識学」に関する論文群（のちの『全知識学の基礎』）を読み、そこに知識ではなくて「知識学という束」が世界史を展望してきたという構想があったことに腰を抜かした。さらにさかのぼってカントの『純粋理性批判』やその後の三部作を比較しながら読んでみて、神や自然や歴史に対する人間の理性や知性がどういうはたらきをもったのか、もちうるのか、大いに考えこんでいく。

三人のフリードリッヒは神学校の内外で、こういうことをのべつ交わしていたのだろう。だから三人の熱い交際の渦中からこそ、このあとのヘーゲル哲学のエスキース（素地）が生まれたと言っていい。ヘーゲルはマルクスが言うほどに独断的でもなく、独創的でもなかったのである。

当時の神学校はそこを出れば牧師補の資格がとれた。けれどもヘーゲル、ヘルダーリン、シェリングともにその道には進まず、それぞれあちこちの都市で家庭教師をする。二三歳になったヘーゲルはベルンの町で家庭教師をしながら『イエスの生涯』や『キリスト教の実定性』などの神学論文を書いた。「実定」というのは、キリスト教は人間の内なる自然から生じたものではなく、人間を超えたところで作成されたので、それは実定的なことだったと見たのである。

一七九六年のクリスマスのとき、シュトゥットガルトに帰郷したヘーゲルは妹の友達のエンデルに惹かれた。ちょっと浮かれてみた。しかし翌年にフランクフルトでヘルダーリンに再会したとき、みんなが前年に出版されたゲーテの『ヴィルヘルム・マイスターの修業時代』のすばらしさを語っていたのにハッとした。ヘーゲルもさっそく新たにシンクレア、ツヴィリングとの友誼《ゆうぎ》のサークルでゲーテをめぐる議論に口角泡をとばすのだが、まだまだロマンチックな考えに憧《あこが》れていた。一七九九年に父親が亡くなってそれなりの財産を相続したので、本格的に焦るものはなかったようである。

ただ「おい、フィヒテはカントを超えているぞ」というシェリングの言葉だけがあいからず気になっている。早熟で天才肌のシェリングは弱冠二三歳でイエーナ大学の講師になった。これも羨ましい。

◉ナポレオンとドイツ観念哲学

一八〇一年、シェリングを頼ってイエーナに移ったヘーゲルは、自分も大学教授の資格をとりたいと思う。『惑星の軌道に関する哲学的論文』を書いて提出したところ、査定を通った。このころ大半の哲学の学徒はラテン語で惑星軌道論を書いてみせるのが登竜門で、ニュートンの天体的世界観をどう見るかが哲学の基礎問題とみなされていたからだ（このことは近世ヨーロッパ哲学の規範として無視しがたい）。

シェリングはヘーゲルをワイマールのゲーテのところに連れていった。当時の知識人のあいだで定番の儀式のようになっていた「ゲーテ参り」だ。ゲーテは一七七五年冬から、十八歳のカール・アウグスト公からの招聘《しょうへい》でワイマール公国に移っていた（しばしば各地を遊学するが、のちに永住した）。当時すでにゲーテの活動・研究・文学作品の数々はドイツ人の最高の理性と情熱の結晶として、各方面から崇敬されていた。シェリングとヘーゲルが連れ立って訪れたときも、ゲーテは二人に鉱物学会や植物学会の集いに出入りすることを勧めている。

ゲーテとドイツ観念哲学の流れについて一言説明しておく。ごくごく大ざっぱにいうと、のちのち「カント→フィヒテ→シェリング→ヘーゲル」と展開していったドイツ哲学の流れを、西洋哲学史では「ドイツ観念論」と一括《ひとくく》りに呼んできた。

ドイツ観念論の系譜だなんて、いかにも太くて厚い哲学の束のように思われるが、実際には短期的に集中した。その期間は一七八一年のカント『純粋理性批判』から一八二一年のヘーゲル『法哲学』までの、わずか四十年間ほどの沸騰である。あれほど有名になったドイツ観念論ではあるけれど、その正味は四十年ほどの異様なフィーバーだったのだ。

　これに対して、一七七〇年から一八三〇年までの六十年間のドイツの精神潮流は、ずうっと「ゲーテの時代」だった。わかりやすくいえば『若きウェルテルの悩み』から『ファウスト』までの六十年間だ。ヘーゲルにはそういう同時代の息吹を読み取る才能がなかったようだが、こういうことにすぐピンとくるのはシェリングだ。シェリングはそのへんにも長《た》けていたので「ゲーテ参り」もしてみせたし、晩生《おくて》のヘーゲルにワイマール公国の現状も見せておいたのだろう。

　そんなことも手伝って、ヘーゲルはシェリングに感心したまま処女論文の中身を決めることになる。『フィヒテとシェリングの哲学体系の差異』というものだ。今日のヘーゲリアンによって「差異論文」と称されている論文である。年下の親友シェリングの思想の凄《すご》さを称《たた》えたのである。この論文はフィヒテを媒介にしてシェリングの優位を際立たせ、そのうえでヘーゲル自身の橋頭堡《きょうとうほ》をつくろうとしたものだった。そしてこの直後、ヘーゲルは『精神現象学』の構想にとりかかる。

　ちなみにシェリングはというと、イエーナ大学教授をしていたヴィルヘルム・シュレーゲル（シュレーゲル兄弟の兄、その後のドイツ・ロマン主義の旗手）の奥さん、カロリーネと親密な関係になっていた。あきらかに不倫だが、啓蒙主義時代とドイツ観念論時代は、思想家の大半が不倫をしていたと言ってよい。不倫をしないと思想が武者ぶるいしないのだろう。シェリングはカロリーネを連れてイエーナを去り、ワルツブルク大学に移った。このことは、このあとのヘーゲルとシェリングの分岐を暗示した。

フランス革命の衝撃以上に、ドイツおよびドイツ人にとって、またフィヒテやヘーゲルにとって決定的だったのは、ナポレオンの登場とドイツへの侵攻である。一七九九年にクーデターによってフランス陸軍の指揮権を握ったナポレオンは、その後は破竹の進撃で、一八〇六年七月にライン同盟を結成すると、十月にはイエーナでプロイセン軍を破って進駐してきた。イエーナ大学も閉鎖された。ヘーゲルはイエーナに進軍してきたナポレオンの馬上の姿を見て、「皇帝――この世界霊が、示威のために馬で街を通り抜けていくところを、私は見ました」と書いている。

ナポレオンその人が「世界霊」すなわち「世界史的個人」と見えたのである。同様の感想を同い歳のベートーヴェンも抱き、交響曲第三番《英雄》を作曲した（あとでナポレオンの権勢欲を知ってナポレオンへの献呈を取り消した）。

このナポレオンの侵攻に対して、慄然《りつぜん》としてドイツ人の魂の高揚を訴えた者がいた。フィヒテである。ベルリン科学アカデミーでの連続講演は『ドイツ国民に告ぐ』というものだった。フィヒテはこのなかで「知識学」の必要を強く訴え、その全貌《ぜんぼう》をもってドイツ人が教育されるべきだと説いていた。

プロイセン国王だったヴィルヘルム三世もドイツ人に哲学の火を燃やすことに使命を

感じ、一八一〇年にヴィルヘルム・フォン・フンボルトをしてベルリン大学を創設させた。フンボルト兄弟の兄で言語人類学をリードした。外交官でもある。弟のアレクサンダー・フォン・フンボルトは博物学や地理学のリーダーで、主著『コスモス』はポーの『ユリイカ』のお手本になった。

兄のフンボルトは大学が国民精神の養成の拠点になるべきことを訴えた。ナポレオンの侵攻とフィヒテとフンボルトの檄《げき》によって、目覚めきれていなかったドイツ人に火が点《つ》いたのである。

こうして「カント以降のドイツ哲学」としてのドイツ観念論と、ゲーテに依拠しつつもドイツ的魂を夢想するドイツ・ロマン主義の勃興《ぼっこう》が唸《うな》りを上げていく。

◉精神現象学を仕上げる

閉鎖したイエーナ大学の再開を待ちつつも、ヘーゲルはいったんニュールンベルクのギムナジウムの校長を引き受けたりしながら、自分の構想の基台となるべき『精神現象学』をもとにして、そのまわりを論理学・形而上学・歴史哲学・法学・美学などでかためていこうとしていた。三七歳前後のことだ。

『精神現象学』は、その正式な書名を『「学問の体系」第一部「精神現象学」』という。ナポレオンの侵攻が目前に迫り、フランス軍が占拠を果たしていた時期なので、かなり一挙に草稿を書いたのだろうと見られているが、実際には「学問の体系」のタイトルにあたる書物は完成せず、第二部としてのテキストも成立しなかった。それでもヘーゲルはあくまで「学問の体系」の理想形を提示したかったのだ。

このことは冒頭の矜持《きょうじ》に如実にあらわれている。「われわれの時代が誕生の時代であり、新しい時節への移行の時代であることを知るのは、むずかしいことではない。精神はこれまでの日常世界と観念世界に別れを告げ、それを過去の淵に沈め、変革の作業にとりかかっている。（中略）これはなにか新しいものが近づきつつある前兆である。（中略）全体の外観を変えることのないこうした緩慢な破壊作用が、あるとき突如として様相を一変させ、稲妻のように新しい世界像を一挙に打ち立てるのである」（長谷川宏訳）。

新しい世界像を突如として打ち立てる宣言をすること、それが『精神現象学』の狙いだったのだ。

ヘーゲルは何を構想して、何を書きえたのか。それはたとえば、アリストテレスのフィシカ（自然学）とメタフィシカ（形而上学）に代わるものなのか、あるいはライプニッツやデカルトやカントに代わるものなのか。それともフィヒテの知識学の体系に代わるものなのか。少々、問題の対象領域を分けながら説明しておくことにする。

まず、自然（Natur）についてのヘーゲル以前の考え方であるが、ヨーロッパ哲学においては自然はもっぱらギリシア語の「ピュシス」を原型にしてきた。この言葉はピュオー（成育する）という動詞から派生したもので、生命活動に意図を見るという立場にもとづいている。ローマ時代になるとナトゥーラというラテン語も自然を意味するようになるが（ネイチャーの語源）、こちらも「生む」という意味から派生したもので、スコラ神学ではナトゥーラ・ナトゥラータを「所産的自然」と捉《とら》え、これをつくった神をナトゥーラ・ナトゥランス、すなわち「能産的自然」と捉えた。

神を能産的自然とみなす考え方はその後はスピノザに濃厚で、ドイツでは主にゲーテに多く開花していったと、ぼくは思っている。ゲーテの植物学や形態学はとみに能産的自然の多様なあらわれをめざしている。

しかし、自然には人間も含まれる。そういう自然から分かれて自立していったかに見える人間という存在の系譜は何なのかといえば、それは「自然の隠れたプラン」だろうと見たのが、カントだった。カントは、自然を目的のある体系だとみなすのは反省的判断力によるもので、自然自体にはそういう判断力はなく、人間の理性や知性が自然に判断力を加えて文明をつくっていったとみなしたのである。

ヘーゲルはこの見方を踏襲する。それなら、その人間に生じた意識とか自己意識はどのように説明すればいいのか。アリストテレスからカントにいたるまで、そのことには突っ込んではいない。そこでヘーゲルはそこに精神現象学という起爆点をおいた。

◉意識から理性へ

『精神現象学』の構成は先にもふれたように、大きくはA「意識」、B「自己意識」、C「理性」というふうに進む。そしてC「理性」がさらに「精神」「宗教」「絶対知」というふうに分かれていく。これらは理性が精神という恰好《かっこう》をとって、期待されるべき到達域(絶対知)に向かって進むレベル(レイヤーあるいはプロセス)をあらわしていた。どのように、こういうふうに進むと見たのか。

A「意識」のレベルとは、世界に対して自覚のない状態のことで、カントもこのレベルについては言及していて「他律的」だとみなした。けれどもヘーゲルはこういう意識はむしろ「即自的」(an sich)だと見た。世界の状態に自分の状態そのままに依存している意識なのである。

次のB「自己意識」は自己主張が始まるレベルにあたる。自己意識はときに自分が世界の主役であることを証明しようともするし、他者に対して自己意識の優位をあらわす。そういう自己意識を、ヘーゲルは「対自的」(für sich)だと見た。他者が意識されての自己なのである。

それがC「理性」になると、なんとかして世界の本質に達しようとするものになる。ヘーゲルは、理性とは「自分こそがすべてにいきわたっているという意識の確信である」と述べている。この確信は「人倫」(Sittlichkeit)と名付けられた。人として守るべき道徳のことで、個人的道徳性(Moralität)に比較される。「人倫」は儒学の用語なので、長谷川さんの訳では柔らかく「共同体精神」というふうにしてある。で、こんなふうになる。「自己意識が理性に高まるとともに、意識と外界との否定的な関係は肯定的な関係に転化する。(略)理性とは、物の世界のすべてに行きわたっているという意識の確信である」。

ヘーゲルは「精神とは人倫的な現実」のことだと書いたのである。そうだとすれば、人間が理性の原理に従って社会や世界を建設しようとすれば、それは世界の法則に逆らうものではなく、「われわれ」の世界像の本来に向かうものになるはずだ。

この理性は自然にひっついているものではなく、それらを眺める「観察する理性」である。理性はこれまでの歴史のなかで「理論」という形をもって発揮されてきた「観察する理性」でもあったのだ。どのように発揮されてきたのかといえば、ヘーゲルはそれが「精神」の現象としてあらわれ、ギリシア哲学とかライプニッツの思想とか啓蒙思想とかになってきたとみなした。「観察する理性」はそのすべてではないが、各時代の哲学者たちによって理論理性として議論されてきたものなのだ。

ヘーゲルとしては、そうした「精神の歴史」をいったん歴史的に回顧する必要がある独特の記述法になっていったのだろう。意図だったので、この回顧のプロセスが「意識の経験を追走する」という『精神現象学』と見たかったのである。そのうえで次の段階に進む必要があるとしたかった。こういう

（※）

◉理性から絶対知へ

一人ずつの人間にとっては精神とは何なのだろうか。精神の現象は感性の段階から始まり（つまり感覚や知覚の段階から始まり）、しだいに知性に及んでいくはずだ。幼児や子供の発達をみれば、このことはすぐに了解できる。

この場合、プリミティブな感性は実体（Substanz）をそのままリンゴを見るように捉えるのだが、そのうち主体が実体を捉えたというふうになっていく。そうするとリンゴは果実や植物として深まり、そのありかたも多様になる。一般に「理解した」とか「わかった」というのは、そのことだ。

このプロセスをヘーゲルはとくに重視した。ドイツ語の主体（Subjekt）はもともとは「下に投げられたもの、下に横たわるもの」を意味しているので、感性は主体を通して次の知性のほうへ導くバネになったともみなせる。知性は実体を分けて「分かる」状態にするのである。これはカントのいう判断力にあたる。けれども、なんであれ知性は分解してしまう傾向をもつものでもあるので、ここにはいたずらな抽象化もいろいろおこ

る。そこにはひからびた抽象や死んだ抽象も混じる。そこで理性の力がこれらの分裂や対立を統一していくという役割をもつ。

かくて理性は真理をめざしたくなっていく。ヘーゲルはそうみなし、かつ真理をめざすということを「絶対知」に向かうと捉えた。のみならず、絶対知に向かうことで見いだされた真理は必ずや言語によってあらわされうると見た。ヘーゲルが真理を言語であらわしうるとみなしたことは、その後の近現代哲学の大前提になっていく。

こうして、理性の特徴を描いた『精神現象学』の展開は、理性が宗教的なものになり、芸術的なものになりながら（自然宗教→芸術宗教→啓示宗教といった様相を見せながら）、ついには絶対知の領域に入っていくのである。こう、書いている。「（精神の最後の形態とは）完全にして真なる内容に、自己という形式をあたえ、もって、概念を実現するとともに、現実のなかで概念を堅持する精神だが、それこそが絶対の知である」。「（絶対知とは）精神の形態のうちに自己を知る精神であり、概念的な知である。（略）存在と概念が一体化した場で意識にあらわれる精神、あるいは同じことだが、そうした場で意識によってうみだされる精神――それが［学問］である」。

それほど重要な絶対知がどういうものであるか、残念ながらヘーゲルは最終章になってもそのことをうまく表現できてはいない。「精神の環を描いて自分へと還《かえ》っていく運動」とか、「自己によって捉えられることのない純粋な自己」とか、「精神の完成が自分の本当のすがた——自分の本体——を完全に知ることにある以上、この知は内へとむかわざるをえず、その内向の過程で現実の存在は捨てさられ、精神の形態は記憶にゆだねられざるをえない」とかと書いてはいるのだが、どうにもまどろっこしい。

ぼくはこのあたりは、むしろ『華厳経』の法界《ほっかい》論や海印三昧《かいいんざんまい》のほうがうまく言いあらわしているのではないかと、のちのち思ったものだ。華厳の蓮華蔵世界観は「事法界」と「理法界」を理事無礙《りじむげ》法界《ほっかい》から事事無礙《じじむげ》法界《ほっかい》にまで進捗したのだった。「ヘン・カイ・パン」（一にしてすべて）というなら、こっちなのだ。

ヘーゲルは『精神現象学』のプログラムによって、絶対知という自由に到達しうるとみなし、そこではどんな偶然も必然となされうると主張したのだが、だからその狙いの総体は一応は「自由の哲学」の確立をめざしたといえるのだが、残念ながら『精神現象学』で到達した世界観では、うまく「自由」を説明できなかったのである。「ヘン・カイ・パン」にならなかったのだ。

もっとも、ヘーゲルにとってはその程度の不首尾はへいちゃらだったようだ。もともとのプランが『「学問の体系」第一部「精神現象学」』だったのである。まだ「出だし」だったのだ。だから不首尾すら感じていなかったかもしれない。ヘーゲルは第二部を解体して（組みなおして）、論理学や法哲学などの著述にあてていく。

◉論理学とエンチクロペディ

再開されるべきイエーナ大学で、ヘーゲルは新たな授業にとりかかる予定を立てていた。予告のシラバスとしては書き上げたばかりの『精神現象学』にもとづいて、思弁哲学としての論理学と形而上学を新たに講義して、そこに自然哲学と精神哲学を含ませようというプランだ。

実際にはイエーナでの授業はなく、大学を去って、一八〇八年から一八一六年までニュールンベルクのギムナジウムの校長をつとめながら、教育論の組み立てをし、予告していた『大論理学』（岩波書店）を著述するというふうになる。結果、これは三部作（三冊分冊）になった。「存在論」↓「本質論」↓「概念論」である。

存在論では、質と量のカテゴリーをつかって「存在 - 無 - 生成」のありかたを問い、これを「提言 - 否定 - 揚棄」という弁証法（Dialektik）に仕立てた。有名な「テーゼ↓アンチテーゼ↓ジンテーゼ」によってアウフヘーベンにいたるヘーゲル弁証法の最初の提案である。

弁証法用語として大流行した「アウフヘーベン」（Aufheben）は、日本語では止揚《しよう》とか揚《よう》棄《き》とか、なかなかやっかいな訳語があてはめられてきたが、長谷川さんはこれは「捨てつつ持ち上げる」という意味なのだから、それがわかれば「捨てる」でもいいはずだと言う。『新しいヘーゲル』（講談社現代新書）では、「種が否定されて芽となり、芽が否定されて茎や葉となり、茎や葉が否定されて花となり、花が否定されて種となり、こうして有機体はおのれにもどってきて生命としてのまとまりを得ることができる」というふうに考えるのが弁証法だと説明していた。

次の本質論では、理性が展開していくときの「反省」のプロセスに注目して、事象（現象）が事象そのものの運動によって自分の内部で反転して自分のところに戻ってくるという可能性を示した。このプロセスは「反省」とも「反射」とも「反照」とも名付けられたのだが、途中の反省段階ではいったん「仮象《シャイン》」があらわれると見た。これは一種の「模倣」であり、「準《なぞら》え」である。そうだとすると、興味深い仮説だ。仮象は「見えるとおりに準えられるだけでなく有るとおりに準えられる」というのである。

これらは、アリストテレスからカントまで議論されてきた同一律・排中律・矛盾律・根拠律などの論理学的用法を、ヘーゲルなりに一新して自己と他者の関係にあてはめようとしたものだった。

概念論は、以上の存在論と本質論で使われた諸々のカテゴリーを統一させ、論理が自己同一性を保つようになっていくにはどういうことを考えればいいかを議論した。

こうしてヘーゲルは、概念が自分で自己規定運動をして弁証法的に自己同一性を貫徹しうるはずだと見たのである。ややこしい言いまわしだが、言いなおせば最初に無規定な普遍があらわれ、次にその否定として規定された特殊があらわれ、そこから統一としての個別があらわれるとみなしたのだ。

へたくそな説明になってしまったが、以上がヘーゲル論理学のごくごくおおざっぱな概要である。この論理学の三部作は、続いてこれらを駆使して思弁哲学と形而上学を内包できる『エンチクロペディ』に膨らんでいった。所属がハイデルベルク大学に移ってから講義されたので「ハイデルベルク・エンチクロペディ」とも呼ばれる。

エンチクロペディとは文字通りにはエンサイクロペディア（百科全書）のことであるが、ヘーゲルは項目別に知識が網羅されていくことではなく、どの項目にもテーゼが孕《はら》まれて、そのテーゼが連鎖していくようになるべきだと思ったようだ。明治初期に西周《にしあまね》がエンサイクロペディア（エンチクロペディ）を「百学連環」と訳したのは有名だが、ヘーゲルはまさにテーゼ連打型の百学連環を試みたかったのである。長谷川さんはエンチクロペディを「総合哲学概説」と訳している。

◉こうして法哲学へ

一八一八年、ヘーゲルはハイデルベルク大学からベルリン大学に移った。ベルリン大学はフンボルト兄やフィヒテが創立にかかわった「ドイツの苦難突破のための大学」である。そのベルリン大学で、ヘーゲルは『エンチクロペディ』を教科書にして「合理的自然学または自然哲学」の講義などをおこない、ついで三年後、「世界史の哲学」にとりかかって、「自然法と国家学または法の哲学」の講義を計画した。

ドイツ語の「法」(Recht)は、もともと「法であり権利であり正義である」という意味をもっている。だからここで法哲学と呼ばれているのは法律のことだけではなく、道徳や人倫(共同体精神)を内包した世界思想あるいは世界観の基準をあらわしていた。人倫には家族や市民社会も含まれる。それゆえヘーゲルの法哲学は「自然法と国家学」という副題をもっていた。自由を実現するための基準、それが法哲学だったのだ。

こんな経緯《いきさつ》をへて、マルクスがこっぴどくやっつけたヘーゲル法哲学がテキスト化されたのである。マルクスはこのテキストが気にいらない。『ヘーゲル法哲学批判序説』(大月書店・岩波文庫)を書いた。ぼくが早稲田の読み合わせ会で出会った『ヘーゲル批判』の論文とは、この序文のところだった。

マルクスはこう書いた。ヘーゲルが哲学としているのは「人間が外在化してきた精神の労働の成果」のことである。ヘーゲルはその個々の契機を総括し、自分の哲学を真の哲学に上げることができると考えた。それゆえヘーゲルの哲学は絶対知に向かえた。しかし、そのような哲学は法哲学であれ歴史哲学であれ、自己意識が対象になったものにすぎない。これでは人間存在はすべて自己意識にすぎないということになる。

「ヘーゲルの法哲学では止揚された私法は道徳に等しく、止揚された道徳は家族に等しく、止揚された家族は市民社会に等しく、止揚された市民社会は国家に等しく、止揚された国家は世界史に等しいとされる」。「しかし、ヘーゲルが哲学へと止揚する定在なるものは、現実的な宗教・国家・自然ではなく、すでに知識の対象となった宗教そのもの、すなわち教養学であり、法律学であり国家学であり自然科学なのである」。「一言でいえば、諸君は哲学を現実化せずには、これを止揚できないのである」。

ここでマルクスはドイツの国家や社会や法の実情を述べ、ヘーゲルの法哲学ではドイツは解放されえないことを強調し、それならどう考えるべきかと言って、答えは「ラディカルな束縛をもった一つの階級を形成すること」、ここにあるのだと言うのだ。

この階級とは、「社会のあらゆる階層から自分を解放するとともに、社会の他のあらゆる階層を解放することなしには自分を解放することができないような、一言でいえば、人間性を完全に失ったものであり、したがって人間性を完全にとりもどすことによってだけ自分自身を自由にすることができるような、そういう階層」を形成する階級のこと、すなわちプロレタリアートのことである。かくて有名な宣言が下される。「哲学はプロレタリアートを止揚することなしには現実化されえず、プロレタリアートは哲学を現実化することなしには止揚されえない」。

これではヘーゲルは処置なしだ。反論する余地がない。マルクスは最初からプロレタリアートを持ち出すつもりで、ヘーゲルをやっつけたのだ。フェアでないようだが、それよりもマルクスのパンチアウトはヘーゲルを倒すには最も有効な〝逆説斬り〟だったろう。

しかし他方、ぼくは早稲田時代はマルクスに惚れぼれしながらも、それでもヘーゲルが達しようとした世界観に至る方法を、いつかどこかで再解釈してみたいと思ったのである。それは読み手としての自由をまっとうしたかったからだった。けれども、その作業はいまなお果たせないままになっている。

◉その後のヘーゲル解釈について

ヘーゲルは劇症コレラによって一八三一年十一月に亡くなった。六一歳ちょっとの人生だ。当時としてもやや短い。そのせいもあって、ただちにヘーゲル学派が形成され、ゲオルグ・ガブラー（イエーナ大学→ベルリン大学）、カール・ダウプ（ハイデルベルク大学）、ペーター・ファン・ゲールト（イエーナ大学→ライデン大学）、レオポルト・ヘニング（ベルリン大学）らが次々に登場した。カール・ローゼンクランツ（ベルリン大学→ハイデルベルク大学）は早くも一八四四年に『ヘーゲル伝』（みすず書房）を書いた。

こうしたヘーゲル右派に対して、ヘーゲル左派として名のりを上げたのがフォイエルバッハとキルケゴールとマルクスだった。フォイエルバッハは唯物論の立場で人間学にとりくみ、そこからヘーゲルの神学的傾斜を批判した。キリスト教の神が人間から切り離されて人間性をむしり取ったことを痛烈に衝《つ》いた『キリスト教の本質』（岩波文庫など）は、マルクスとエンゲルスにかなり大きな影響を与えている。

デンマークの青年ヘーゲル派にいたセーレン・キルケゴールは僅《わず》か四二歳の生涯だったが、父ミカエルが篤実なクリスチャンで、かつ自分は「神の怒りを買った」と思っていたことに少年期から疑問をもち、のちに『おそれとおののき』を綴《つづ》った。ヘーゲルについては、ヘーゲルが「あれもこれも」だったことに対して「あれか、これか」を突き付けて、二律背反や矛盾律の只中《ただなか》にとびこみ、「不安」や「絶望」をこそ源泉とする哲学を思索した。

キルケゴールの『不安の概念』や『死に至る病』（白水社著作集、岩波文庫など）はその後は実存哲学の黎明《れいめい》とうけとめられているが、人間の存在を無限者とみるか有限者とみるかという推論や、また人間を「自分自身を問題にする関係者」とみる見方において、つまり主体性の本質をどうみるかという根本的な見方において、現代思想のすべての源流になっている。

マルクスはさまざまな文章でヘーゲル批判を敢行したが、『聖家族』では「ヘーゲルは世界を頭で立たせて、頭の中ですべての制限を解消させている」とも書いた。まさに頭蓋の中の追走学だと言ったのである。

◉二十世紀のヘーゲリアンたち

二十世紀になってからもヘーゲルをどう読むかという議論は継続されている。とくにカッシーラーとその門下のブルーメンベルクはヘーゲル哲学のエンジンを象徴や暗喩《あんゆ》におきかえた。カッシーラーは日本では『シンボル形式の哲学』全四冊（岩波文庫）がよく読まれているようだが、ブルーメンベルクについてはあまり知られていない。第一五一九夜に『世界の読解可能性』（法政大学出版局）をとりあげ、その意義律やメタファー学の重視について強調しておいた。

アレクサンドル・コジェーヴは一九三三年から七年にわたって『精神現象学』の講義をパリの高等研究実習院でおこなった。聴講生にはアンドレ・ブルトン、ジョルジュ・バタイユ、メルロ＝ポンティ、ジャック・ラカン、レイモン・アロン、ロジェ・カイヨワがいた。コジェーヴの講義は『ヘーゲル読解入門』（国文社）になって、その後のポストモダン派のバイブルになった。

一方、スラヴォイ・ジジェクはヘーゲル哲学をラカンの鏡像理論によって読み、「実体は主体である」を導いた。

そのほか、ジュディス・バトラーからマルクス・ガブリエルまでが、ぼくが見るに「ヘーゲルの傘」の中を出入りしているとおぼしい。新実在論のニューフェイスとして登場したガブリエルは、あらゆるものは存在するが、あらゆるものを規定する全体、つまり「世界」だけは存在しないという表明で話題になったけれど、これはヘーゲル学が絶対者や絶対知によって世界を律したところ、そこをスポッと抜き去ったのである。ロジックはヘーゲルそのままだ。

もうひとつ、大きく「ヘーゲルの傘」を感じるのは生命科学の分野だが、こちらは話が広がりすぎるので、今夜の苦い話には入れないでおくことにする。ヘーゲルの新たな解釈については、今夜の訳者である長谷川宏の『ヘーゲルを読む』(河出書房新社)、『格闘する理性』(洋泉社)、『新しいヘーゲル』(講談社現代新書)とともに、大橋良介の自在な一冊『絶対者のゆくえ』(ミネルヴァ書房)や寄川条路《よりかわじょうじ》がまとめた『ヘーゲルと現代思想』(晃洋書房)などを参照されるといいと思う。

第一七〇八夜　二〇一九年五月十三日

参照千夜

七八九夜：マルクス『経済学・哲学草稿』　三九〇夜：フィヒテ『ドイツ国民に告ぐ』　九七〇夜：ゲー

テ『ヴィルヘルム・マイスター』 九七二夜：ポオ『ポオ全集』 一八〇夜：ディドロ&ダランベール『百科全書』 一二〇〇夜：ヘルダーリン『ヘルダーリン全集』 二九一夜：アリストテレス『形而上学』 九九四夜：ライプニッツ『ライプニッツ著作集』 八四二夜：スピノザ『エチカ』 一七〇〇夜：鎌田茂雄『華厳の思想』 一五一九夜：ハンス・ブルーメンベルク『世界の読解可能性』 六三四夜：アンドレ・ブルトン『ナジャ』 一四五夜：ジョルジュ・バタイユ『マダム・エドワルダ』 一一二三夜：メルロ＝ポンティ『知覚の現象学』 九一一夜：ジャック・ラカン『テレヴィジオン』 八九九夜：ロジェ・カイヨワ『斜線』 六五四夜：スラヴォイ・ジジェク『幻想の感染』

ヘーゲルと別れた詩人の魂が、
ヒュペーリオンとしていまなお響いています。

フリードリッヒ・ヘルダーリン
ヘルダーリン全集 全四巻
手塚富雄・浅井真男・川村二郎ほか訳　河出書房　一九六六
Johann Christian Friedrich Hölderlin

人の住む生の世界が遠ざかり
葡萄の時の輝きもはるかになれば
夏の野はうつろにひろがり
森は黒々とかたちをあらわしている

かつて別れ道で　倒れ伏したとき
さらに美しいものを見せ　慰めてくれたものよ
大いなるものを見　さらにたのしく　神々と歌えよと

静かに鼓舞して　舞い上がったものよ
神々の子よ
またあらわれ　私にあの挨拶をおくってほしい

ああ　影の国の静寂
銀の山はその上に煌《きら》めき
そこは太古の紛糾が回帰する
そういう夜であれ

八月十四日に小夜子が逝《い》った（二〇〇七年）。愕然とした。茫然《ぼうぜん》とした。一昨夜の九月十九日夕刻から、「山口小夜子さんを送る夜」が築地本願寺本堂で催された。ぼくは最前列で三宅一生さんと福原義春さんに挟まれて、ずっと万感の思いを去来させていた。この日は小夜子の五八回目の誕生日だったのである。

築地本願寺から仕事場に戻ると、さすがになにもかもが脱力していた。自分の足を感じない。喋《しゃべ》る気もしない。何もする気がおこらない。真夜中、誰もいなくなった仕事場で、ふらふらと一階の書棚を見にいった。真っ暗だ。ちょっと明かりを入れて、書棚を眺めていた。とうてい所在のないことだったのだが、ふいに『ヘルダーリン省察』の背文字が目にとまった。

ああ、ヘルダーリン。そうか、ヘルダーリンがいた。ヒュペーリオンが待っていた。いや、舞っていた。ああ、そうか、これかもしれないと思った。それからまた一夜がたった。どうしようかと迷いながら、いまヘルダーリンの数冊を開けている。小夜子、そんなことなので、今夜はちょっとだけヘルダーリンを贈ることにします。しばらく何も考えないで綴《つづ》るから、どこかで聞いていてください。

遠くからわたくしの姿が
あのお別れのおりに　まだあなたにわかるとき
過去が
おお　わたくしの悩みにかかわりをもつものよ

フリードリッヒ・ヘルダーリンという詩人がいました。ぼくが早稲田時代にハイデガーに導かれて、傾倒した詩人です。詩人ですが、ドイツ観念哲学を代表する一人でもありました。いつか書きたいと思ってきた。ヨハン・クリスティアン・フリードリッヒ・ヘルダーリン。とてもいい名前でしょう。

一七七〇年に南ドイツのネッカール川のほとり、ラウフェンというとても小さな町の生まれです。このあたりはシュヴァーベンといって、シュトゥットガルトの森とともに、ドイツの森の中でもとても美しい。ケプラーもシラーもヘッセも、ここに育っています。シュヴァーベンは宗教的にも敬虔《けいけん》な風土をもっていた土地です。

ヘルダーリンはこういう風土で育ったんだけれど、二歳でお父さんを亡くしているから、父親の記憶というものがありません。小夜子もお父さんとお母さんを亡くし、一人っ子として育ったと聞きました。子供の頃は横浜のフェリス女学院近くのお墓で遊んでいましたね。一人っ子の遊びって、特別だものね。でも、ヘルダーリンには妹がいた。こういうちょっとしたちがいが、どこか人生のロマネスクやアラベスクを、そしてジャパネスクを変えていきます。

それからラテン語の学校に行き、僧院学校に入り、寮生活をおくります。ヘッセもそういうことをいっぱい書いたけれど、ドイツのギムナジウムの寮って、なんだか不思議だね。禁欲的であって、でも精神はたいてい聖人のように淫《みだ》らになっている。

その後、ヘルダーリンはテュービンゲン大学の神学校でゆっくり精神を磨きます。ちょうどパリではフランス革命の狼煙《のろし》が上がったころのことです。その神学校でヘーゲルとシェリングと知りあいました。この三人はたいへんな仲良しでです。

森を出て春の野へさすらいゆく

こよなく美しい姿をした女神の子
その威厳ある似姿《にすがた》を与えるために
女神は劫初《ごうしょ》におまえを選んだのである

青年のころのヘルダーリンは、ピアノやヴァイオリンやフルートを愉《たの》しんでいます。でも一番に好きだったのは読書だったらしく、古典のほかに、シラー、シューバルト、クロプシュトック、オシアンなどを耽《ふけ》って読んでいる。なかでもクロプシュトックが好きだったようです。クロプシュトックは日本ではほとんど知られていないけれど、当時の文芸界で最も予言者的な詩作品を書いていて、「生と神」とをつないでいく言葉を尽くしていた人です。そのクロプシュトックにヘルダーリンは心の底から震えたようなんだ。びり・びり・びり・びり。バリ・バリ・バリ。

ヘルダーリンは、同じ歳のヘーゲル、五つ下のシェリングとよく議論するようになっていきます。シェリングは飛び級で入学してきた天才です。とてもアタマがいい。いま読んでも、たいへんに切れ味がいい。そのシェリングを含めて、この三人は竹馬の友でした。ヘーゲルはそのときすでに「おやじ」と呼ばれていました。

三人はいつも同じ議論をするのが好きでした。それは「一にしてすべて」ということです。ギリシア語で「ヘン・カイ・パン」(hen kai pan) と言います。「一・に・し・て・

す・べ・て」。それを何度でも議論したらしい。三人にとって、その「一にしてすべて」に向かっていくことが生涯の夢だったんですね。いい言葉だよね。小夜子の「一にしてすべて」は、どんなものでも着てしまうということだったよねえ。

高く　わたしの精神は昇ろうとした
しかし愛は　やさしくそれを引きもどす
悩みはもっと強い力で　その軌道を下にたわめる
それがわたしの生の行路の　虹だ
こうしてわたしは　大地から出て　大地へもどるのだ

ま、そういうことで、神学校を中心にした若き日々はヘルダーリンにいろいろのものをもたらした。そしてこのあと、しだいにギリシアに向かっていくようになりました。古代のギリシア。もう世界から消えかかっているギリシアです。

これはヴィンケルマンの『古代美術史』(中央公論美術出版)とシラーの『ギリシアの神々』を読んだのがきっかけです。この当時の詩人はみんなこの二冊を読んでいたものです。やっぱり、まずはプラトンに畏敬をもったようです。

そんなヘルダーリンも、いよいよ学校生活を離れて就職しなくちゃいけなくなってくる。お母さんは聖職者になることを希望していたようだけど、ヘルダーリンは僧服だけの人生をおくる気はありません。小夜子がいろいろな服を着たように、一種類だけの人生をおくりたくはなかったらしい。そこでホフマイスターになる。家庭教師です。当時はホフマイスターといえば、ほぼ住み込み。ヘルダーリンもテューリンゲンの貴族っぽいフォン・カルプという家に入り、その次はフランクフルトの銀行家ゴンタルト家に入ります。

その間に、フィヒテの知識学の講義を聞いたこと、ゲーテやヘルダーといったドイツ・ロマン派の綺羅星《きらぼし》たちと出会ったことが、その後のヘルダーリンに大きな影響を与えたようです。こうして構想したのが、かの傑作『ヒュペーリオン』でした。

傑作『ヒュペーリオン』はヘルダーリンの唯一の小説です。「ギリシアの隠者」という副題になっている。ギリシアの隠者なんて、かっこいいでしょう? インジャ、ニンジャ、ナンジャ、ナジャ。

独立を志すギリシアの青年ヒュペーリオンの物語で、ディオティーマという女性に理想的な愛を捧げようとするのですが、ディオティーマは病いで死んでいく。悲嘆にくれたヒュペーリオンは祖国にも失望し、しだいにギリシア風の隠者になっていくという、そういうちょっと悲しい話です。ヒュペーリオンはもともとはギリシア神話に出てくる青年で、天体や季節を司っていたと言われます。ヘルダーリンの物語は、青年ニーチェやハイデガーが愛読しました。

光のなか　空高く
しなやかな床に歩をはこぶ　浄福の霊たちよ
きらめく神の微風は
霊たちへ　かろやかにそよぐ
楽を奏でる乙女の指は
神聖な絃にふれるかのように

ヘルダーリンが『ヒュペーリオン』に登場させたディオティーマは、フランクフルトのゴンタルト家の夫人ズゼッテがモデルでした。ヘルダーリンは憧《あこが》れ、交わります。一つ家の中にずっといたのだから、そうなったのでしょう。当時はかえって禁欲のほうが淫《みだ》らなんです。でも、夫がヘルダーリンを詰《なじ》ると、それはどうやらたった一回きりのちょっとした言葉だったらしいのに、ヘルダーリンは深く傷つきます。
こういうところが、ヘルダーリンがとてもフラジャイルだったところです。だからズゼッテに対する慕情をもちながらも、淡々と身を引いていく。そういえば小夜子は生涯を独身で通したけれど、男の人とはどうだったんだろうね。ぼくは一、二度、聞いたことがあるけれど、そして相手の名前も聞いたことがあるけれど、「男の人が、ほら、男性になろうとするとね、困るのよね」と言っていたっけね。そのときはちょっと笑っていたのかな。二人でずいぶん煙草をすった。

親しみのある家に
選ばれた者はすべて
運命が遠くに呼び出すときも
涙する
ただひとり残った者は
苦しみを背負い
友のない道をいく

その後のヘルダーリンは、フランクフルトからそれほど遠くないヘッセン・ホンブルク伯の居城に、魂を休ませるために出向きます。そこにヘルダーリンの孤独と詩情を、篤《あつ》い気持ちで絶賛するイザーク・フォン・シンクレアがいた。宮廷の参事官です。宮廷の参事官なのに、この人はヘルダーリンの生涯で特筆に値します。そもそもヘルダーリンは、決して数は多くはないんだけれど、生涯にわたって三種類の友を大事にしています。「詩の友」「知の友」、そして「時の友」。ヘルダーリンとシンクレアの関係は、この「時の友」でしょう。

ヘルダーリンがヘッセン・ホンブルク伯の居城にいるときのすべてを、シンクレアが包んでくれた。その友情はぼくなんかが見ても、羨《うらや》ましいほどです。ヘルダーリンの失った恋情をそっとしつつも、癒《いや》しつづけたようでした。まあ、男の友情でしょう。『ヒュペーリオン』に出てくるアラバンダという人物がその面影をもっている。

こういう友達は、人生にとって欠かせない。小夜子は四十代後半になってから、若い友人に囲まれていましたね。とてもすばらしいクリエイターたちだった。小夜子もかれらを大切にしつづけた。かれらは小夜子をミューズと思っていた。みんな八月の「連塾」のとき、集まったよね。九月十九日の映像や音響は、かれらがいろいろ準備してくれたのであす。小夜子にこそ、その出来上がりを見せたかった。

ああ　ミューズの力に高められ
心は酔ったごとくに目印を見つづける
聞け　大地よ　天よ
かのミューズの永遠の司祭たることを！

睦まじい兄弟の盟約に加わりたまえ
地上の千万の友よ
新たなる至福の天職に　加わりたまえ！

さて、誰にもファッションがあります。スタイルですね。ヘルダーリンの詩には、「オーデ」と「ヒュムネ」と「エレギー」がある。オーデは頌歌《しょうか》、ヒュムネは讃歌、エレギーはエレジーのことだから、つまりは悲歌のことです。

これらをヘルダーリンはみごとに書き分けました。のちにテオドール・アドルノとヴァルター・ベンヤミンが絶賛して分析したことなんだけれど（この二人はとてもドイツ的な哲人です）。それによると、ヘルダーリンの詩には「パラタクシス」(Parataxis) というものがあるらしい。パラタクシスというのは、文節やフレーズが対同して連なっていくという方法で、どんな部分も主述的な従属関係になっていずに、互いが互いを照らしあうようになっている技法のことです。日本では「併層」などと訳すけれども、もっと動きがあっておもしろい。

『省察』を訳した武田竜弥さんが言っていることなんだけど、ヘルダーリンには言葉を「原・分割」する才能があって、そこからパラタクシスが発しているようなんです。それをヘルダーリン自身は「最も深い親密性」とか「聖なる精神の生きた可能性」というふうに感じていた。そうだとしたら、これはたいへんな才能です。言葉を書きつけながら、言葉が言葉を自己編集するように書けるということですからね。たいへんに技量がいる。どんな言葉も光りあっていなければならない。

だからヘルダーリンの詩は、文学でありながら、とても音楽っぽいのです。ある研究者は、ベートーヴェンの弦楽四重奏に似ていると言っています。

それにしてもヘルダーリンは、どうしてこんな才能をもてたのか。どうしてあんなふうに詩が書けたのか。きっと、存在というものを「うつろひ」の渦中でとらえることができたからなんじゃないかと思います。存在は、過ぎ去りゆくものが過ぎ去っていくというその渦中でちょっとだけ振り返るというときに、そのときだけにあらわれてくるということを、よおっく知っていたんでしょう。

あらわな荒野を　はるかにさまよい
昏《たそが》れゆく淵のふところ深く
谷川の巨人の歌がなりひびき
雲の夜闇がわたしを閉ざしたとき
荒れくるう浪さながらに
山々を吹き抜ける嵐が近くを通りすぎ

空の焰がわたしを包む
あのとき
あなたはあらわれたのだ！

早稲田時代、ぼくは「ヘルダーリンの彷徨《ほうこう》」ということを漠然と考えていたことがありました。そのことにとても憧れていたんだけれど、実はその意味が自分でもわからないままにいました。その後、いろいろヘルダーリンやその周辺のことを知るようになると、ぼくにも少し「ヘルダーリンの彷徨」が見えてきた。それはヘルダーリンの「精神の薄明」ということだったのです。ホーコー、ハクメイ、ホーカイカンカク。

ヘルダーリンは歳をとるにつれ、「一にしてすべて」ということを自身の精神の衰弱にもちこんでいきたかったようでした。それを一部の研究者たちは、神経衰弱とか精神病理とか鬱《うつ》病だとか言うんだけれど、ぼくはまったくそうは見ていない。

ヘルダーリンは、あるときホンブルクの居城を出て、「時の友」のシンクレアから去っていく。黙って去ります。これは親友に対してまことに非情な仕打ちのようだけれど、だからこそ「時の友」だったんでしょうね。そしてシュトゥットガルトに出向くと、そこから漂泊の旅に出る。最初の行き先は、スイスの寂しいハウプトヴィルという寒村でした。そしてそこで、その後のヘルダーリンを決定づける「永遠の山脈」というものに出会うんです。

寒村から見た山々がすばらしかったのです。これこそ「一にしてすべて」（ヘン・カイ・パン）との出会いでした。ハウプトヴィルの山脈は、精神が薄明にすすんでいくのを託すにたりる威容だったんでしょう。そこで、住み着いた。そこからヘルダーリンの詩は、いわゆる「ヘルダーリンだけのアルペン・スタイル」と文学史が呼ぶものになるんだけれど、そんな程度のことじゃないでしょう。これこそが、ヘルダーリンの彷徨の回答だったんです。面影の正体でした。

いくたびも探しもとめ
そしていくたびも諦めました
それでもせめて
その面影を大切にもっていたいと思っていました

小夜子の最期はどうだったのか、ぼくには知る由もないんだけれど、ヘルダーリンは自分の最期を「アポロ（アポロン）に撃たれる」と言っていたようです。「アポロがわたしを撃った」と書いている。自分による自分のための予言だったようです。自分の薄明を予言したんでしょう。もしそうでないとしたら、薄明がヘルダーリンを予言した。

きっとヘルダーリンはとっくに死を知っていたんだろうと思います。だから、最期に近づくにつれて、ただギリシアの悲劇を訳しつづけ、その注釈に没頭していった。これは、「生成のなかに消滅していく」ってことです。生まれるもののなかに向かって消えていくってことでしょう。

林のなかで精霊たちがざわめくとき
月のあかりをほのかにあびて
静かな池に皺ひとつふるえぬとき
わたしは　あなたの姿を見て会釈する

・もう小夜子には見せられませんが、ヘルダーリンを読むなら岩波文庫と角川文庫の『ヘルダーリン詩集』が手頃です。全集は今夜とりあげた河出書房版がおすすめですが（函《はこ》入りの装幀《そうてい》もステキです）、古本屋かアマゾンで探すことになるでしょう。評伝・評論は、ハイデガーやベンヤミンの全集のなかに拾うことを奨めます。ほかにヘルダーリン『省察』（論創社）、仲正昌樹『「隠れたる神」の痕跡』（世界書院）などが単行本で出ています。仲正さんの本は、他の本もそうなのですが、いつも溜息《ためいき》をつきたくなるほど、細部までゆきとどいています。

第一二〇〇夜　二〇〇七年九月二一日

参照千夜

九一六夜：ハイデガー『存在と時間』　三七七夜：ケプラー『宇宙の神秘』　四七九夜：ヘッセ『デミアン』　九七〇夜：ゲーテ『ヴィルヘルム・マイスター』　一七〇八夜：ヘーゲル『精神現象学』　七九九夜：プラトン『国家』　一〇二三夜：ニーチェ『ツァラトストラかく語りき』　三九〇夜：フィヒテ『ドイツ国民に告ぐ』　一三二夜：ノヴァーリス『青い花』　一二五七夜：アドルノ『ミニマ・モラリア』　九〇八夜：ベンヤミン『パサージュ論』　一三七五夜：仲正昌樹『貨幣空間』

ナポレオンがプロイセン軍を蹂躙して、
やっと大ドイツの戦争戦略論の目が覚めた。

戦争論

カール・フォン・クラウゼヴィッツ

淡徳三郎訳　徳間書店　一九六五　／　篠田英雄訳　岩波文庫　全三巻　一九六八
日本クラウゼヴィッツ学会訳　芙蓉書房　二〇〇一
Carl von Clausewitz: Vom Kriege 1832–34

世界は戦争の歴史である。戦争が世界をつくり、世界は戦争と暴力で成立してきた。世界は味方と敵に力をねじこまないかぎり成立できなかったのである。

戦争には憎悪や軽蔑が伴うこともあるが、実際に勝敗を決めるのは取引と駆引と差引である。戦争は相手をこてんぱんに打倒することなのに、そのプロセスの多くが頻繁な取引と巧妙な駆引と功利的な差引で埋まっている。

むろん軍事兵器と兵力がものを言う。かつては鉄砲があれば勝てたし、機関銃や戦車は戦争の様相を変えた。けれども核兵器や化学兵器をもっているからといって、これは使えない。戦場は限定されるのだ。限定される戦場は、第三者が見守るサッカーのピッチや野球のグラウンドや格闘技のリングのようなものではない。どこが戦場になるかは、ほぼわからない。おまけに戦場にはレフェリーはいない。「降参《ギブアップ》」だけがゲームオーバーの合図なのだ。しかしそこに到るまでに、勝敗の推移は次々に変わり、そのため敵国地か自国地かによって、ロジスティクスが大きく動く。

戦争には鉄の規律と地獄の訓練と、強靭《きょうじん》な意志が必要だが、戦争の全容は不確実性と蓋然性《がいぜんせい》との闘いなのである。攻めるところ、引くところ、占拠しつづけるところ、放棄するところはまちまちだ。飢えや寒暖とも闘わなければならない。軍事力が圧倒的なほうが勝つとはかぎらないことは、ベトナム戦争が証《あか》した。

こんなにリスクが多様にばらまかれていて、勝敗の「読み」は容易に成り立ちがたいのに、戦争は全歴史で必ずおこり、そのつど勝者と敗者を天地に引き裂いてきたのである。

こんなことだから、戦史や戦記はともかくも、理想的な戦争戦略論など、あるわけがない。それでも戦争論は、ビジネスマンが戦国武将の作戦に惹《ひ》かれるように、どんな国でも読まれ続けてきたのだった。

いまの日本では何が読まれているのだろうか。リデル＝ハートの大著『戦略論』（原書房）やジョン・キーガンの『戦略の歴史』（上下・中公文庫）なのか、いまもってウィンストン・チャーチルの第二次世界大戦論なのか、あるいは松井茂の軍事学講座？

ぼくが思うには、歴史的な戦争論は二つの記念碑的な労作に挟まれたままにある。カール・フォン・クラウゼヴィッツの古典的な『戦争論』とロジェ・カイヨワの新機軸の『戦争論』である。二つの戦争論のあいだに読みたい戦争論があるはずだが、そういうものはまだ世の中に生まれていない。

ただし二つの戦争論を同じように読むことはできない。カイヨワの戦争論は社会生物学あるいは遊びの哲学のように読むべきで、社会学者カイヨワの『本能』や『反対称』などとの併読はいくらあってもいいが、そこにカイヨワその人の人生を投影する必要はない。しかしクラウゼヴィッツを読むということは、戦争のプロフェッショナルを究めたクラウゼヴィッツその人の人生を、ドイツ人の宿命とナポレオンの時代とともに読むことなのである。

クラウゼヴィッツは一七八〇年のプロイセン王国のマグデブルクに生まれている。少年期にプロイセン軍に入ったのち、対ナポレオン戦争で皇太子アウグストの副官になった。ところが一八〇六年のイエーナの会戦でドイツ・プロイセンは決定的な敗北を喫し、皇太子ともども捕虜にさえなった。この屈辱が『戦争論』を書かせた。そういえばよくありがちな話に聞こえるが、そうではない。

クラウゼヴィッツが捕虜になっているあいだに考えたことは、フリードリヒ大王以来の歴史と栄光に輝くプロイセン（プロシア）軍が「雑兵でかためたとおぼしいナポレオン軍」に完敗したのはなぜなのか、いったい何がプロイセン軍の敗因であったのかという疑問だったのである。そこに「プロイセン軍」というイデアが生きていることがクラウゼヴィッツを読む鍵《かぎ》になる。

プロイセン軍とはどういうものか。だいたいプロイセンという国は何かというと、実はドイツではない。ドイツにはプロイセンという地方はない。すべての話はそこから始まる。

プロイセンはもともとは十世紀後半に神聖ローマ帝国が出現したときに、スラブ人の侵略に対するドイツ側の防壁として東北部に設置されたブランデンブルク辺境伯州が起源である。そこにブランデンブルク辺境伯が誕生し、一三五六年に選帝侯も登場した。やがて十五世紀のコンスタンツ宗教会議の席上で、辺境伯と選帝侯の位がニュールンベルク城主のフリードリヒ・フォン・ホーエンツォレルンに授与される。それがひとつのルーツになった。ただし、ここにはまだプロイセンという名称はない。

もうひとつの起源はドイツ騎士団にある。一二七八年に長きにわたった十字軍の活動が終わり、聖地エルサレムの防衛に活躍したドイツ騎士団は神聖ローマ皇帝から功績を称《たた》えられて、バルト海東岸でヴィスワ河の東の領地を贈られた。これがプロイセンの発現となった。

ところがドイツ騎士団はそのころ東欧中部から勢力拡張を試みていたポーランド王国とぶつかるようになり、一四一〇年のタンネンベルクの戦いで敗れてしまう。このとき領土プロイセンの西半分が奪われる。そこでホーエンツォレルン家の支流の一族にあたるアルブレヒトが騎士団長となって、なんとか確立を急ぎ、一五二五年にプロイセン公が生まれたのだった。それでもまだ、このときのプロイセン公はポーランド王の承認を必要とした。すなわちポーランド王国が宗主国だった。

以上の二つのプロイセンのルーツはホーエンツォレルン家によって交じっていく。ここまでが前史にあたる。

次のステージは三十年戦争である。一六一八年のベーメン（ボヘミア）のプロテスタント反乱を発端に、ドイツのさまざまなキリスト教の新旧両派の内乱に各国の介入が入り乱れて、戦乱は一六四八年のウェストファリア条約まで続いた。

このときドイツの諸侯は旧教カトリックと新教プロテスタントに分かれて、全土を巻きこむ内乱がつづいた。三十年にわたる巨域の関ヶ原である。

全土が焦土と化しつつあったとき、いちはやく領土の復興に立ち上がったのがブランデンブルクの大選帝侯とよばれたフリードリヒ・ヴィルヘルムだった。ヴィルヘルムは領土に駐留していた神聖ローマ皇帝軍やスウェーデン軍をたくみに駆逐して、ウェストファリア条約で一挙に領土の拡張を勝ち取った。のみならずスウェーデン・ポーランド戦争でポーランドが敗れたのをきっかけにポーランドからの自立を獲得し、ここにブランデンブルクとプロイセンを合併した。

このヴィルヘルムの後を継いだのが、最初のプロイセン王となったフリードリヒ一世（軍人王）である。かくて一七〇一年、プロイセンの国家システムを決定する根本計画が発表される。これを歴史家はしばしば「プロイセン・プログラム」とよんでいる。

クラウゼヴィッツの戦争イデアはフリードリヒ一世の子であるフリードリヒ二世、すなわちフリードリヒ大王の姿にあった。読むべきものも多い。なにしろこの大王は著作だけでも二五巻にのぼっている。加えてヴォルテールとの交流、マキャベリズムへの反対の意思、近世国家というものに対する最初の壮大な構想など、クラウゼヴィッツを夢中にさせるにあまりある魅力をもっていた。この大王のもとにプロイセン王国は非のうちどころのない官僚制と完璧な行政機構とそして偉大な軍隊をつくりあげたのだ。

そうなったのはプロイセンに「民族性」というものがなかったか、もしくは希薄だったことに関係がある。プロイセンは合成国家であって人工国家なのである。ミラボー伯はこういうプロイセンをこう批評したものだった。「他の国々は軍隊をもっているが、プロイセンでは軍隊が国をもっている」。

しかし、プロイセンの自慢は長くは続かない。鉄のプロイセン軍の伝統が、ナポレオン軍にあっけなく敗退してしまった。愛国者クラウゼヴィッツにはショックだった。彼はイエーナの戦闘からワーテルローの戦闘まで、大半の対ナポレオン戦争に従軍していたのである。その中でプロイセン神話が崩れたのだ。

クラウゼヴィッツは休戦後に帰国して、士官学校時代の校長でもあった参謀総長シャルンホルスト将軍に接近し、軍制改革にとりくんでいくことにした。まだナポレオン戦争は続いていて、各国のいわゆる解放戦争が後段にくるのだが、なんとかそれまでに軍事態勢をたてなおしたかった。

まもなく戦争はセントヘレナに流されたナポレオンの凋落《ちょうらく》をもって終結した。反撃のチャンスはなかった。幸か不幸かはわからない。こうして終結後の一八一八年、クラウゼヴィッツはベルリン士官学校の校長に就任し、以後、十二年の長きにわたって著作に没頭したのである。

研究の眼目はフリードリヒ大王のプロイセン軍の戦史とナポレオン軍の戦史を徹底的に比較して、新たな戦争論と戦略論を起草することである。むろんドイツのためだ。へーゲルも読みこんで参照した。そして確信する、「戦争とは、他の手段をもって継続する政治の延長」であり、「自国の意志を相手に強制する暴力行為」であることを。

すでによく知られていることであるが、クラウゼヴィッツの戦争論の特徴は、「戦略」（ストラテジー）と「戦術」（タクティクス）を明確に分離させ、戦争準備としての「兵站《いたん》」（ロジスティクス）を浮上させることにあった。このことを刻印するため、クラウゼヴィッツは多様な戦争の特性を定義づけていく。いろいろ書かれているが、少し順番を変えて、プロイセン人独特のクラウゼヴィッツの指摘だけを紹介する。

戦争には二種類があるという。ひとつは敵対者の打倒を目的とする戦争である。敵対者は外国や隣国であることが多いが、「内部の敵」もある。いずれにせよ、容赦なく相手を潰《つぶ》すための戦争だ。もうひとつは敵対者との国境でなにがしかの領土を占拠するための戦争である。権利を獲得するための戦争だ。のちにフランスとドイツがアルザス・ロレーヌの地を取り合ったのも、この方針に近い。

クラウゼヴィッツはこの二つはまったく別個の戦争であって、その折衷はありえないと見た。「敵軍撃滅」か「要城占拠」か、そのどちらかなのだ。この教えは、たとえば第二次世界大戦でドイツがソ連を叩《たた》くにあたって、レニングラード正面・モスクワ正面・ウクライナ正面の三正面作戦を採った失敗によって、クラウゼヴィッツの名を有名にした。二兎《にと》や三兎を追ってはいけない。

戦争の目的と終結についても、断定的な定義をくだした。戦争の目的は「敵の打倒」にあるけれど、その敵の打倒とは「敵の抵抗力の剝奪《はくだつ》である」と見た。しかし、いくら敵の戦力を剝奪し、いくら占領しても敵の意志が屈服しないときがある（大日本帝国軍がそうだった）。そのときは「講和の強制」をもって戦争目的の達成とし、戦争を終結に導くべきだと考えた。逆に戦争に屈服したくなければ、絶対に講和条件を吞《の》んではダメなのである。

この教えを実践したのがのちのちのチャーチルだった。チャーチルはヒトラーの講和の呼びかけを拒否することで戦争終結を避け、ついに逆転に成功してみせた。

クラウゼヴィッツは「戦争の才能」にも言及した。従来の戦争論になかった甚だ興味深いもので、これを読んで軍事の天才をめざした軍人は少なくない。戦争の才能はひとえに「多様な摩擦を乗り切る才能」だということを〝発見〟したのである。

戦争にともなう過度の摩擦には、相手の攻撃による打撃、つねに身体がさらされる危険、兵器調達にともなう摩擦、資金の遅滞による摩擦、戦争時における情報の不確実性、部隊の行動の狭隘性《きょうあい》、戦争時に発生する偶然性（天候その他）など、いろいろがある。軍事上の天才とは、これらの戦争にともなう多様な摩擦をすべて克服するに足る異常な素養

(Photo by Mansell/Mansell/The LIFE Picture Collection via Getty Images)

1772年の第1次ポーランド分割をあらわす寓意画。プロイセンとロシアとオーストリアによってポーランドの地図が引き裂かれようとしている。右端の人物が、クラウゼヴィッツが理想とし、ナポレオンも尊敬したというプロイセンの哲人王ことフリードリヒ大王。

をもつ者のことだというのだ。異常であるしかない。それがクラウゼヴィッツが軍人や将軍に冠した才能というものだった。

この才能がどのように磨かれるのかというと、「守勢の徹底が才能を磨く」はずだと考えた。すなわち「防御は攻撃よりすぐれた手段なのである」。なぜなら、どんな守勢も、防御に徹しようとすれば必ず攻撃的諸動作を併発するはずで、それによって軍人や将軍はたえず敵の攻撃を読む姿勢に入れるからである。かつ、攻撃は想像力を鍛えないが、防備は想像力を鍛えてくれる。こうして「自発的な退軍は敵を消耗させる有効な戦術である」というテーゼが導き出された。このあたり、ディフェンスを重視する最近のプロスポーツにもあてはまる。


ぼくはクラウゼヴィッツの『戦争論』を古典読書として愉《たの》しんだ。大学生のころで、マルクスやレーニンやトロツキーを読む学生たちはたいてい読んでいたのではないかと思う。マキャベリの『君主論』やシェイクスピアの『マクベス』やメルヴィルの『白鯨』のような意味での古典だったのだ。

しかし、軍人たちにとっては本書はそういうものではなく、まさに実践に頻繁に応用された。とくにクラウゼヴィッツの一歳年上のスイスの戦略家アントワーヌ＝アンリ・ジョミニの戦争理論と比較して、どこがクラウゼヴィッツの有効なところかを決めこむことが流行した。書物にはそういう恐るべき実用力もある。

ごくごく要約していうと、クラウゼヴィッツの『戦争論』は、野戦軍主力部隊の撃滅を目的とする〝決戦戦争〟を鼓吹《こすい》するものとうけとられ、南北戦争から第一次世界大戦、第二次世界大戦を通して、おおいに読まれた。クラウゼヴィッツによって戦略計画をたてることが流行した。

ところが戦争開始の計画はそれで立つのだが、実際の戦争が始まってみると、〝決戦戦争〟にはなかなか到達しないことがわかってきた。とくに二十世紀の戦争は大半が持久戦か総力戦になる。持久戦と総力戦が現代の戦争の特徴なのだ。これはクラウゼヴィッツが予想していなかったことだった。

こうしてクラウゼヴィッツ理論は立案には生かされるものの、しだいに戦争の進行途中からは軽視されるようになった。そして、「補給ルートの遮断」「軍需産業の拠点破壊」「策源地の機能喪失」といった新たな戦略が適用されていった。湾岸戦争でアメリカがイラクの軍需産業の拠点を徹底して爆破する攻撃に出たのは、クラウゼヴィッツにはなかった作戦だった。

もうひとつクラウゼヴィッツがまったく予想していないことがあった。当たり前ではあるが、情報戦である。「インテリジェントな戦争」だ。スパイを送りこみ、諜報《ちょうほう》をめぐらし、敵の内部を矛盾に追いこんでいく。きっとクラウゼヴィッツはそんな戦争ならしたくないと言ったことだろう。
クラウゼヴィッツの『戦争論』は今日の日本にはほとんど用無しのものになっているかもしれない。日本が戦争を放棄しているからではない。クラウゼヴィッツが「戦争は政治の本質である」とみなした理論が、日本にまったくあてはまらなくなっているからである。

第二七三夜　二〇〇一年四月十八日

参照千夜

六四三夜：リデル＝ハート『第一次世界大戦』　八九九夜：ロジェ・カイヨワ『斜線』　二五一夜：ヴォルテール『歴史哲学』　七八九夜：マルクス『経済学・哲学草稿』　一〇四夜：レーニン『哲学ノート』　一三〇夜：トロツキー『裏切られた革命』　六一〇夜：マキアヴェリ『君主論』　六〇〇夜：シェイクスピア『リア王』　三〇〇夜：メルヴィル『白鯨』　九七〇夜：ゲーテ『ヴィルヘルム・マイスター』

ぼくが学生時代に読んだケーテッ・ソーコーは、いまなお現代思想に亀裂を入れている。

カール・マルクス

経済学・哲学草稿

城塚登・田中吉六訳　岩波文庫　一九六四

Karl Heinrich Marx: Ökonomisch-philosophische Manuskripte 1844

マルクスをどう書くかについて苦心したいという気にならないわけではないけれど、あれほど麻疹のように読んだマルクスを、自分が好き勝手に言えるという状態にしてこなかったことに、忸怩《じくじ》たるものを感じる。

最初に読んだのは『ヘーゲル法哲学批判』だ。最初に買った『マルクス・エンゲルス選集』の第一巻である。「この国家、この社会が、宗教という倒錯した世界意識をうみだすのは、この国家、この社会が倒錯した世界であるためである」という冒頭近くの文章をはじめ、「だから、天上への批判は地上への批判にかわり、宗教への批判は法律への批判に、神学への批判は政治への批判にかわるのである」や、「批判は頭脳の情熱ではない。それは情熱の頭脳である」を読んで、これはずるいよというほどに胸が熱くなった。最後に、「哲学はプロレタリアートを止揚することなしには現実化されえず、プロレタリアートは哲学を現実化することなしには止揚されえない」と結ばれていて、居ても立ってもいられなかった。

ただ、いまふりかえるに、このようなマルクスをぼくは「思想」としてよりも「思想的文体練習」のように読んでいた。実際にも世を騒がせてきた思想ってその六割ほどが文体なのではないかと感じたのである。それゆえなのかどうか、このマルエン第一巻には『ユダヤ人問題によせて』も収録されていたのだが、中身としてはこちらのほうに引きこまれた記憶が濃い。

今夜はいっそ『共産党宣言』（岩波文庫）をとりあげようかとも思った。なにしろ千夜千冊は「一夜一殺」なのである。「一夜一殺」には『党宣言』はぴったりだ。アジテーション文体としても極上だし、あんなに短い一冊にヨーロッパ文明の矛盾を圧縮して圧殺させた本など、ほかにない。けれども、このあまりにも有名な政治パンフレットには、実は格別の感動がなかった。

それならむしろミハイル・バクーニンの『神と国家』こそがどぎまぎするほどのセンセーショナル・パワーをもっていて、これを春秋社の世界大思想全集の古本に見いだしてそのまま高田馬場の喫茶店で読み耽《ふけ》ったときは、信じがたいほどにぶるぶるきたものだ。また『党宣言』はエンゲルスとの共著なのだが、共著やエンゲルスのものならば『家族・私有財産・国家の起源』や『聖家族』や『自然弁証法』のほうが、当時のぼくには示唆に富んでいた。

こうして今夜は『経哲草稿』にした。中身もさることながら、この一冊には当時の気分と状況がまとわりついているからだ。そのころの早稲田は学生マルクス主義の嵐が吹いていて、大きくは日本共産党系の民青と、それに反旗を翻すいわゆる〝反代々木〟に分かれていたのだが、その〝反代々木〟が最初は革共同（革命的共産主義者同盟）というひとつの母体であったのに、そのころはすでに革マル派・中核派・社青同・社学同ほか、いくつものセクトが鎬《しのぎ》を削りあっている状態になっていて、各派がオルグと称する勧誘に日々乗り出していた。

ぼくは九段高校時代にSさんに誘われて、入学以前から早稲田大学新聞会に出入りしていて、そこが革共同全学連の巣窟《そうくつ》のひとつだということを知らされた。時に「日韓闘争」とよばれる闘争の季節の渦中にあったころだ。

取材をしたり文章を書いたりする修業をしたくて新聞会に入ったので、そうした政治的看板など気にしていなかった。政治的なテーマや国際問題にほとんど深い関心をもってこなかった大学生として、かえっていい勉強の機会だと感じていたくらいなのだ。ところが二年の秋口か三年の春だとおもうのだが、ある先輩から「ちょっと話がある」と喫茶店に連れて行かれ、黒田寛一の本を二、三冊示されて「このへんも読んどけよ」と言われた。先輩は「クロカンはすごいぞ」と言った。黒田寛一はクロカンだった。「はあ、わかりました」と言ったら、しばらくして〝組織〟に入らないかと勧誘された。組織とは革共同革マル派のこと、革共同は革命的共産主義同盟の略、革マル派は革命的マルクス主義派の略だ。

聞くと、〝組織〟に入るには「決意の弁」あるいは「総括文」のようなものを書かなければいけないらしい。あまり深くは考えないで、ぼくは「いいですよ」と言った。それからときどき「まだかよ」と言われながら、三、四ヵ月くらいたって、その文章を先輩に手渡した。「家とは何か」ということを書いた。

どうなったのかと思っていたら、しばらくして「あれな、デキがよくないぞ」という反応である。「だいたい変わってるよ、家のことなど書くなんて」とも言われた。「国家からの自由、社会からの自由、家庭からの自由」という主旨で書いたつもりだったが、幹部の評判はよくなかったらしい。「もういっぺん書いてみないか」と言われた。どうやら不合格なのだ。しかしそういう通達があるわけでもなく、ぼくも二度目の文章を提出しなかったので、なんだか曖昧《あいまい》なまま、それでもぼくは文学部の議長に選出され、デモの先頭に立って闘争の日々を送ったのだった。

この審査の前後に読んだのが、『経済学・哲学草稿』と『ドイツ・イデオロギー』なのである。『ケーテッ・ソーコー』『ド・イデ』と称していた。だから、本書にはマルクスの著作という以外の思い出も少しつまっている。

マルクスがこの草稿を書いたのは二六歳である。学生にとってはそんなことも驚きだったが、ぼくが着目したのは、この草稿では哲学を経済学で批判して、経済学を哲学で批判しているということだった。ヘーゲルと対決していることは、その後のマルクスをたっぷり読んでいた身にはあまり新味を感じなかったのであるが、経済学ノートと哲学ノートを別々に書きつつ、これらを互いに刃向かわせているというような方法を、どうしてこんなに若いマルクスが着想できたのか、そこは驚きだった。

中身は疎外論である。マルクスは「疎外」（独 Entfremdung　英 alienation）という用語をヘーゲルの『精神現象学』から探って、これを換骨奪胎していた。

もともとの「疎外」はラテン語（alienatio）の「譲渡」で、「外に渡す」「他人のものにする」という程度の意味しかもっていないのだが、マルクスはそこに、本来の共同体にあった価値の本体が土地や労働や資本という恰好《かっこう》をとって引き離され疎外されていったという現象をもってきて、読み替えた。そのことを告発するための草稿なのである。あえて一ヵ所だけ引用すれば、たとえば次のような告発である。

……疎外された労働は、人間から（1）自然を疎外し、（2）自己自身を、人間に特有の活動的機能を、人間の生命活動を疎外することによって、それは人間から類を疎外する。すなわち、それは人間にとって類生活を、個人生活の手段とならせるのである。第一に疎外された労働は、類生活と個人生活とを疎外（たがいに疎遠なものに）し、第二にそれは、抽象のなかにある個人生活を、同様に抽象化され疎遠されたかたちでの類生活の目的とならせるのだ。

翻訳のせいもあってひどくわかりにくい文章だが、それなりに有名な箇所だ。マルクスがここで言っているのは、動物が生命活動そのものであるのに対して、人間は類的存在だということである。人間は自分の生命活動を意欲や意識の対象にしていて、そこに自由を感じているはずである。そのような自由を感じられていること、そのこと自体がそもそも人間が動物とは異なる類的存在であることを説明する。

ここまでは、ありきたりだ。では、なぜ本来は自由であるはずのこうした意欲や意識による生活の日々がなかなか自由なものに感じられないのかというと、われわれの日々の活動（それが「労働」のすべてなのだが）のどこかに「われわれを自由にさせない」何かを含んでいるからだ。この何かが「疎外された労働」で、これでは労働すればするほど自分で自己疎外をおこしていくことになる。

こうしてわれわれは、私自身の活動が私に属さず、私自身の活動の成果が私に属さないということを感じる。マルクスは、古代ならばその「私」が神々に属するものと考えることもできただろうという話をしつつ、しかしながら近代社会では（それをマルクスは国民経済の中にいる社会ととらえるが）、この「私」が類的存在としての本来の「私」を取り戻し、これまで自然と物質をつかって築き上げてきた社会の作り方そのものを根底的に捉《とら》えなおさないかぎり、けっして「疎外された労働」を解放感に導くことは不可能だろうと言うのである。

この「社会の作り方そのものを根底的に捉えなおさないかぎり」というところが、のちに革命思想の骨格になっていく。「根底的に捉えなおさないかぎり」の「かぎり」が革命のシナリオに変じていったのだ。草稿はそこまでは踏み込んでいないけれど、そのかわり、近代の経済社会が格納してしまった問題を哲学者たちの問題として、また経済学者たちの問題として、突き出し告発するところまで見通した。

そんな見通しを立てたのが二六歳なのだ。さらに若きマルクスは人間と他者の「関係」や「相互性」にまで言及して、これらをすべてひっくるめて疎外の根拠がどこにあったのかという指摘をしつづけた。

いまさら言うまでもないことだけれど、カール・マルクスはドイツ人である。プロイセン(プロシア)のユダヤ教のラビの家に生まれた。しかし一八四五年以降のマルクスは意外なことに、死ぬまで無国籍なのだ。亡命者のまま一生を送ったのである。このことはあまり強調されていない。

マルクスが生まれたのはプロイセン王国ニーダーライン大公国領の頃に栄えたトリーアという町である。長らく大司教領の首府だったが、フランス革命期の戦闘とナポレオンの侵攻によって、他のライン地方ともどもフランスの勢力下に入った。そのトリーアの町でマルクス家は代々がラビを世襲していたが、父親がヴォルテールやディドロの啓《けい》蒙《もう》をうけて、宗旨にこだわりをもたないようになり、プロテスタントに改宗した。マルクスが生まれたのは、その二年後のことだった。

幼年期のマルクスについては詳細がわからない。小学校に行ったのかどうかさえ不明だし、少年期についてはギムナジウムの記録は残っているが、語学に熱心だったこと、詩人に憧《あこが》れていたこと、「異常なほど隠喩《いんゆ》的な表現」を好んだことくらいが目立っているだけだ。こんなに幼少年期が不明なのは何かがあやしいのだが、ただざまざまな評伝を読むと、この時期すでにハイネに夢中になっていたことと、当時の校長がその悪筆について「なんといやな文字だろう」という印象をのこしていることが特筆される。ぼくにはこの二点が気になった。たしかに「いやな文字」を書く。

性格の評判もよくない。文芸には熱心だが、素行はよくなかったらしい。ガールフレンドは姉ゾフィーの友達の四歳年上のイェニーだったが（のちに結婚）、イェニーも「彼は暴君のようだった」と言っている。


ボン大学に入ったものの、勉学に身を入れず遊び呆けている青年マルクスに父親は困って、ベルリン大学に転校させた。

厳格をもってなるベルリン大学ではさすがに勉学に向かうしかないようで、ここでエドゥアルト・ガンスが講義するヘーゲル哲学に興味をもった。ヘーゲル左派が集まる「ドクトル・クラブ」に出入りするようになると、のちのちまで協力を惜しまなかったブルーノ・バウアー、アルノルト・ルーゲやこのあとすぐに影響を受けるルートヴィヒ・フォイエルバッハに出会い、ここから少しずつあのカール・マルクスが覚醒《かくせい》を始めるのである。

在学中に父親が病死して、法学から哲学に転向することにした。その直後、博士論文『デモクリトスの自然哲学とエピクロスの自然哲学の差異』をまとめた。一八四〇年にプロイセン王にヴィルヘルム四世が就いて、国の誇りのベルリン大学に保守的な空気が漂いはじめたので、マルクスは論文をイエーナ大学に提出し、九日後に哲学博士号を授与えられた。この論文はぼくも早稲田時代に読んだが、エピクロスの「原子の偏倚《へんき》」に注目していて、さすがの炯眼《けいがん》だと感じた。

学位をとったマルクスだが、大学教授への道がうまくいかない。ボン大学の講師になっていたバウアーを訪ねてなんとかしようと試みたものの、二人で戯れに書いたヘーゲルの無神論と革命性を称《たた》えたパロディ論文が問題になり、とうてい大学には就職できない。バウアーもそうだったようだが、マルクスもけっこう無頼派だったのだ。

やむなくライン新聞の執筆者になった。この新聞はライン地方の急進ブルジョワジーとヘーゲル左派によって創刊されたばかりのもので、社会主義者のモーゼス・ヘスが統率していた。ヘスは当時のマルクスを「ルソーとヴォルテールとフォイエルバッハとレッシングとハイネとヘーゲルを溶かし合わせたような深い哲学性と刺すような機知」とベタぼめした。

ライン新聞でのマルクスは苦労している。キリスト教批判の記事は検閲され、主筆になるのだがその方針は意外なほどに穏健になっている。リベラリスト然としているのだ。木材伐採についての法案に反対表明をしたりはするのだが、それは反封建主義という程度のもの、とくにマルクスらしいわけではない。

そんなマルクスが発奮するのはフォイエルバッハの『キリスト教の本質』（岩波文庫）に

衝撃を受けてからである。それまでの神学批判を超えていた。神学が人間学におきかえられていたのだ。そこにはヘーゲル批判のトバ口が掘削されていた。

フォイエルバッハの思想は「神とは人間のことである」という逆転の視点に立って、ヘーゲル哲学でいう「精神」は「神」の言い換えにすぎないし、歴史も精神の力で推進してきたのではないというふうに切り返していた。

この人間主義的な唯物論に、マルクスはいたく共鳴する。半年ほど自室にとじこもると「ヘーゲル国法論批判」の執筆に集中した。一八四三年にアルノルト・ルーゲらがパリで「独仏年誌」の発刊準備に入ると、マルクスは家族とともにパリに移住し、エンゲルスやハイネとともに寄稿する。それが『ユダヤ人問題によせて』と『ヘーゲル法哲学批判序説』だ。こう、書いた。「哲学が批判すべきは宗教ではなく、人々が宗教という阿片に頼らざるをえない人間疎外の状況をつくっている国家、市民社会、そしてそれを是認するヘーゲル哲学である」。

「独仏年誌」は創刊号で廃刊するのだが、そこに掲載されたエンゲルスの『国民経済学批判大綱』に、マルクスは注目した。私有財産への批判、アダム・スミスやリカードやスチュアート・ミルへの批判が鋭かった。マルクスはエンゲルスとの共闘を呼びかけるとともに、自分も経済社会についての根本的学習をする決意をした。

フランス革命について、スミス、リカード、セイ、ミルらの国民経済学について、サン・シモン、フーリエ、プルードンらの社会主義（いわゆる空想的社会主義）について、ドイツの政治形態について、徹底してノートをとり、いちいちコメントを加えていった。これがのちに出版されることになった『経済学・哲学草稿』だ。

『経哲草稿』は若きマルクスの思想の確立を告示する。特筆すべきは、フォイエルバッハの「類としての人間」を「労働する人間」というふうに捉《とら》えなおし、その立場から国民経済学とヘーゲル的歴史観を乗りこえる地平を展望したことである。それとともに、みずからの思想が社会主義（socialism）ではなく、直截《ちょくさい》に共産主義（communism）に立脚できると確信したことだ。一八四四年の夏、エンゲルスがマルクスの家に滞在すると、確信はますます深く、計画はますます広がった。

二人は『聖家族』を綴《つづ》り、『ドイツ・イデオロギー』を共著する。『聖家族』はバウアー派の考え方に鉄槌《てっつい》を下したもので、そこには「完全なる非人間としてのプロレタリアートこそが人間解放という世界史的使命」をもっているという展望が萌芽した。『ド・イデ』のほうは、なぜギリシアやヨーロッパのすぐれた哲学がドイツに入ると空論になってしまうのかという問題意識にもとづいたもので、その処方箋《しょほうせん》としてはドイツ的観念論を唯物史観に転換させて、ずばり「実践による革命」をもたらすしかないというふうに導いた。けっこう乱暴な議論だが、二人の意気は軒昂《けんこう》で熱い。

マルクスにもエンゲルスにもよほどの執筆能力《リテラシー》があったのである。たんに書きまくるという能力ではない。エンゲルスは歴史的記述力に富み、マルクスはもっとラディカルでアジテートの名人だった。

既存の論潮を叩《たた》き砕いたあとに浮上する新しいターゲット概念をすばやく入れ込む設定力、それらを社会を変革するための文脈に仕立てていく構成力と文章力、批判する相手とはつねに正面対決を避けないことを明白に示すアジテーション、これらをたえずヴィヴィッドに感じさせるメタファーの導入力……。いずれもうまい。とりわけ「武器の批判を批判の武器に！」といった逆転的表現は得意とするところだ。

プルードンの『貧困の哲学』を批判するべく、一八四七年に発表した『哲学の貧困』もそうした逆転によるタイトルだ。その骨子は労働者たちに階級闘争による革命をめざさず漸進主義にしてしまったプルードン主義批判を画策したものだったが、プルードンを叩き砕くにはいたらなかったし、プルードンもまったく動揺しなかった。マルクスの表現力がパロディに映ったのだ。それでもこの本は唯物史観の布石として、またマルクスの行動力起爆直前の決断として、その後の共産主義宣言のトリガーとなった。

マルクスはずっと貧乏である。大学の職も得られず、ジャーナリストとしても定収入を得られない。著書もほとんど売れず、『ド・イデ』は出版元さえ見つからなかった（だからマルクス＝エンゲルスの存命中には出版されていない）。

おまけに定住地もなかった。コミュニズムの精気に充ちたパリでの日々も十五ヵ月ほどで、ブリュッセルに移らざるをえなくなる。それでも生活が苦しいので、一八四五年四月に越してきてくれたエンゲルスに援助をしてもらっていた。

けれどもマルクスはへこたれない。しゃにむに労働戦線をつくろうとしていった。ドイツ労働者協会で労働者に向けて演説をしたときは、のちに剰余価値学説となる構想の一端を解説してみせた（このときの講義が『賃労働と資本』になる）。

一八四六年にはロンドンのドイツ人コミュニストの結社「義人同盟」と結んで、ブリュッセルに「共産主義通信委員会」を設立し、翌年にはロンドン側からこの二つの合同が提案され、国際秘密結社「共産主義者同盟」(Bund der Kommunisten) の結成を決めた。いわゆる「ブント」の誕生である。ブント結成後のマルクスは一八四七年十一月にロンドンで開催された第二回国際共産主義者大会にブリュッセル支部長として参加する。このときエンゲルスとともに綱領の作成を依頼されるのだが、この綱領として執筆したのが翌年にロンドンで印刷発行された『共産党宣言』だった。

一八四八年という年はヨーロッパ近代史においても、国際コミュニズム運動にとっても重要な画期にあたる。フランス二月革命が勃発《ぼっぱつ》し、『党宣言』が印刷された。

ヨーロッパはナポレオン没落後の秩序回復のためにウィーン会議を開き、メッテルニヒ主導のウィーン体制を敷いた。フランスはフランス革命、ジャコバン恐怖政治、ナポレオン帝政の動揺から抜け出し、ブルボン王朝のルイ十八世とそれに続くシャルル十世の復古王政になっていたが、これが一八三〇年の学生や労働者の蜂起《ほうき》をきっかけにした七月革命によって打倒されたのちは、市民王ルイ＝フィリップの立憲君主制（七月王政）に移行していた。

七月革命の熱いニュースはナポレオン戦争で鬱屈《うっくつ》していたヨーロッパ各地の都市に波及し、ブリュッセルでは暴動ののちベルギー王国が独立を果たした。ポーランドでは十一月蜂起が、イタリアではカルボナリ党の決起などが続いたのだが、ヨーロッパ全体の民衆の生活はあいかわらずひどく、とくに一八四五年からヨーロッパ各地にジャガイモ病の蔓延《まんえん》と飢餓が続いて食糧価格の高騰を招くと、犠牲者があっというまに一〇〇万人に及んだ。これに怒った民衆と労働者たちの暴動が各地でおこり、リヨンの職工暴動、ブランキ派の暴力革命の企て、改革宴会の連打というふうに広がった。

一八四八年二月二二日、ついにパリに火がついた。ルイ＝フィリップはギゾー内閣を更迭したが事態は収まらずイギリスに亡命し、臨時政府が樹立された。「二月革命」である。『党宣言』はこの急転直下の進展のなか、急いでロンドンで印刷発行された。ブントの中央委員会がロンドンからブリュッセルに移ったのも革命勃発の渦中だった。

二月革命には、労働運動、社会主義運動、共産主義、ナショナリズム、暴力活動、プロレタリアートの決起、アナキズムの擡頭《たいとう》など、あらゆる反体制の因子が絡み合って立ち上がっていた。

烽火《のろし》はウィーンにもベルリンにも飛び火して、オーストリアではウィーン三月革命となってメッテルニヒが失脚した。ベルリンでは暴動ののちフランクフルト国民議会が開催された。ヘルヴェークとボルンシュテットらは亡命ドイツ人による武装軍団を結成して、勇んでドイツ進撃を煽《あお》っていた。マルクスはエンゲルスとともにケルンに飛び、新ライン新聞の創刊を急いだ。何もかもごった返していた。

ここから先、一八五一年にルイ・ボナパルトが議会にクーデターをおこし、ナポレオン三世として大統領に権力を集中させる新憲法を制定するまで、ヨーロッパは一日たりとも平穏を取り戻していない。マルクスも強引な戦略と戦術を繰り出し、反対派が出てくれば、ただちにこれを排除していた。しかし新ライン新聞はうまく立ちゆかず、マルクスはすべてを投じてこれを死守しようとするのだが、その独裁ぶりはエンゲルスでさえ眉《まゆ》をひそめるものだったという。

だからマルクスに従わない活動家も数多い。とくに急進派がマルクスと対立した。これはマルクスが「プロレタリア革命は、ブルジョワ民主革命の矛盾が極まった直後に波打つようにおこる」「それは国際的に連続したものになる」と考えていたせいもある。

のちの『ゴータ綱領批判』（一八七五）で明らかにするのだが、マルクスの革命観の核心はプロレタリアート独裁にある。プロレタリアートが権力を奪取して国家を消滅させ、そこに生まれた社会集団（アソツィアツィオン）が各地の革命結社と次々に連動することで、一挙に国際的な労働者社会を築きあげるというシナリオだ。

それは、ここがややわかりにくいのだが、ブルジョワジーによる民主革命（ブルジョワ革命）の矛盾が逼迫《ひっぱく》した状態を突破するようにおこるものだというのだ。ところが、これがなかなか理解されない。急進派にとっては過激な行動が先行すべきであって、民主勢力の改革のゆきづまりなど待っていられない。またバクーニンらのアナキストからすると、先にアソツィアツィオンをつくってから、国家の無政府化をおこしたい。

こうした見解と行動が二月革命を挟んで、一気に噴き出してきた。ブントの活動も対立がひっきりなしになってきた。二月革命の余熱もいつまでも続かない。新フイン新聞にも司直の手がのびて、メンバーに対しての国外追放令が出た。そこへルイ・ボナパルトの保守反動によるクーデターがおこったのである。

こうして、マルクスはロンドンに亡命する。いっときの滞在のつもりだったようだが、結局はこのあと死ぬまでロンドンにとどまった。

ブントは解散せざるをえなかった。むろん悔しかったであろうが、ロンドンでのマルクスはおよそ動揺を見せぬかのように、驚くべき学習の練磨と集中的な執筆に傾注する。大英博物館にこもり、万巻の書物ととっくみながら『経済学批判』（一八五九）を書き上げ、大著『資本論』の構成と執筆にとりかかっていったのである。

その前に、マルクスは注目すべき一冊を書いている。『ルイ・ボナパルトのブリュメール十八日』という論文だ。のちに「ボナパルティズム」という用語を生んだこの論文は、一八五一年にクーデターをおこしたルイ・ボナパルトが、折から施行された普通選挙によって、誰にも望まれぬ者として権力の座に就いた滑稽《こっけい》を、フランスの階級闘争がつくりださざるをえなかった事情とともに炙《あぶ》り出したものである。ブントや新ライン新聞の失敗を補うに余りある、マルクスの電光石火の同時代分析だった。

マルクスの革命ヴィジョンはどうなったのか。まずは労働者による国際組織「インターナショナル」（英IWA、仏AIT、独IAA）になった。いわゆる「第一インター」だ。一八六四年九月二八日にロンドンで結成され、六六年にジュネーヴで第一回大会が、六七年にはローザンヌで第二回大会が、続いて翌年のブリュッセル大会、その翌年のバーゼル大会が開かれた。

マルクスは結成時は旗振り役ではなかったが、しだいに発言権を強め、バーゼル大会ではバクーニンと対立した。逆にバクーニンはここをもって一途な無政府主義運動の中心人物になっていった。

一八七〇年、ドイツとフランスは普仏戦争に突入し、その翌年の三月十八日、パリの市民と労働者がアドルフ・ティエール政府を追放して、独立政府が誕生した。「パリ・コミューン」である。政府要員九二名のうち一七人が第一インターのメンバーだった。マルクスはパリが無謀な蜂起に走るべきではないと言っていたのだが、パリ・コミューン樹立には共感した。『フランスにおける内乱』では「パリ・コミューンは真のプロレタリア政府である。ついに発見された政治形態である」と書いた。

インターナショナルやパリ・コミューンは、マルクスの階級闘争や革命ヴィジョンの実現の第一歩と見えたものであったはずなのだが、実際にはこれらの動向の中で、マルクスは独裁者呼ばわりをされ、変節者扱いをされたのである。

こうして一八八三年、まだ第一部しか仕上がっていなかった『資本論』の、第二部と第三部の草稿を残して、マルクスは六四歳の生涯を了《お》える。葬儀は遺志によって慎ましくおこなわれ、エンゲルスやリープクネヒトら二〇人ほどが参列しただけだった。遺産は二五〇ポンド、あとは家具と書籍だけが残った。

エンゲルスは一八八五年に『資本論』第二巻を、九四年に第三巻を発刊させた。墓には『共産党宣言』の「万国の労働者よ、団結せよ」と、『フォイエルバッハ・テーゼ』の中の有名な一節、「哲学者たちはこれまで世界をさまざまに解釈しただけである。問題は世界を変革することである」が刻まれている。

驚くべきは、マルクスの思想、マルクスの社会変革計画、マルクスのプロレタリア独裁論、マルクスの資本主義批判、これらすべてがその後に継承され、社会主義や共産主義として実現されたということである。

レーニンのロシア革命や毛沢東の中国革命だけではない。第二インターをへて第三インターとして形成されたコミンテルンも、各国の共産党も、世界中のソホーズやコルホーズや人民公社のような産業管理組織も、ジェルジュ・ルカーチやルイ・アルチュセールやアントニオ・ネグリの社会思想も、宇野弘蔵や廣松渉の理論も、中核派も革マル派も、そして何といってもカント、ヘーゲル、キルケゴール、ハイデガーを継ぐ多くの哲学が、これらマルクス思想のギムナジウムからも育《はぐ》くまれていったのだ。

いま、これらは総称して「マルクス主義」と呼ばれているが、はたしてそういう言い方で今後も総称していいのか、いささか疑問だ。ぼくには学生時代に読んだ『ケーテツ・ソーコー』の難解な浪漫がまだ響いていて、いまだにどんなマルクス主義のステートメントをも読み違えさせているのである。そこでいつしか、あえてマルクスの思想をドイツのエスニー（民族的文化性）に戻して考えたいと思うようになったのだが、そんなことはまだ何も稔《みの》ってはいない。

第七八九夜　二〇〇三年六月五日

参照千夜

二六八夜：ハイネ『歌の本』　二五一夜：ヴォルテール『歴史哲学』　一八〇夜：ディドロ＆ダランベール『百科全書』　一七〇八夜：ヘーゲル『精神現象学』　一八三夜：エピクロス『教説と手紙』　六六三夜：ルソー『孤独な散歩者の夢想』　八三八夜：フーリエ『四運動の理論』　一〇二九夜：アントニオ・ネグリ『構成的権力』　九一六夜：ハイデガー『存在と時間』

ゲーテもグリム兄弟も、ヘーゲルもマルクスも、啄木も朔太郎も、みんな、革命詩人ハイネの胸ポケットの中にいる。

歌の本

ハインリッヒ・ハイネ

井上正蔵訳　岩波文庫　全二巻　一九五〇〜一九五一

Heinrich Heine: Buch der Lieder 1827

ハイネはどう見てもニーチェを先行していた世界分析者であったが、なぜハイネがそこまで到達できたのかがぼくにはわかっていない。おそらくはヘーゲルを終生の師と仰いでいたことと関係があるのだろう。

ハイネはイプセンやトーマス・マンをもぞんぶんに先取りしていたはずだが、そのようにハイネが多様な文章力を発揮できた理由も見えていない。ハイネの思索と行動はマルクスの思想とかなり重なるものをもっていたはずだが、そのようなハイネをハイネ自身が脱出していったのだ。なぜそうなったか、ぼくにはまだ説明ができない。

憶《おも》えば、生田春月《いくたしゅんげつ》だか片山敏彦だかが訳したハイネ詩集をもって雨の甲州路を一人で旅をしていた高校時代が懐かしい。あのころはハイネもバイロンもヘルダーリンも、キーツやランボオやシャルル・クロスやコクトーさえもが一緒くたに読めた。それでべつだん、何も蹉跌《さてつ》はなかった。いい加減といえばいいかげん、その加減がなんとでも拡張重畳濃縮をおこせるといえば、それこそが青春の加減乗除だった。

やがて『歌の本』でデュッセルドルフのハイネがハンブルクのアマーリエに捧《ささ》げる愛の詩の意味を知ったときは、ぼくは自分が恋をしていたのは従妹《いとこ》のMSだったことに気がついて、その詩を暗唱しようとしたものだ。アマーリエはハイネの従妹であり、ぼくに最初に恋心を告げたのも従妹だった。しかしMSのガス自殺とともに、ぼくの「若き悩み」は変質していった。

詩人の素性や思想や唐突な行動を知ることは、そんなことを知らないときより悩ましい問題をもたらすものであるが、ハイネのばあいはとくにそうだった。青春とともに盂《う》蘭盆《らぼん》の精霊《しょうろう》流しのごとく送り出してしまったつもりの詩人が、ぼくの思想にもどこかで関係しそうな問題をかかえていたということを知るのは、なんとも辛《つら》い。辛いというより、困ったことだ。こうして、ハイネが恋愛詩人であったのはぼくの学生時代までで終わってしまっていた。

ハイネの謎はいろいろある。いちばん厄介なのはユダヤ人としての血の問題である。

こんなことはぼくには推測しようのないことなのだが、その後、ハイネがユダヤ人問題に悩んでいたことを知った。

厄介ではないが、ぼくがもっと知りたい問題としては、ハイネにおける革命の問題がある。ハイネには「おそらくすべての革命家のうちで最も断乎たる革命家である私」という有名な自己規定があるのだが、なぜハイネにそんな自信が湧いていたかということが謎だった。一八三〇年のパリ七月革命に魂を震わせたハイネはそのあとすぐに激動と混乱のパリに移り住んで、心のなかでは祖国ドイツにおける革命を確信していたはずなのである。その時点ではマルクスとほぼ同じ判断をもっていた。しかしハイネは「革命」も「政治」も振り切った。

それゆえ、そのマルクスとの関係についても謎が多い。一八四三年にハイネがパリでマルクスに会って以来、二人のあいだには互いに崇敬の念が交感されている。マルクスは若くしてハイネの詩魂に感嘆し、共感していた。ハイネの『貧しき織工』の詩がマルクスに与えた影響も、多くの研究者がいまだに追っている。二人はともに、ビーダーマイヤーに酔っていた「惨めな祖国ドイツ」を変えようとした。そのことはマルクスの『ドイツ・イデオロギー』にもハイネの『ドイツ冬物語』にも痕跡《こんせき》を認めることが可能だ。ところが、二人は重なっていかなかった。

ハイネはマルクスとは決定的なちがいをもっていたのだろう。世代のちがいだけではない。ハイネは革命理論をつくるよりも、革命詩人だけをつくりたかったようなところがあったのだ。

まだ、ある。なぜハイネは北海の孤島ヘルゴラントに住み移ったのだろうか。あれはやはり「祖国脱出」だったのだろうか。

それからハイネがゲーテを自分とは異質な人と見ただけでなく、互いに反発する者ととらえたことも気になる。ハイネが七五歳の老ゲーテに会ったのは瑞々《みずみず》しい二六歳のときである。しかしそれ以来というもの、あれほど熱烈だったゲーテ信奉が氷が溶けるように消えている。消えたばかりかゲーテに対する反発も芽生えていた。

このことに関連するが、ハイネがノヴァーリスよりもホフマンを評価していた理由もわかるようで、わからない。ハイネの言葉によれば、ノヴァーリスは「その観念の産物とともにたえず青い空中に漂っている」が、ホフマンは「奇態な化け物たちと一緒ではあってもたえずこの世の現実にしがみついている」からだという言い分だ。ハイネらしい見方ではあるが、けれどもぼくにはどう見ても、ハイネがその胸中からロマン主義を捨てたとは思えない。

ハイネは最後にコミュニズムの未来になにがしかの可能性を託すのだが、そのときロマン主義の真の復活も同時に望んだはずなのだ。このことは一八五四年の『ルテーツィア』の序文にあらわれている。

こんなぐあいで、ぼくにはハイネを掴《つか》みきれないところがいっぱいある。『歌の本』が「ローレライ」などによって語られてよかった日々は、もはやぼくにはなくなってしまったのだ。

代わって謎多き男としてのハインリッヒ・ハイネが立ちはだかっている。そのハイネは多様なヨーロッパ近代人の原型としてのハイネなのである。けれども立ちはだかっているだけで、謎はいっこうに溶け出さない。溶け出さないのに目が外せない。とくにユダヤ人としてのハイネの問題など、ほとんどアプローチが止まったままなのに、その止まりかげんにおいてハイネに眼が留まってしまうのだ。それでも『歌の本』のなかの「帰郷」はいまでもぼくの〝歌の本〟になっているし、『ロマンツェーロ』などはときにノヴァーリスやゲーテを超える作品に見えるときがある。つまりぼくにおけるハイネはあまりにも矛盾しすぎてしまった魂なのである。

いったい、なぜこのようになってしまったのか。これはハイネがそもそももっているものがぼくに付着しただけなのか、それともヨーロッパの文明進化がハイネにもたらした根本矛盾なのか、あるいはドイツ人の独特の観念の歴史が結実したものなのか、そこもわからないという体たらくだ。わずかにそのようになった理由を感じる符牒《ふちょう》がないわけでもない。それは、近代日本の詩人や作家たちがハイネをどう読んできたかということに関係している。

ハイネの謎をぼくが考えるようになったのは、明治や大正の日本人の知のかなり大切な棚にハイネがいるような気がしたからだ。それ以来というもの少しずつではあるが、ハイネの生き方とハイネの捉《とら》えられ方の関係が気になってきた。

いろいろ覗《のぞ》いていて驚いたのだが、明治大正期にハイネを訳したり論じたりした者たちの数はものすごく多い。森鷗外・尾上柴舟・上田敏・生田春月は訳し、田岡嶺雲《れいうん》・高山樗牛《ちょぎゅう》・石川啄木・生田長江《ちょうこう》・橋本青雨・佐藤春夫・萩原朔太郎らはハイネに突入していった。が、そのくらいのことならまだしも秀れた海外詩人の紹介ということですむ。しかしよくよく見てみると、これらのハイネ感染の気運とでもいうものは、どこかでハイネによって日本人が日本人であろうとしていくための借用証のようなところが感じられるのだ。

おそらく萩原朔太郎の「ハイネの嘆き」を読んだのがいけなかったのであろう。朔太郎が「嘆き」と呼んだのは、『歌の本』の序文にある「かつて美しい花火遊びで人々をよろこばせた火はなぜ突然に由々しい火災のためにつかわれざるをえなかったのか」という嘆きである。朔太郎はそれを啄木の詩魂にむすびつけ、はっきりそう指摘したわけではないのだが、啄木における師の与謝野鉄幹を〝ハイネにおけるシュレーゲル教授〟に見立て、明星派をロマン派に見立てた。のみならず啄木が社会主義に傾倒していった気持ちとハイネのコミュニズムへの傾倒を朔太郎流に比較した。さらには、かつての日本の詩人で「唯一のヒューマニストは啄木だけだった」と言って、暗にハイネにおけるヒューマニズムを持ち上げた。

こういう朔太郎の論法はちょっと困るのである。啄木論でもないし、といってハイネ論でもない。それなのに、単独な批評よりずっと啄木とハイネを重ねる力をもっている（啄木がハイネを愛読していたことは、友人の金田一京助が『歌の本』を送ったことでもはっきりしている）。それでも、まあ、これは朔太郎得意の詩情の論理というものだから、まだ矛盾してくるわけではない。借用証としての罪も少ない。

高山樗牛が書いた「南洲とハイネ」（『樗牛全集』博文館）はどうか。これはなんと西郷隆盛とハイネの比較であって、そうとうに無理がある。しかも樗牛は、この文章を西郷隆盛の銅像建立に反対するために書いた。ということはハイネは国民精神に反する詩人として象徴されたのである。ここに日本人とハイネのツイストした関係があらわれる。やや複雑な事情になるが、樗牛は西郷やハイネを批判したのではない。西郷の持ち上げ方に文句をつけ、それと同様なことがハイネの持ち上げ方にあるというふうに言いたかったのである。

ハイネの著作物は神聖同盟の宰相メッテルニヒによって弾圧され、ビスマルクによって発禁にされた歴史をもっている。

神聖同盟はロシア皇帝アレクサンドル一世の提唱でロシア、オーストリア、プロイセンのあいだで結ばれた君主間の盟約で、一八一五年秋に結成された。これをオーストリアのメッテルニヒが利用して、ヨーロッパ諸国の自由主義やナショナリズムの擡頭《たいとう》を抑えようとした。そこでハイネの著作物が弾圧されたのだが、ところが二人ともがハイネの愛読者でもあった。それでもメッテルニヒやビスマルクは、ハイネがもたらす「まちがった熱狂」を国民に知らせたくなかったのである。

これはひどく歪《ゆが》んだ精神である。歪んだ精神なのだが、裏側から見ると「ハイネという社会性」をストレートに見ているという面もある。同様に、樗牛は西郷を西郷として議論しきれずに西郷の銅像に反対することで、西郷を擁護しようとした。それをこともあろうにハイネを借用して議論しようとしてみせた。これも歪んだ見方である。こんなことでは西郷もハイネも見えてはこない。

ともかくも、ハイネに対する見方には、なぜか必ずこういう歪みがああだ、こうだとつきまとうのだ。そして、その歪んだ見方は近代の日本人にはまさにそのまま覆いかぶさったのだ。

佐藤春夫だってハイネに入れあげた。柳田國男がハイネを読んで国民的な感情をゆさぶられたこともよく知られている。たしか橋川文三が最初に指摘したことだった。こういうことを言い出すとキリがないのだが、近代の日本人が感じたハイネの呪縛《じゅばく》から、ぼくを含めて多くが逃れえていないようなのである。柳田にとって藤村とハイネと自分と椎葉村《しいばそん》と遠野《とおの》は同じものだったのだ。

ここには革命と愛と祖国愛をめぐる最も濃厚な矛盾が蟠《わだかま》りすぎている。その濃厚な矛盾こそ、おそらくは日本の左翼知識人のなかに横溢《おういつ》する〝もう一人のマルクス〟なのである。

クリスティアン・ヨハン・ハインリッヒ・ハイネは、一七九七年十二月にデュッセルドルフのユダヤ人の家に長男として生まれている。

私学校リンテルゾーンに入るのだが、一八〇四年にナポレオン法典がドイツにも及んだせいでユダヤ人でもキリスト教の学校に入れるようになったので、リンテルゾーンと併行してフランシスコ会の学校にも通った。一八一〇年にデュッセルドルフのギムナジウムに行くようになってからは、絵画や音楽やダンスやフランス語の個人レッスンを受けていた。

ところがここでギムナジウムを中退して、進んでファーレンカンプ商業学校に通い、十八歳でフランクフルトの銀行家のところで見習いをし、三年後には叔父の援助でハリー・ハイネ商会なるものを起業してしまう。商会はさすがに一年で挫折するけれど、ハンブルクで見初めた叔父の娘アマーリエに心を奪われた。まあ、こういうことは必ずおこることで、この失恋がハイネに抒情詩を書かせることになったのも、とくに謎ではない。それよりも変なのは商人に挫折してから、今度はいまさらながら大学に通うようになったことである。ボン大学だ。

一応は法律を専攻するのだが、ヴィルヘルム・シュレーゲルの授業を受けて感染した。ペトラルカについての講義だった。これはもちろんシュレーゲルがすばらしかったのだ。当時のドイツ人はたいていシュレーゲル兄弟のどちらかに攫《さら》われたはずである。朔太郎らの日本人ならなおさらだ。しかしハイネは「骨」を求めていた。一年足らずでボン大学を辞めると、次はゲッティンゲン大学へ行き、さらにはベルリン大学の門をくぐった。そのあいだに論文『ロマン派』や（シュレーゲルの影響だ）、戯曲『アルマンゾル』を書いている。

決定的だったのは、ベルリン大学でヘーゲルの講義に出会ったことだ。論理学、宗教哲学、美学、すべてに心酔した。のちのちまでヘーゲルを終生の師と仰ぐことになる。ここらあたりでハイネの深みのある謎が沈澱《ちんでん》していったのではないか。

文筆や詩作はずっと続行した。一八二一年の初の『詩集』、一八二三年の戯曲『ウィリアム・ラドクリフ』、一八二六年の『ハルツ紀行』など、たて続けだ。若かったせいもあるだろう。『ハルツ紀行』など言葉が景色と混合して迸《ほとばし》っている。

そのくせ学業や学問にも、友人交流にも、ひどく熱心なのである。ゲッティンゲン大学に入りなおして法学の学士を取得し、ワイマールのゲーテを表敬訪問し、数々の編集者と知りあっては五〇以上の雑誌に寄稿した。途中、ハイリゲンシュタットで洗礼を受けて、プロテスタントに改宗もしている。何かをそのつど見切っているのだろうと思う。次々に、しかも着実に新しいことを体感している。それを育む血潮と知性もあった。ちっともじっとしていない。

長きに及んだ学生期を了《お》えるとハンブルクに移り、ここで『旅の絵』を刊行して、一八二七年にはのちのちベストセラーともロングセラーともなる『歌の本』を出した。ついでミュンヘンでコッタ出版社の「新一般政治年鑑」の編集を引き受けた。ミュンヘンにいるあいだにグリム兄弟と親交を結び、シューマンと仲良くなった。

一八二九年にベルリンへ転居したのをきっかけに、大きくヨーロッパを数年をかけて旅をした。イギリス、オランダ、イタリア、ヘルゴラント島などだ。こうして、最後に終住の地、パリに移るのである。フランス移住はサン・シモンの社会主義に惹《ひ》かれていることも手伝った。こんな世話焼きでもあったのである。

ハイネは多感で、多くの人脈と交流するが、そのハイネの多感に惹かれた者も多かった。とくに作曲家たちである。ベルリオーズ、ショパン、リスト、ロッシーニ、メンデルスゾーン、ジルヒャー、ワーグナーらが、みんなハイネに惚《ほ》れた。ロベルトとクララのシューマン夫妻、ジルヒャー、リストは惚れただけでなく『歌の本』の詩にこぞって曲を付けた。《ローレライ》《詩人の恋》《二人の擲弾兵《てきだんへい》》などの歌曲がこうして生まれた。ハイネの言葉に参ったのだ。

賞賛を惜しまなかったのは音楽家たちだけではない。バルザック、ユゴー、ジョルジュ・サンド、デュマらのフランス・ロマン主義の作家たちも、この異国の詩人に敬意を示した。そして、そこに加わったのが二五歳のカール・マルクスだったのである。一八四三年、パリでマルクスに出会ったハイネは四六歳だ。

マルクスは少年時代からハイネの詩に憧《あこが》れていた。ハイネは悦《よろこ》んで詩を朗読してみせるのだが、ヨーロッパ社会に変革の嵐が吹きすさぶことを夢想しているということも、熱く語った。やがてシュレージエンの織物工たちが蜂起《ほうき》した印象を詩にした『貧しき織工』（のちの『シュレージエンの織工』）が発表されると、マルクスもエンゲルスもこれを激賞した。

ハイネは通りいっぺんの革命詩人ではない。たくさんの襞《ひだ》がある。その襞にはサン・シモンからマルクスまでが、ベルリオーズからバクーニンまでが、バルザックからワーグナーまでが入りこめた。

こういう詩人はヨーロッパにもめずらしい。アルチュール・ランボオはパリ・コミューンの騒然に熱狂はしたけれど、知性と感性が包む革命幻想は描けなかったし、周囲もそれを期待しなかった。

いったいハイネとは何だったのだろうかと思う。こんなことを書いている。「思想は行動になろうとし、言葉は肉体になろうとする」。「多くを所有する者は、なお多くを手に入れる。僅《わず》かしか所有しない者は、その僅かなものさえ奪われる」。「私はじっと墓の中に寝て、じっと見張りをしていたい」。

ところで、岩波文庫には『流刑の神々・精霊物語』が入っている。これは見逃せない作品だ。グノーシスの知に富み、ボルヘスの香りをもち、フレイザーの『金枝篇』の趣きがある。すでに文明が殺したか流してしまった神々との交流が描かれているのだが、そうか、ハイネはこの神々を求めて革命を幻視していたのかとも思わせる。

第二六八夜　二〇〇一年四月十一日

参照千夜

一〇二三夜：ニーチェ『ツァラトストラかく語りき』　一七〇八夜：ヘーゲル『精神現象学』　三一六夜：トーマス・マン『魔の山』　七八九夜：マルクス『経済学・哲学草稿』　一二〇〇夜：ヘルダーリン『ヘルダーリン全集』　六九〇夜：ランボオ『イリュミナシオン』　九一二夜：コクトー『告白』　六七八夜：マックス・フォン・ベーン『ビーダーマイヤー時代』　九七〇夜：ゲーテ『ヴィルヘルム・マイスター』　一三二夜：ノヴァーリス『青い花』　七五八夜：森鷗外『阿部一族』　一六八九夜：高山樗牛『瀧口入道』　二〇夜：佐藤春夫『晶子曼陀羅』　六六五夜：萩原朔太郎『青猫』　一一四八夜：石川啄木『一握の砂・悲しき玩具』　一一六七夜：西郷隆盛『西郷隆盛語録』　一一四四夜：柳田國男『海上の道』　一九六夜：島崎藤村『夜明け前』　一一七四夜：グリム兄弟『ヘンゼルとグレーテル』　一六〇〇夜：ワーグナー『ニーベルングの指輪』　一五六八夜：バルザック『セラフィタ』　九六二夜：ユゴー『レ・ミゼラブル』　一二二〇夜：デュマ『モンテ・クリスト伯』　五五二夜：ボルヘス『伝奇集』　一一九九夜：フレイザー『金枝篇』

第二章　神は死んだのか

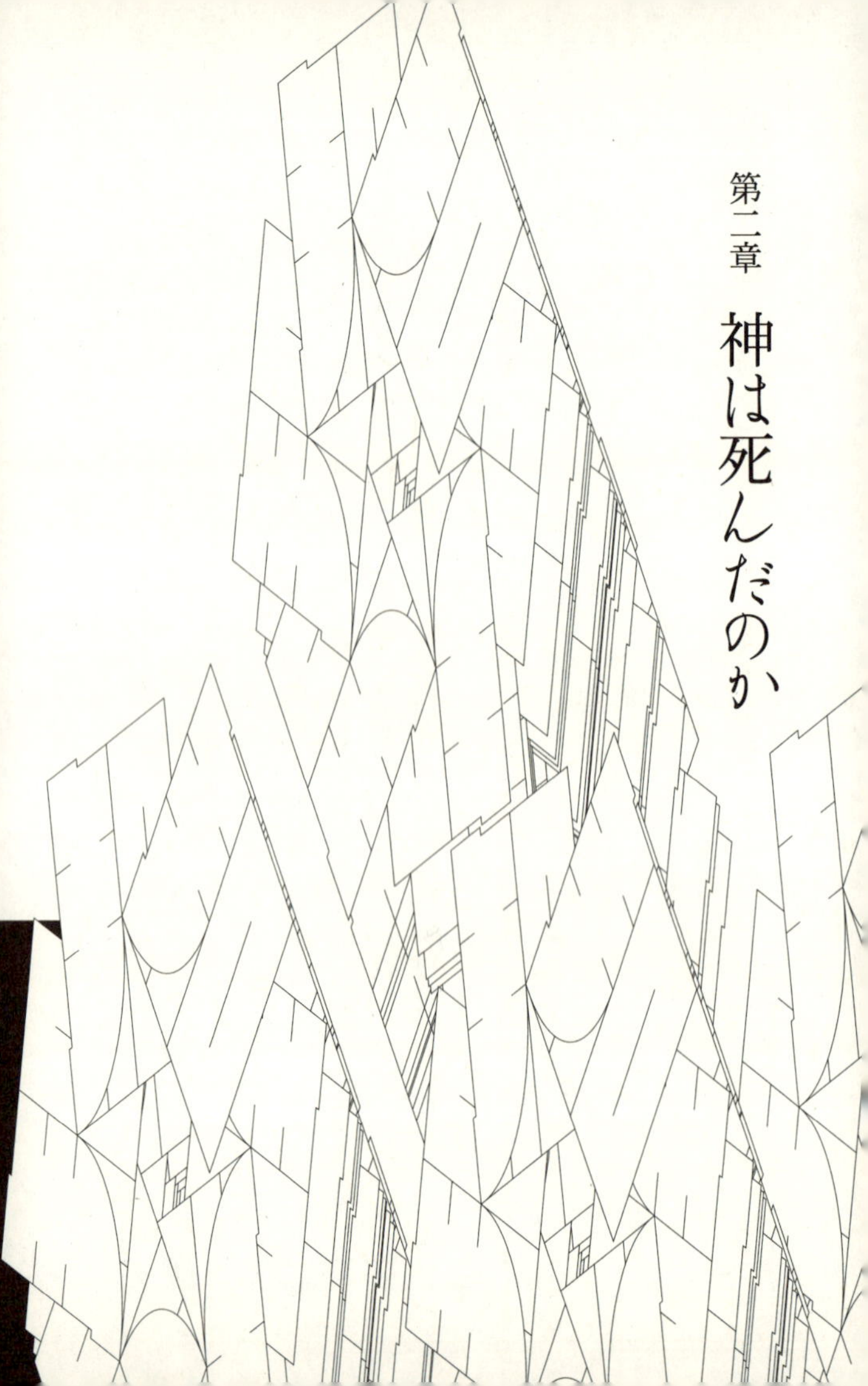

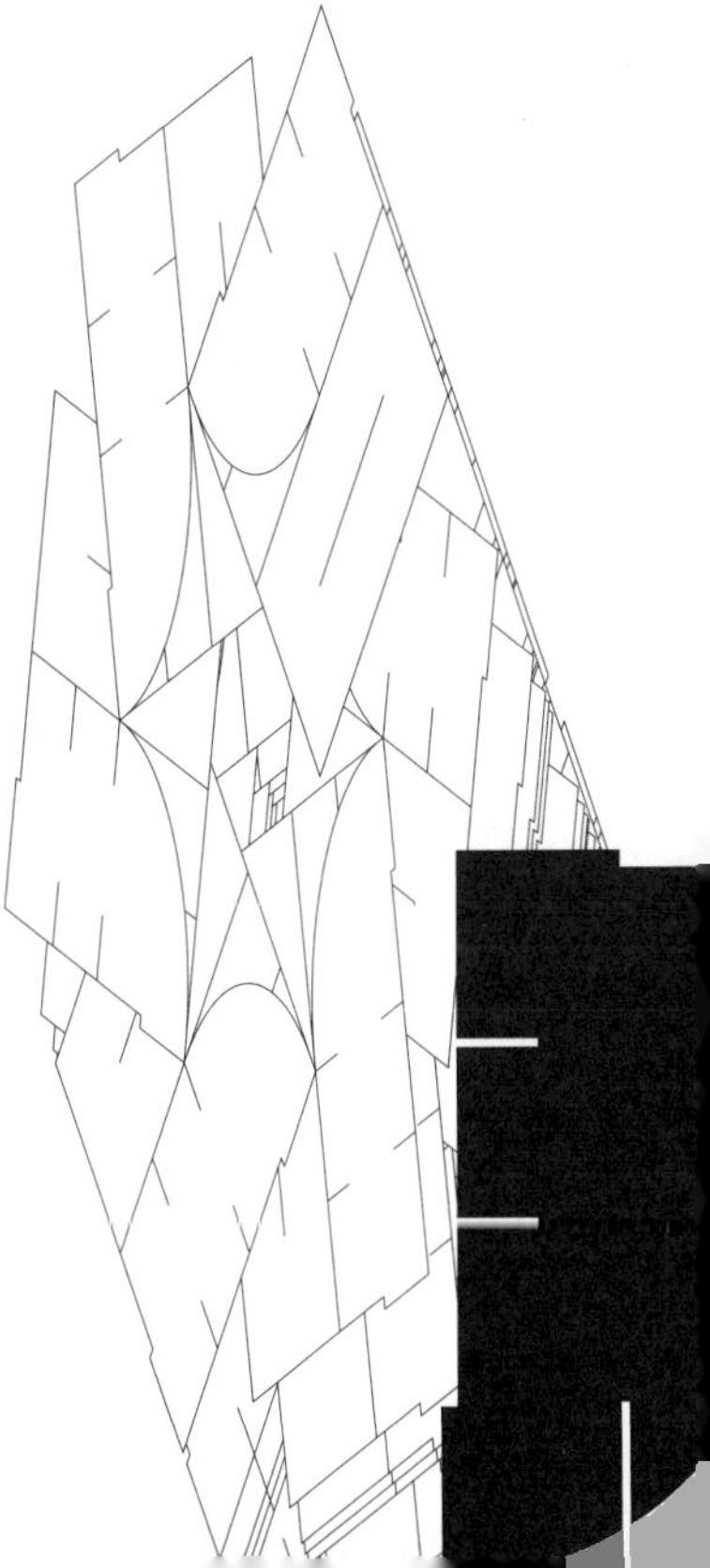

マックス・フォン・ベーン『ビーダーマイヤー時代』
アルトゥール・ショーペンハウアー『意志と表象としての世界』
フリードリヒ・ニーチェ『ツァラトストラかく語りき』

ウィーン会議のあとの数十年、ドイツ近代社会の「もうひとつの貌《かお》」が露出していた。

マックス・フォン・ベーン
ビーダーマイヤー時代
ドイツ十九世紀前半の文化と社会

飯塚信雄・永井義哉・村山雅人・高橋吉文・富田裕訳　三修社　一九九三

Max von Boehn: Biedermeier, Deutschland von 1815–1847 1911

ビーダーマイヤー（Biedermeier）は架空の教師の名前である。ドイツの「フリーゲンデ・ブレッター」という絵入り雑誌に一八五〇年代に連載された小説で、ゴットリープ・ビーダーマイヤー先生という名の小学校教師が、王政復古時代の家具・調度・服飾をおもしろおかしく風刺して、簡素で心地よいものを好むという話が展開するのだが、それがもとで「ビーダーマイヤー時代」という名称がついた。

政治的にはカール・ルートヴィヒ・ハラーが王政復古時代と命名したように、ビーダーマイヤー時代はぴったりウィーン体制下のドイツ社会のことで、ウィーン会議が開かれた一八一五年からフランス二月革命に刺戟《しげき》されたドイツ三月革命の一八四八年に至る三三年間をさしている。日本でいえば文化文政期のようなものだ（実際にもその時期にあたる）。ドイツ近代史では「メッテルニヒの時代」とも「フランクフルト国民議会」の時代ともいえるのだが、ビーダーマイヤーが「愚直な奴」という意味であるように、ドイツの家庭が簡素・朴直・平凡のなかにあって、いたずらに虚飾に走ることを堪《こら》えていた時代だったので、そういう愚直な生活文化の時代感覚をあらわす用語となった。

だからこんな時代文化は、神秘主義や宗教革命や疾風怒濤《しっぷうどとう》やロマン主義を突き抜け、カントにもヘーゲルにもベートーヴェンにも深く思索したドイツの精神文化からもってすれば、まったく本流に属さない。

事実、長らく庶子扱いされてきた。その時代社会や生活文化は月並みで因習的で、ほとんど独創性に欠ける日々だと軽視されてきた。しかし、マックス・フォン・ベーンの本書をきっかけに、どうもそうとは言っていられない「近代文化の本質的な属性」がここにはあるのではないかと見られるようになった。近代とは、そして低俗な現代とは、すべからくビーダーマイヤーなのではないかと考えられるようになったのである。日本では前川道介が『愉しいビーダーマイヤー』（国書刊行会）を書いている。

ドイツという土の柄と民の柄は、ローマ帝国からガリアとかゲルマニアとか呼ばれたゲルマン人の地にもとづいている。およそはライン川とエルベ川に挟まれる地だ。カエサル（シーザー）はそういうガリア征服をめざしたが、失敗した。

ローマ帝国衰退後にライン流域のフランク人が勢力をのばし、メロビング朝のクローヴィスがゲルマン部族を統一し、五世紀にはフランク王国を形成すると、フランス・ドイツ・イタリアに領土を広げた。カール大帝が首都に選んだのは西端のアーヘンだ。そのフランク王国がヴェルダン・メルセン条約で三つに分国されると、そのうちの東フランク王国がドイツの起源となった。

ドイツ王は世襲にならず、聖俗両方にまたがる有力諸侯の選挙で決まった。オットー一世は東方から侵入してきたマジャール人を撃退したのち、新たなローマ教会の保護者として、九六二年にローマ皇帝の位を戴冠《たいかん》した。これが神聖ローマ帝国だ。十二、十三世紀のフリードリヒ一世・二世の時代に栄えた。

神聖ローマ帝国はイタリア政策に重心をおいていた。ローマで戴冠するからだ。だから外国人との婚姻政策を含めて、ドイツは南方に関心をもつ。フリードリヒ二世はシチリア王も兼ねて、パレルモに宮廷をおいた。そのぶん本国ドイツの統治はおろそかになり、諸侯や都市が自立する。大空位時代になったり、十四世紀のカール四世の時代は七人の選帝侯が併立したりした。またハンザ同盟などの都市型で商圏型の連携が進み、フッガー家のように大きな富をもつ一族も登場するのだが、かえってドイツの統一は遅れるばかりだった。

ドイツ領域で不安定な状況がつづくなか、ルドルフ一世の皇帝選出をきっかけに勢力を伸ばしていったのがハプスブルク家である。十五～十六世紀にかけて、アルブレヒト二世、マクシミリアン一世、フィリップ一世、カール五世と続いたハプスブルク家は所領を拡張し、事実上はハプスブルク朝を確立するのだが、これらはあくまで「一族の領土」であって、神聖ローマ帝国としてはあいかわらず不安定な分国状態のままだった。

そこへ一五一七年、ルターによる宗教改革の烽火《のろし》が上がると、ドイツは旧教（カトリック）と新教（プロテスタント）の未曾有《みぞう》の対立期に突入する。カール五世は新教を弾圧し、ハプスブルク家の拠点となっていたウィーンはオスマン帝国のスレイマン大帝の軍勢に包囲され、ドイツ各地の農民たちは決起した（ドイツ農民戦争）。

そんなときベーメン（ボヘミア）でプロテスタント反乱がおこり、これにデンマークとスウェーデンが新教国として支援すると、スペインが旧教陣として介入、さらにブルボン朝のフランスはカトリックであるのにもかかわらず、ハプスブルク家の伸長を抑えるために新教側につき、国際間の戦乱状態になった。三十年戦争である。

これでドイツはすっかり荒廃し、経済も停滞した。ようやく一六四八年のウェストファリア条約で講和が成立して、信教の自由とドイツ国内の連邦国（ラント）の王権が認められたのだが、神聖ローマ帝国は有名無実化し、ハプスブルク家は衰退した。

もう少し、ドイツの変遷を追っておく。三十年戦争のあと、擡頭《たいとう》してきたのはプロイセン（プロシア）である。エルベ川以東に植民したドイツ騎士団をルーツに勢いをつけ、農場領主のユンカーたちを治めていた。

中心になったホーエンツォレルン家がプロテスタントに改宗するとプロイセン公国となって、一六一八年にはブランデンブルク選帝侯国と組み、しだいに絶対専制主義体制を築いていった。このプロイセンの動向が近代ドイツの高揚とも熱情とも矛盾とも、そしてドイツ哲学ともドイツ的生活ともかかわるのである。

プロイセンを強大にしていったのは国際戦争だ。一七〇一年のスペイン継承戦争ではフリードリヒ一世がハプスブルクの皇帝を支援して、プロイセン王国に昇格した。フリードリヒ二世（フリードリヒ大王）のときは、マリア・テレジアを相手にオーストリア継承戦争と七年戦争を戦って凱歌《がいか》を揚げ、シュレージエンを獲得してドイツ最強になった。フリードリヒ大王は啓蒙《けいもう》専制君主として、宮廷にヴォルテールを招いたり、ロココ様式を極めたサンスーシ宮殿をベルリン郊外ポツダムに造営したりした。ベルリンはそのプロイセンが新たにつくった都市なのである。頼朝が鎌倉をつくり、家康が江戸をつくったようなものだ。

プロイセンの強大化によって、ドイツの勢力はかつてのゲルマン系の居住圏、プロイセン王国圏、ウィーン拠点のオーストリア・ハプスブルク圏に分かれ、ほかをバイエルンやザクセンなどの領邦国が分有するというふうになった。しかしそこには『ドイツ国民』という統一観はなく、農民もユンカーが農奴を支配し、市民社会もまったく形成できていなかった。

そういうドイツにフランス革命の波が及び、ナポレオンの軍隊が侵攻した。ナポレオンが一八〇六年七月にライン同盟を成立させたとき、神聖ローマ帝国は消滅する。

これでやっとドイツが目覚めた。ゲーテはワイマール公国に理想の小国家モデルを求め、フィヒテは新都市ベルリンで『ドイツ国民に告ぐ』を訴え、ヘーゲルはカントによって端緒が開いたドイツ観念哲学を『精神現象学』のプログラムに組み立てた。ヨーロッパを戦火に巻きこんだナポレオン戦争も、一八一四年から九ヵ月にわたったウィーン会議でようやく終結を見た。ヨーロッパをナポレオン戦争以前の体制に戻すというウィーン議定書が交わされ、ウィーン体制によるヨーロッパが始まったのである。ドイツは三五の君主国と四つの自由都市から構成される「ドイツ連邦」になった。

ドイツに「自由の風」が吹き込み、ドイツ人の国民国家をつくりたいという気運が逆巻いた。学生たちもブルシェンシャフト（ドイツ学生同盟）をつくり、関税をゆるめるドイツ関税同盟を成立させた。

しかし、このあとドイツがどう統一していけばいいかという方針がまとまらない。フランクフルト国民議会を開いて議論をしたのだが、プロイセンを中心にした「小ドイツ」でいくか、オーストリアを含む「大ドイツ」でいくかが、決まらない。小ドイツ主義に傾きかけたときは、プロイセン国王が強力に反対して、統一は実現しなかった。

ドイツは「小ドイツ」と「大ドイツ」という未完のアジェンダを残したまま、十九世紀近代社会に突入する。

ドイツ・ロマン派はかつての浪漫の再生に向かい、グリム兄弟は民話の中のドイツの採集に向かう。結局はビスマルクが登場して、プロイセン中心の「小ドイツ」を「大ドイツ」に転じるという戦略に徹して一八六七年に北ドイツ連邦をつくり、さらにフランスを挑発して普仏戦争をおこしてナポレオン三世のフランス軍を破ると、ヴィルヘルム一世を皇帝にしたドイツ帝国の確立にもちこんだのである。

こうした進捗《しんちょく》のなか、ドイツの家庭はウィーン会議がもたらした「仮想の中のドイツ」の日々を懐かしむようになった。これがビーダーマイヤー様式だ。ウィーン体制下のドイツ連邦時代がビーダーマイヤーに耽《ふけ》った時期にあたる。

そこには「もつれあった数百万人のドイツ人」（シラー）がいた。統一国家はなく、統一通貨も国語としてのドイツ語もなかったが、のちのちのビスマルク時代が「鉄と血の誓い」にもとづく戦争拡大の日々であることにくらべると、僅《わず》か三十数年の「やすらぎ」とはいえ、ずっとましだったのである。少なくともビーダーマイヤー時代にいそしんだ者たちにとっては、そう感じられた。

いったいビーダーマイヤー風の生活文化の特色とは何だったのか。これをかいつまむのは、ある意味では身につまされる。明治の文明開化のあと武士と長屋の江戸文化を懐かしみ、高度成長のあと慎《つつ》ましかった横丁とラジオの戦後文化を懐かしんだ記憶が、われわれにはあるからだ。ここにはわれわれ日本人の日々の何かに直結しているものが、あたかも似絵《にせえ》のようにぬくぬくと育っているからだ。

フォン・ベーンの六〇〇ページ以上におよぶ記述にしたがってビーダーマイヤー時代の社会文化の風潮を順に選び抜いていくことにするが、まずもって、これまでドイツ人が頑《かたく》なに重視してきた宗教事情は、この時期にいっさいの神秘性と魔術性を失ったのである。宗派間の議論は絶え、プロイセン国王はカトリックとプロテスタントの合同会派をつくろうとさえしていた。

しかしその「寛容」もあっけなく崩れていった。フリードリヒ・ヴィルヘルム四世は保守的なルター派正当主義を奉じ、ドイツの宗教文化を根こそぎにありきたりな、退屈なものにしていった。「愛国心」も、この時期はたんなる体制擁護の便利なキャッチフレーズで使われるだけとなっている。

フォン・ベーンが次に指摘するのは、ジャーナリズムのいかがわしい「匿名批評性」と市民による「教養願望」の盛行と「コピー文化」の隆盛である。新聞は匿名のときにのみ時代を罵《ののし》り、町では公開講座の花が咲き、ヘタウマめいた特有の文体がもてはやされて、古典的な様式はことごとく失われていった。建築資材で使われるのは模造素材ばかり。ようするに実体の文化が退嬰《たいえい》し、擬造の文化が勃興《ぼっこう》したわけである。

こういう時期はいうまでもなく、しばしば日本がそうであったように、大学の質はほぼ最低のレベルまで落ちていく。しかしながらだからこそ、ビーダーマイヤー時代は初めて書店が町にいくつも登場し、銅版画がリトグラフに生まれ変わり、肖像画が写真に飛び移っていった時代ともなった。

いわば「思索の価値」よりも「展示の価値」が勝った時代なのである。シンキングよりショーイングなのだ。それゆえせっかくの書物と書店の爆発は、ただちにヴィジュアルな絵入りや挿絵や写真に覆われて、活字文化の曲がり角が伝統派の知識人によって懸念されたのだった。

ゲーテはまだビーダーマイヤー期の最初のうちは健在ではあったが、『ヴィルヘルム・

マイスター』は七面倒臭いものとして迎えられ、そのかわりウォルター・スコットがタレント作家のようにもてはやされた。カトリン湖のエレンをヒロインとした『湖上の美人』のスコットである（坪内逍遙訳の『春窓綺話』として日本にも上陸した）。ウォルター・スコット・オートミールの広告さえあったことを、本書は記録している。

こんな時代は、たいていポップスが流行する。ドイツ語で日常会話をすることのほうに関心がすすんだのも、その傾向のひとつとなった。それゆえ音楽という音楽はポップで気分のよいディレッタンティズムに二日酔いのような感覚の背中を押され、家庭でも公共の場においてもやたらに流行した。ピアノが家庭に普及したのはビーダーマイヤー時代の貢献だったのである。そうしたなかでワイマール大公の指揮者となったフランツ・リストが英雄扱いされ、ヴィルトゥオーソがよろこばれた。「技巧で酔わせられるアーティスト」という意味だ。リストのピアノの超絶技巧が評判になった。

つまりは愛国的であっても異国的であっても、またポップであってもスクウェアであっても、どんな文化も懐旧なのである。そのぶん都市は、ベルリンがそうであったのだが、やたらにせわしかった。

民衆はどうなっていったのか。家庭では質素にしながら、賭博《とばく》ができる温泉旅行を好み、クリスマスは賑《にぎ》やかに飾られた菓子屋をいそいそと訪れ、すぐに平均値が獲得できるストレート・ファッションな国民服を着たがった。男たちは髭《ひげ》と帽子に凝り、女たちは「豪華と流行」などの服飾雑誌を眺めるのを趣味とした。とくに男たちが額からこめかみにちょうどかかるように巻毛を垂らすのを得意がっていること、女たちが袖《そで》をどんどんふくらませてその具合を気にしていたことを、フォン・ベーンは皮肉に描いている。ようするに、すべてちょっとずついいとこどりしたくなっていたのだ。

ビーダーマイヤー時代は特別なものではない。われわれがつねにはまってきた「近代の陥穽《かんせい》」なのである。そこにはドイツ的なるものが横溢《おういつ》してはいるけれど、のちにミラン・クンデラが「存在の耐えられない軽さ」とも名付けた、あの借り物《キッチュ》ばかりで時代を乗り切ろうとする愛すべき愚直が渦巻いたのだ。

しかしその一方で、「ビーダーマイヤーの心情」を解くことは、おそらくドイツの謎の半分くらいを解くことにあたるはずなのである。

ビスマルク以後のドイツ帝国の近代史に現れては消え、急速に擡頭しては萎《しぼ》んでいった社会文化活動や表現表象の試み、たとえばエルンスト・ヘッケルの独特の進化論、ショーペンハウアーのミットライト・ペシミズム、グスタフ・フェヒナーの精神物理学、ドイツ表現主義の蠢動《しゅんどう》、フロイトの精神分析、ミュンヘンでのドイツ工作連盟のアピール、バウハウスの授業、ユーゲントシュティールの活躍、ワンダーフォーゲルの流行などは、それぞれ特色を変えてはいるが、いずれもビーダーマイヤー様式の特異な変換だ

写真提供　akg-images / ユニフォトプレス

超絶的な演奏技法と美貌で女性ファンを熱狂させ失神させたというフランツ・リストの演奏会の風刺画。カリスマ的ピアニストの登場によって、上流階級から小市民の子女たちにまでピアノブームが浸透していった。

ったのである。
そこには日本人が「元禄」や「化政文化」、「大正文化」や「昭和のモボ・モガ」、あるいは「明るいナショナル」や「グループサウンズ時代」を懐かしむときの時代文化感情に通じるエスニーとエートスがあったように思われる。

第六七八夜　二〇〇二年十二月十一日

参照千夜

一七〇八夜：ヘーゲル『精神現象学』　三六五夜：カエサル『ガリア戦記』　一一七四夜：グリム兄弟『ヘンゼルとグレーテル』　三九〇夜：フィヒテ『ドイツ国民に告ぐ』　九七〇夜：ゲーテ『ヴィルヘルム・マイスター』　三六〇夜：ミラン・クンデラ『存在の耐えられない軽さ』　一一六四夜：ショーペンハウアー『意志と表象としての世界』　八九五夜：フロイト『モーセと一神教』

ミットライト・ペシミズムは、
西洋近代哲学の最も香り高い結晶だ。

アルトゥール・ショーペンハウアー
意志と表象としての世界
西尾幹二訳　中央公論新社　二〇〇四
Arthur Schopenhauer: Die Welt als Wille und Vorstellung 1819

デカンショ　デカンショで半年暮らす　よいよい
あとの半年ゃ　寝て暮らす
よーい　よーい　デッカンショ！

デカンショというのは「デカルト、カント、ショーペンハウアー」の「デ・カン・ショ」である。旧制高校時代にハヤった唄で、寮生活している猛者《もさ》たちがデカルト・カント・ショーペンハウアーを読み暮らして、あとはままよと学生生活を謳歌《おうか》した。本来のデカンショ節は、丹波篠山《たんばささやま》地方の杜氏《とうじ》歌《うた》あるいは盆踊り歌で、それを大正の旧制高校の連中がデカルト・カント・ショーペンハウアーにこじつけた。もとは「出稼ぎしょ」だったようだ。

旧制高校生たちがデカルト、カント、ショーペンハウアーをどのくらい読んだのか、知らない。大正三年からシリーズ刊行された阿部次郎の『三太郎の日記』(角川選書)がベストセラーになったりしたところをみると、学生たちは青田三太郎の内面の理想にかこつけて、哲学書くらいは夜中に読んで、あとは放歌放吟したいと思ったのだろう。教養もバンカラだったのである。

ぼくは中学二年のときに背伸びして岩波文庫のデカルトの『省察』を寺町二条の若林書店で入手してみたのだが、むろん読めたはずもない。「哲学する」ということの作法をページの進行に感じたという程度のことだ。

カントについては早稲田に入って埴谷雄高《はにやゆたか》を読むようになって、埴谷が豊多摩《とよたま》刑務所でカントを耽読《たんどく》したという文章に煽《あお》られて、古本をめくった。純粋理性を批判しながらも、カントの叙述があまりにも理性的であるのに、ややなじめないものを感じた。

これらにくらべれば、ショーペンハウアー(ショーペンハウエル)は妙に読みやすかった。主張もはっきりしている。読み出してたちまちわかったのは、「厭世《えんせい》」と「活世」とは紙一重であるということだった。なんだ、ショーペンハウアーは実に生き生きしているじゃないか。堂々としているじゃないか。そう感じた。以下に、そのショーペンハウアーは堂々としているじゃないかというところを、懐かしく摘《つ》まみたい。

ざっとした話を、まずしておこう。

ショーペンハウアーの哲学を一言でいうなら、「世界は意志の発現である」というものだ。世界そのものが意志をもつ。これが何を意味するかはあとで説明するが、「意志は世界でありうる」というメッセージになっている。意志によって世界を語ろうというのだから、たいそう勁《つよ》い哲学だ。

もっとも、ここで意志といっているのは、ラテン語でいえば「リベルム・アルビトリウム」(Liberum Arbitrium) のことで、「自由意志」のことをさす。リベルム・アルビトリウムは古代ギリシアから問題にされてきたもので、必ずしも人間の意志をさすとはかぎらない。むしろ自然や世界や宇宙にひそむ力の発動を「自由意志」とみなした。

ところが、カントは「物自体」にリベルム・アルビトリウムをもちこんだのである。話はここから展開していく。

周知のことだろうけれど、プラトンは感覚にあらわれる世界は真の実在ではないと考えた。有名な『国家』に登場する「洞窟の比喩」はそのことを説明するための巧みな方便で、洞窟の中で火の前に映し出されて壁に映る影像(エイドーラ)は、ずっと洞窟にいて洞窟の全貌を知らない人間にとっては世界であるが、真の世界ではないとした。真の世界は、その洞窟を出て洞窟全体を眺める者にしか見えてはこない。そこでプラトンは、人間は目に見えていない「イデアという世界」に包まれているはずだとした。

これに対してデカルトは、物と心はひとつではなく、物質界と精神界はおのずから分断されていると見た。これまた有名な二分論(ダイコトミー)の出現である。「我思う、ゆえに我あり」の、「我思う」の精神と、「我あり」の物質性は、ただちに合流できないと見た。デカルトは、合流できないのは精神的なものと物質的なものが別々の由来のものだからとみなし、截然《せつぜん》と分離してしまった。この截然はデカルトの哲学的犯罪とさえ言われている。

カントも大筋では二分論を踏襲した。ただし精神と物質を分けるのではなくて、感性界と悟性界とを分けた。感知できる現象は感性界に所属していて、物自体が属するのは悟性界だとした。

カントのいう「物自体」(Ding an sich)は現象の背後にひそむもので、認識の限界をこえている。知ることができないもの、それが物自体である。その知りえないものは「ヌーメノン」(仮想体)とよばれた。しかし人間は、感性界と悟性界の両方を感知していく必要がある。それなら真の認識は、感性と悟性の総合のうえに成り立つはずだとカントは考えた。

ここまでが「デカンショ」の、デとカンのところだ。ここからがショのショーペンハウアーになる。

ショーペンハウアーは、デカルトやカントが「物質界」とか「物自体」とみなしたところのものを、大胆にも「意志」(Wille)とみなした。そんなことがありうるのかというほどの、見方の転換だ。しかもこの「意志」は、世界にあまねく広がっているリベルム・アルビトリウムではなかった。もっと妙なものだった。

いや、早とちりしてはまずい。これは物活論なのではない。生気論やアニミズムを持ち出したのではない。ユングやエリアーデのように、意志にアニマやアニムスを想定したのでもない。見えている世界をふくむ感知できない世界そのものに意志があって、その一部を、人間は適当に切り取っているとみなしたのである。

このことがどういう意味をもつかは、にわかには理解しにくいかもしれない。物自体が意志だと言っておきながら、その物自体の意志が何かにあらわれるのではなくて、そこから人間が勝手な意志を切り取っているというのだから、世界の意志は人間の意志にろくなものしか提供していないように見える。そこが理解しにくい。

しかしもし、ショーペンハウアーが言うように物自体が意志ならば、世界そのものはもともと「見えない意志」なんだということになる。それを人間は一知半解に、自分の意志と思いこんでいるということになる。ショーペンハウアーの哲学が「意志の形而上学」といわれるのは、ここだった。

が、ここからがややこしい。紆余曲折《うよきょくせつ》がおこる。ふつう、意志といえば何事かを意図的に追求したり、意欲を抱いたりしていることをいう。けれどもショーペンハウアーがいう意志は、きわめて反理性的な意志なのだ。

誤解をおそれずわかりやすくするのなら、意志には大別して二種類がある。一般的な意味で「何かをしようとしている理性的な意志」と、他方で「無目的に人間をかりたてる非理性的な意志」とがあって、ショーペンハウアーはこの後者のほうの意志を主題とした。

先に言っておくと、このようなショーペンハウアーの意志は「意志は盲目である」というフレーズとともにかなり拡大解釈されて、フロイトに深い影響をもたらした。フロイトの「リビドー」「エス」「トリープ」などは、ほぼショーペンハウアーの意志をつきつめたものだった。

しかし、このように説明するだけではショーペンハウアーの意志の哲学はまだ、ほとんどわからない。ショーペンハウアーが「盲目の意志」に注目したのだとしたら、問題は「盲目の意志」の否定によってしか何かが始まらないと見ただろうと予想する必要がある。ここからしか「生の哲学」が切り開けないはずなのである。ところがショーペンハウアーの意志は、「原因をもたない意志」だったのだ。いわば「原意志」とでもいうものだ。因果性をもたない意志、それが「意志としての世界」なのである。

いや、そう言ったのではまだ正確ではない。第二巻でのべているように、ショーペンハウアーは、世界はそのような世界意志のなかの個別化の意志を取り出しあう抗争の場だとみなしたのだ。このようにショーペンハウアーを読むべきだということに気がついたのが、ニーチェだった。詳しいことは第一〇二三夜に書いておいたので、ここでは説明を重ねないが、今日のショーペンハウアー解釈ではニーチェ以降の解釈がたいていは前提になっている。

われわれが見聞している世界は本来の意志とは結びつかない意志、いわば意図だらけである。世界は、曲解された意図にまみれたまま形成されてきたということになる。これはありうることだろうが、もっと端的にいえば、世界は最悪なものだということになる。なんら本来の意志とは出会えないままなのだ。

そこでショーペンハウアーはまさに「世界は最悪にあらわれている」と告げた。ショーペンハウアーの哲学は、世界は苦悩と矛盾にまみれているということだったのである。すぐさま連想できるように、このような見方は仏教が確立したものと似ている。ブッダが最初に思想したことは「一切皆苦《いっさいかいく》」ということだった。しかしショーペンハウアーは、この時点ではまだ仏教のことをほとんど知ってはいなかった。

では、どうしてこんな苦悩観が生まれたのか。この苦悩観はたんなる苦悩観ではなく、のちにぼくを震わせた「ミットライト・ペシミズム」というものだったのだが、ここから先は、少々、時代背景を知る必要があるだろう。そのことを挟まないと、これ以上のショーペンハウアーのディープ・サーカスを眺めようがない。

アルトゥール・ショーペンハウアーが生まれたのは一七八八年のダンツィヒである。いまはポーランドのグダニスクにあたる。そのころのダンツィヒはプロイセンの支配下の自由都市だった。一七八八年は、ヨーロッパではフランス革命がおこる一年前で、アメリカ新大陸で憲法が発効された年、日本では天明の大飢饉《だいききん》の最後にあたる。

父は富裕な商人だったが、プロイセンの支配を嫌って、相当な財産没収をされたにもかかわらずハンザ自由都市のハンブルクに移住した。けっこうな自由派だったのだろう。母も早々にゲーテと交流し、ワイマールで文芸に熱中するような作家気質の女性だったようだ。こういう父母のもと、ショーペンハウアーは居間に掲げられた「自由のないところ幸福はない」という額を見て、育った。

ハンブルクで四年ほどすごしたのち、父の勧めでフランス語を学ぶために、パリ旅行のあと、ルアーブルの商人の家に預けられ、その後にハンブルクに戻って哲学者のルンゲのところに通うようになった。父はあくまで商人に育てるために、こうした教養を身につけさせたかったようで、このあたりは江戸の町人哲学を思わせて興味深いのだが、父の狙いは息子を高邁《こうまい》に向かわせるのではなく、商人になるために深みを湛《たた》えさせたいというものだった。

少年は両親ともども一八〇三年から二年にわたってヨーロッパを滞在旅行した。オランダ、イギリスのウィンブルドン（ここで六ヵ月を過ごして英語をマスターする）、ベルギー、フランスのオルレアン、ボルドー、マルセイユ、スイス、ウィーンなどだ。二〇〇年前にしては、驚くほど贅沢《ぜいたく》で適確なヨーロッパ旅行だった。ただ、こうした旅行が情緒を豊かにしたのかというと、どうもそうではない。

この時期の旅行日記が残っているのだが、それを読むと、ペシミズムの萌芽とは言わないまでも、かなり冷静沈着に世の中を観察していたことが伝わってくる。感情の過剰な反応がない。だいたいにおいて異国の都市や文化や人間や風習を、やたら相対的に見ている。

それでもショーペンハウアーはまだ商人をめざしていたのだが、ここで思いがけないことがおこった。父が倉庫から河の中に墜落死してしまった。研究者たちの調査によってもいまなお原因不明らしいけれど、おそらくは自殺だったにちがいない。さらにこのあと、母が妹を連れてワイマールにさっさと引っ越してしまった。

十八歳になっていたショーペンハウアーはハンブルクのイエニッシュ商会に置き去りにされ、悩む。父の突然死が大きかった。あれほど自分を駆り立てた父親の死なのだ。いったい、生きつづけるとか、死んでしまうとは何のことかと深慮した。

時代は、ナポレオンがヨーロッパ各地で会戦をおこす時期に入っている。ヘーゲルはイエーナ会戦のナポレオンの行進を二階から見ながら、大著『精神現象学』を脱稿しようとしていた。

ショーペンハウアーは商人を諦《あきら》め、ハンブルクを去った。それでもハンブルクの十数年は、青年の世界観にひとつの思考の母型を与えていた。この母型はハンブルクに言い伝えられてきた格言にあるもので、「地上の棲《す》みかである大地は苦しみの谷であり、この世は害悪に満ちた町である」というものだ。この「苦しみの谷・害悪の町」が、父の死とともに、のちのちまでショーペンハウアーの心に鳴り響く。

一八〇九年秋、ゲッティンゲン大学の医学部（のちに哲学部）に入った。その試験準備が凄《すご》かった。ゴータやワイマールに移ってギリシア語・ラテン語・数学・歴史学にとりくんだ。

加えて大きな影響を与えたのは、ヴィルヘルム・ヴァッケンローダーの往時のドイツを追慕したロマン主義的魂と、ツァハリアス・ヴェルナーの運命悲劇に溢《あふ》れる霊感哲学だった。司祭ともなったヴァッケンローダーは一言でいえば「魂は啓蒙や装飾と亜流を殺《そ》ぐべきだ」という考え方の持ち主で、「運命は受容されるべきだ」という哲学者である。二一歳の青年は、そうしたロマン主義と霊感を頭部のどこかにビリビリ感じつつ、ゲッティンゲン大学に入り、さらに創設されたばかりのベルリン大学に行く。

ベルリン大学の初代哲学教授は、かの愛国的な『ドイツ国民に告ぐ』を語りおえたフィヒテである。フィヒテは「学校こそが経済国家のモデルだろう」「宗教そのものが感性界の教育でなければならない」と考えていた。青年はそのフィヒテの講義と、これまた当時のドイツ哲学を代表していたシュライエルマッハーの講義、およびF・A・ヴォルフの古典語学の講義を傾聴する一方、生物学や天文学などの自然科学に没頭した。この学術的な広がりは、のちのちまで続く思索力の底辺になる。どんな知識の淵源《えんげん》も見過ごしたくなかったのだ。しかし、本人の表現方法としては、哲学をこそ専門にしたかった。

二五歳になった哲学学徒はベルリンを去りワイマールに戻って、ここで二人の加護によってもう少し深まっていく。加護者の一人はゲーテ、一人はフリードリッヒ・マイヤーだ。ゲーテは母との交流もあって、哲学談義から色彩論談義の若きお相手として、この哲学学徒を認めた。ショーペンハウアーは大ゲーテに認められて天にものぼる気分になっている。

マイヤーはヘルダーの弟子の東洋学者で、若き学徒を一挙にインド哲学に導いた。これはゲーテとの出会い以上に決定的だった。のちに仏教をふくむ東洋哲学の精髄に気がつくショーペンハウアーであるが、このときヴェーダ哲学とブッダの「一切皆苦」の一歩手前の納得に近づいていた。倫理学と形而上学《けいじじょうがく》はひとつのものでなければならないのではないかという予感が宿りはじめていた。

このあと青年はさらにドレスデンに移る。ともかく、ここまではよく動いている。ヨーロッパ中を感じ、祖国ドイツを実感している。また、そのたびにそれなりの成果を収穫した。ようするに早熟だった。たとえば二七歳のときはゲーテとの共同研究『視覚と色彩について』をまとめているし、二八歳のときには「意志」についての自分なりの世界観が、あたかも濃厚な空気のように膨らんでいくのを興奮して感じている。しだいに思索速度が加速していったのであろう。

かくて一八一九年、三一歳のとき、一気に執筆された『意志と表象としての世界』が発表されるのだ。

だいたい、このくらいでいいだろう。実際には、このあとベルリン大学の講師の地位を得たり、教授資格をとったりするけれど、ショーペンハウアーにとっては『意志と表象としての世界』という著作こそがすべてだった。

ベルリン大学ではヘーゲルと同時間帯の講義を担当し、大半の学生をヘーゲルの教室にもっていかれ、ひどい失意に陥ったり、逆にヘーゲルとの徹底闘争を展開する決意をしたりするのだが、また、大学在籍中もイタリアに長期旅行をしたり、スペイン語をマスターしてスペインの道徳哲学バルタサール・グラシアンを研究したり、さらにはアレクサンダー・フォン・フンボルトとの強烈な出会いを体験したり（ぼくが大好きなフンボルト弟である）、あまりの集中のために右の耳が聴こえなくなったりしているのだが、そういうこともすべて、そういうことではないこともすべて、このあとは『意志と表象としての世界』の改稿や続編や続々編の思索として投入されていったのだ。

こうして一八六〇年の七二歳まで生きた。何人かの女性と短く暮らしたが、生涯を通して独身だった（そのため女性嫌いだとも喧伝《けんでん》され、ミソジニーの研究対象ともされた）。死ぬ前年まで『意志と表象としての世界』の第三版の校正をしつづけていた。

ついでながら日本では、明治末年に、姉崎正治が『意志と表象としての世界』を、『意志と現識としての世界』として翻訳している。のちに日本主義に回帰した姉崎は、「ショーペンハウアー協会」を設立した哲人パウル・ドイッセンの弟子だった。

では、ざっとまとめて説明しておきたい。

ショーペンハウアーの哲学は「意志の哲学」であって、「存在の倫理学」である。その意志と存在は、第一には「共感」によって支えられている。第二に、この共感を動かす動機は「同情」(シンパシー)にある。第三にこの共感と同情は「共苦」(ミットライト)によって世界にあらわれてくると、みなされた。

これが大筋だが、意志や存在によって何を議論したいのかというと、「世界」があらわれることに、人々を招こうとした。ショーペンハウアーは、その「このように世界があらわれている」ということを、「表象」(vorstellung)とみなした。表象とは、人間の知覚にもとづいて意識にあらわれる外界のイメージのすべてのことで、ドイツ語では、語源的には「私の前におかれるもの」とか「私が前におくもの」といった意味をもつ。難しくは「再現前化《フォアシュテルング》」などと訳すこともある。ここからショーペンハウアーの有名な「世界は私の表象である」という言明が生まれた。

意志と存在が共感と同情と共苦をもって、世界としてあらわれてくる、と主張したのである。

しかしこれだけでは、多くの哲学の基底とそれほどちがわない。ヒュームやアダム・スミスも、共感や同情を社会を起動させる最も重要な要因と考えたし、ショーペンハウアーの出発点であり、また批判の原点ともなったカントも、共感は人間の悟性に基本的に埋め込まれているとみなした(カントはそれを「感受性」とよんだ)。

そこでショーペンハウアーは、共感や同情が「共苦」に裏打ちされていると見た。この「共苦」という見方を持ち出したところに、独特のものがある。おそらく「いじめ」や「自殺」の絶えない今日の日本人にとっても、意外なヒントをもたらすだろう。

「共苦」（Mitleid＝ミットライト）とは、やや聞きなれない概念かもしれないが、この言葉にはそうとうに深い意味が示されている。

われわれは自分の苦しみというものを、自分だけの苦しみだろうと感じていることが多い。けれども、多くの苦しみ、たとえば失意・病気・貧困・過小評価・失敗・混迷・災害などは、その体験の相対的な差異こそあれ、結局は自分以外の誰にとっても苦しみなのである。苦しみは、自分の苦しみが相手の苦しみよりも強いとか深いということを、相手に押し付けることはできない。相手も同じことを言うに決まっている。このとき、われわれは「共苦」の中にいる。

そこで、ショーペンハウアーは考える。共感や同情も、その深部においては「共に苦しんでいる」ということが発動しているのではないか。われわれは自分よりも相手が優秀であったり成功したりしていることに共感するよりも、共に似たように苦悩をもっているということに共感を示すのではないか。

さらに、こう考える。そもそも世界は「共苦」を前提にしてできていて、そこから意志があらわれてくるのではないか。その意志の行方には放っておけば必ず欲望が待っていて、富裕や長寿や支配に向かおうとする。幼児だって、そうである。幼児が泣くのは自分が苦痛にあることを告げている。

やがて幼児が子供となり、子供が少年や少女になるにしたがって、苦痛や苦悩から解放されることが社会の通念だということを教えられ、そのうち欲望による支配が意志の行方になっていく。そうだとすれば、世界は当初においてその意志を、原初の苦しみは何かということを表象しているのではないか。そうだとすれば、世界は当初において「共苦」なのではなかったか、というふうに。

この考え方は、何かに似ている。そうなのだ、すでに書いておいたことだが、ブッダが「一切皆苦」を出発点にしたことと、とてもよく似ている。

ショーペンハウアーは、ここにおいてウパニシャッド哲学や仏教に急速に近づいていったのである。ヨーロッパの哲人として初めて東洋哲学の起源を観照したのだ。そして「皆苦」や「共苦」が前提であるなら、そこを端緒とする哲学がドイツにも、ヨーロッパにも、そして全世界において樹立されなければならないと考えた。

これこそは、ショーペンハウアーの「ミットライト・ペシミズム」の誕生である。共通の苦悩から共通の世界意志を見いだし、そこに新たな哲学を萌芽させること、そこに『意志と表象としての世界』の意図があった。これを、一面でいうならドイツにおける

ばしば「解脱」（ニルヴァーナ）にも言及した。実際にもショーペンハウアーは、し「解脱《げだつ》の思想」の誕生といっていいかもしれない。

ショーペンハウアーはペシミストなのだろうか。

厭世観とも悲観主義とも訳されてきたペシミズム（pessimism）という考え方は、かなり古くからあった。その世界史上での圧倒的代表はゴータマ・ブッダその人だろうが、それ以外にも、ペシミズムはのべつ表明されてきた。ギリシア神話でディオニュソスの師になっているシレノスは、「最善のことは生まれてこないこと、次善のことはまもなく死ぬことだ」と述べていたし、聖徳太子も「世間虚仮《せけんこけ》・唯仏是真《ゆいぶつぜしん》」と言ってのけた。十一～十二世紀のペルシアの大詩人ウマル・ハイヤームの『ルバイヤート』は、全編がすべからくデカダンスともペシミズムともいえる。

ペシミズムという言葉の名付け親は、イギリス浪漫主義のサミュエル・コールリッジである。「最悪の」を意味するラテン語の「ペシムゥム」（pessimum）から採った。

日本文化の担い手の多くもペシミストだった。長明、兼好、心敬《しんけい》、近松、秋成たちがペシミストでないわけがない。いや、ドストエフスキーだってモーパッサンだって、ランボオだってボードレールだって、漱石だって芥川だって、川端だって中上健次だって、マーラーだってシェーンベルクだって、黒澤明だってタルコフスキーだって、そうとうのペシミストだった。本物のアーティストの大半はどこかに強靭なペシミズムをもっている。とくにぼくが好きなペシミストは、エミール・シオランだ。シオランは「涙ぐむことだけが福音である」とした。

こうしたペシミズムは、しばしば「厭世主義」とか「悲観主義」と訳されてきたが、この訳語はあやしい。オプティミズム（楽観主義）と比較されすぎている。ペシミズムは厭世主義なのではない。むしろ「事前最悪主義」なのであって、ペシミストは世間を厭《いと》っているのではなく、こんなものは最悪だと突き放しているだけなのだ。世間がくだらないというのではない。世界はそういうくだらない世間しかつくれないと見切ったのだ。ブッダの「一切皆苦主義」とは、このことだ。それゆえペシミストはブッダがまさにそうであるけれど、世界の再生や心の安寧は「苦しみ」を直視できないところからはおこらないと洞察したわけだった。

ショーペンハウアーも、そうだった。しだいに本来のペシミズムの只中《ただなか》において世界を認識し、そこにありうるのは「解脱の可能性」でしかないだろうと見たのであった。それは意外にも、ヨーロッパ哲学史上最初の「生の哲学」の開示というものになる。

われわれにとって最も悲しいことは、死ではない。死は存在が立ち向かう歩みにおいて、不断に延期された一線にすぎない。だいいち、死は少なくとも退屈ではない。

ぼくが大嫌いな言葉に「幸福」とか「ハッピー」がある。ショーペンハウアーもそういう感覚をもっていたらしく、もしも幸福というものを定義するなら、何かが欠けている状態のこと、すなわち「欠乏こそが幸福なのだ」と書いた。逆に、何かが容易に手に入った状態が持続すると、かえって恐ろしい空虚と退屈がやってくる。そして新たな欠乏を探索しないかぎりは、この空虚と退屈は覆《くつがえ》らない。

そう見ればわかるように、幸福的なるものは、実のところは「苦の慰謝料」なのである。だから幸福は高くつく。これに対して、苦しみは世界の意志のそもそもの発露であって、そのことを理解できるなら、そこからこそ救済も安寧もおこりうる。

ショーペンハウアーが父の死をはじめとして観察した世界は、ちっぽけなものではなかった。ナポレオンの支配から凋落《ちょうらく》まで、ロンドンからウィーンまで、それなりのスケールと劇的性をもっていた。しかしそれらは、しょせんは五十歩百歩なのだ。いくらそれぞれの因果に理由を与えても、世界がリアルであると見るかぎりは、苦悩が去ることはない。幸福がいつまでも続くとはかぎらない。

かくてショーペンハウアーは「解脱」による意志の哲学の確立に向かうことを決意する。そして「生の意志」があるとするのなら、おそらくは倫理的な解脱感か、もしくは芸術的な解脱感をもつしかないのではないかと、まさにペシミスティックに断じたのである。これはのちにニーチェを狂喜させた断定だった。ニーチェはただちにソクラテスやプラトンを理論的オプティミズムと批判した。それよりも実践的ペシミズムのほうがよっぽど理性的であり、実践的であると確信するようになった。

『意志と表象としての世界』では、第三巻が芸術的解脱の可能性に割り当てられている。そこでは、イデア、美、崇高、自然、天才、かわいいもの、建築、音楽、性格、模倣などが議論され、おそらくは真の芸術行為が「共苦」を媒介にした世界意志の発現として、最も可能性に満ちたものだろうと結論づけるのだ。

このショーペンハウアーの結論に賛同したのは、ニーチェだけではなかった。ワーグナーも心酔した。ワーグナーは詩人のゲオルク・ヘルヴェークから『意志と表象としての世界』を見せられて強烈な感銘をうけ、四回にわたって読み耽《ふけ》った。のみならずショーペンハウアーその人をオペラ『さまよえるオランダ人』に招待し、批評家が『ニーベルングの指輪』はショーペンハウアーの真似事ではないかと皮肉ったときも、むしろそれをこそ自分は実現したかったのだと言ってのけた。

たしかに『ニーベルングの指輪』の最高神ヴォータンの諦念《ていねん》と、その後の「世界の没落」というテーマの進行は、ショーペンハウアーそのものである。それが『さまよえるオランダ人』から『ローエングリン』に及んで救済をテーマにしていくあたりも、かなり酷似する。ワーグナーこそはニーチェに先行する最初のショーペンハウアーの継承者だった。

ショーペンハウアーのペシミズムは、「世界は私の表象である」という言明にも示されているように、あくまで「私」を残響させた解脱の展望だった。「滅私《めっし》」や「無我」までは持ち出さない。ここに、ショーペンハウアー哲学の限界もある。そこは仏教哲学の核心そのものとは異なっている。

それでもショーペンハウアーは第四巻の最後の最後のところで、ついに「無」(Nichts)を持ち出した。そして、こう書いた。「意志を完全になくしてしまった後に残るところのものは、まだ意志に満たされているすべての人々にとっては、いうまでもなく無である。しかし、これを逆にして考えれば、すでに意志を否定し、意志を転換しおえている人々にとっては、これほどにも現実的にみえるこのわれわれの世界が、そのあらゆる太陽や銀河を含めて、無なのである」。

ショーペンハウアーは、この最後の一文に次のような脚注をつけた。「これこそ仏教徒のいう般若波羅蜜多《はんにゃはらみった》なのではないか。認識の彼岸に到達した世界意志なのではないか」。

いま、ショーペンハウアーを読む者はあまりいない。それは今日、思想としての大乗仏教にとりくむ者がきわめて少ないということにつながっている。しかし、姉崎正治が

『意志と現識としての世界』(博文館)を翻訳刊行したころは、鷗外も花袋も泡鳴も、清沢満之《まんし》も西田幾多郎も鈴木大拙《だいせつ》もショーペンハウアーに熱中したものだった。

トーマス・マンを読みたいなら、ショーペンハウアーを読んだほうがいい。芥川龍之介や太宰治に何かを感じたことがあるのなら、その奥にショーペンハウアーがいることを覗《のぞ》いてみたほうがいい。ヴィトゲンシュタインも、実はショーペンハウアーなのである。

やっぱりミットライト・ペシミズムが必要なのだ。ミットライト・ペシミズムの〝共感と共苦の同時感覚〟がわからないで、世をはかなんだり、自己意識に溺《おぼ》れたり、世の中に文句をつけたりするのは、あまりにも杜撰《ずさん》だ。また、数滴のミットライト・ペシミズムがなくて、頽廃《たいはい》やアヴァンギャルドをわがもの顔でかこつのも、かなりぐさぐさなことなのだ。

ショーペンハウアーの全集は白水社が刊行している。全十四巻、別巻に伝記・評伝・解説。ぼくは初めて世田谷三宿《みしゅく》でアパート暮らしをしたとき、一ヵ月に一冊ずつ入手して、パートナーと競うように読んだ。目を通した参考になる書籍はそんなに多くない。定番はゲオルク・ジンメルの『ショーペンハウアーとニーチェ』(白水社)、エドゥアール・サンス『ショーペンハウアー』(文庫クセジュ)、アルフレッド・シュミット『理念と世界意志　ヘーゲルの批判者としてのショーペンハウアー』(行路社)などだろうか。

仏教との関係は湯田豊『ショーペンハウアーとインド哲学』（晃洋書房）、ヴィトゲンシュタインが受けた影響についてはデイビッド・エイブラハム・ワイナー『天才と才人』（三和書籍）、ニヒツ（無）については橋本智津子『ニヒリズムと無』（京都大学学術出版会）、ポストモダン思想からの見方としては鎌田康男ほか訳著『ショーペンハウアー哲学の再構築』（法政大学出版局）などがある。気が向けばラルフ・ヴィーナーの『笑うショーペンハウアー』（白水社）を読まれるといい。最後に一言、「デ・カン・ショ」は「ショ・デ・カン」の順に読むのがいいだろう。

第一一六四夜　二〇〇六年一二月八日

参照千夜

九三二夜：埴谷雄高『不合理ゆえに吾信ず』　七九九夜：プラトン『国家』　八三〇夜：ユング『心理学と錬金術』　一〇〇二夜：エリアーデ『聖なる空間と時間』　八九五夜：フロイト『モーセと一神教』　一〇二三夜：ニーチェ『ツァラトストラかく語りき』　九七〇夜：ゲーテ『ヴィルヘルム・マイスター』　一七〇八夜：ヘーゲル『精神現象学』　三九〇夜：フィヒテ『ドイツ国民に告ぐ』　一六七九夜：ハマラヴァ・サダーティッサ『ブッダの生涯』　四二夜：鴨長明『方丈記』　三六七夜：吉田兼好『徒然草』　一二一九夜：心敬『ささめごと・ひとりごと』　九七四夜：近松門左衛門『近松浄瑠璃集』　四四七夜：上田

秋成『雨月物語』　九五〇夜：ドストエフスキー『カラマーゾフの兄弟』　五五八夜：モーパッサン『女の一生』　六九〇夜：ランボオ『イリュミナシオン』　七七三夜：ボードレール『悪の華』　五八三夜：夏目漱石『草枕』　九三一夜：芥川龍之介『侏儒の言葉』　五三夜：川端康成『雪国』　七五五夜：中上健次『枯木灘』　五二七夜：ピーター・グリーン『アンドレイ・タルコフスキー』　二三夜：エミール・シオラン『崩壊概論』　一六〇〇夜：ワーグナー『ニーベルングの指輪』　七五八夜：森鷗外『阿部一族』　一〇二五夜：藤田正勝・安冨信哉編『清沢満之』　一〇八六夜：西田幾多郎『西田幾多郎哲学論集』　八八七夜：鈴木大拙『禅と日本文化』　三一六夜：トーマス・マン『魔の山』　五〇七夜：太宰治『女生徒』　八三三夜：ヴィトゲンシュタイン『論理哲学論考』

すべての「西の世界観」の根底を抉《えぐ》り、
それをまるごと覆《くつがえ》してみせたニーチェの読み方について。

フリードリヒ・ニーチェ

ツァラトストラかく語りき

竹山道雄訳　新潮文庫　全二巻　一九五三

Friedrich Wilhelm Nietzsche: Also Sprach Zarathustra 1883–1885

ニーチェは一八八九年一月三日に錯乱した。トリノの広場で昏倒《こんとう》した。この日はニーチェがワーグナーの妻コジマに送った手紙に、自分は十字架に架けられた者だとかディオニソスだとか、また私はブッダだ、ナポレオンだなどと書いた日であった。ニーチェは病院に運ばれた。それから十二年後、二十世紀がまさに明けようとしていた一九〇〇年八月二五日に死ぬまで、茫洋《ぼうよう》たる日々を送った。

錯乱以降、ニーチェは何も書けなくなった。だからニーチェの哲学はすべてそれ以前の著作からしか導きえない。ただしコジマへの手紙にはひとつだけニーチェらしいことが書いてある。「私は人間というよりはダイナマイトです」というものだ。ニーチェはダイナマイトだった。その爆撃にやられた連中がゴマンといる。なかにはニーチェなんか読まなければよかったと思った連中も少なくないはずだ。

これはよく聞く話だが、ニーチェを読み耽《ふけ》るようになったら一巻の終わりだよ、ワーグナーばかり聴くようになったら危ないよ、と言われることがある。そういうこともあるのだろうが（ぼくの周辺にも何人かいた）、そうなるとしたら、それはニーチェやワーグナーに思いいを入れすぎたのだ。

ニーチェがダイナマイトだというのは、そういう意味ではない。哲学や思想という重たいものを動かしたり飛ばしたりする力がダイナマイトのようなのだ。機関銃やミサイルや原爆ではない。まさに吹き飛ばすという意味で、ダイナマイトなのである。

では、ここから先はマジメに書いてみたい。ニーチェが異様な健筆を揮《ふる》いつづけた三十年余の聞きしにまさる思索と表現の波濤《はとう》から、その波濤の一沫をある種の順に抜き出してみたいと思う。マジメにというのはリキまないで、ということだ。

さっそく結論のひとつを言っておくが、ニーチェの哲学は使うにはかなり注意を要する。これはニーチェの哲学に魅力や長所がないという意味ではない。魅力と長所というなら、ニーチェを読んでそれを感じないところはないといっていいほどに、強烈なアトラクションが連打されつづけている。しかし、それはあくまでニーチェを読むおもしろさであって、それを使えるものにするということではない。

そこには使用説明書がない。取説《とりせつ》がない。ぼくなりの言い方でいうと、ニーチェを「方法」として読みすぎないほうがいいということだ。これについては永井均さんが『これがニーチェだ』（講談社現代新書）という本のなかで興味深いことを言っている。「ニーチェは世の中の、とりわけそれをよくするための、役に立たない」「どんな意味でも役に立たない。だから、そこにはいかなる世の中的な価値もない」「マルクスにはなお復活の可能性があるが、ニーチェには、ない」……と。

説明がついている。ニーチェは人間社会の構成原理とはとうてい両立しがたい反社会的なことを書いた。いわば余計なことをしたのである。だからこそニーチェは凄《すご》かった。ダイナマイトだった。けれどもその凄さを受け取るには、ニーチェの「問い」を見なければならない。そうだとすれば、ニーチェから「答え」を引き出したのでは、ニーチェを読んだことにはならないということだ。ニーチェは誰も感じてなどいなかった問題をただ一人で感じ、ただ一人でその問題と格闘しつづけた。ニーチェはそういう、一方的で巨大な問題提起者なのである。

もっと炯眼《けいがん》に近いことを永井さんはいろいろ書いているけれど、さしあたってはこれで十分だろう。これはぼくの「方法としては読まない」という立場とぴったり重なっているわけではないが、当たらずとも遠からぬものがある。

というわけで、願うらくは以下に綴《つづ》るこの一文によって、これまでニーチェについての誤解や曲解をしている読者がいるのなら、そのクモの巣を取ってみてはどうか。もっとも、世の中にはクモの巣がかかっているほうが雑木林を歩くようでいい、空き家に一人で入りこんだようでいいという趣味の持ち主もいる。そういう諸君には、以下の話はマジメすぎてお役には立てない。あらかじめ断っておく。

では、順番に行く。

順番というのは話をわかりやすくするための順番であって、ニーチェがこのような順で著作をしたということではない。だから、ここで第一思想段階とか第二思想段階とかと区分けしたのは、いま研究者たちが共有しているニーチェ研究の常套《じょうとう》的スタイルとはまったく関係がない。ぼくが便宜的に段階を追ったのである。

ついでにもうひとつ断っておくが、今夜に『ツァラトストラかく語りき』を、それも竹山道雄訳で選本したということにはたいした理由はない。『権力への意志』でも『この人を見よ』でもよかった。ただ、それ以外の著作では全貌が見えにくいので、きっと選ばなかったろう。最近はちくま学芸文庫の『ニーチェ全集』が読みやすいから、それでもよかった。ただ、竹山訳の『ツァラトストラかく語りき』は、ぼくが大学時代に最初に読んだ記念すべきニーチェなのである。ツァラトストラが最初に永遠回帰のヴィジョンに出会うところで「むなしさ」を感じるところが好きなのだ。念のために言っておくが、ツァラトストラとは、ヨーロッパ人にとって最も恐るべき未知の宗祖であったゾロアスター（ザラスシュトラ）のことをいう。

ニーチェは一八四四年にザクセン州のレッケンのプロテスタントの牧師の長男に生まれた。母親の実家も牧師の家で、だから少年の綽名《あだな》は「ちび牧師」だった。プロテスタントの渦中にいたということは重要だ。のちにニーチェはプロテスタンティズムのキリスト教と対決することになる。

父親はニーチェ四歳のときに死んでいる。そのためギムナジウム時代をはさんだ少年期、「ちび牧師」は祖母・母・妹・二人の伯母《おば》・家政婦という女ばかり六人に囲まれて育った。父を幼くして亡くしたことや女ばかりに育てられたこととと、のちにニーチェが「全人類の父の喪失」としての「神の死」を持ち出したことを万力《まんりき》で締めるように重ねすぎてはいけない。巧妙に折りたたんでもいけない。誰かの例と似ていると見すぎてもいけない。

たとえば、三島由紀夫が『絹と明察』前後から自決するまで、「日本及び日本人の父親像」を書こうとし、それを自分の身に引き受けたからといって、またその三島が若いときからニーチェに影響をうけていたようだからといって、ニーチェを三島に似ているなずと想定するのは、まったく的外れなのだ。二人はほとんど似ていない。三島のみならず、ニーチェの思想を他のどんな人生の似たような例にあてはめようとしても、無理がある。それくらいニーチェは「異例者」だった。そう思っておいたほうがいい。

青年ニーチェがとりくんだのは古典文献学である。ラテン語で書かれた記録の行間から理想の文化を髣髴《ほうふつ》とさせる学問だ。この下地は大きい。このあとのニーチェのテキスト性・言語感覚・概念分析力・歴史展望を支えた。

ボン大学からライプツィヒ大学に移ったときのディオゲネス・ラエルティオスについての分析がのこっている。この論文は評判がよかったらしく、ニーチェは二四歳という弱冠で、スイスのバーゼル大学に迎えられた。

バーゼルで古典文献学にとりくんだ大先輩には、『母権論』（みすず書房）を書いたヨハン・バハオーフェンがいた。『母権論』については第一〇二六夜にあらましを書いておいたので、それを読んでいただくとして、ニーチェはそのバハオーフェンから影響をうけた。とくにディオニソス（バッカス）のイメージに揺さぶられている。ただ、バハオーフェンが太母神的世界像に関心を示したのに対して、ニーチェはそういった大地型のグレートマザー追求ではなく、眩《まぶ》しすぎるほどに太陽的な神々に心を惹《ひ》かれていた。それにバハオーフェンは最後まで敬虔《けいけん》なプロテスタントだったが、ニーチェは途中から「プロテスタントの神を殺したい」と考えた。二人の交友はあるところでプツリと切れた。

ここで第一思想段階である。まだ学究的だった文献学の研究者ニーチェを横殴りした一人のドイツ人の思想者がいた。アルトゥール・ショーペンハウアーだ。ぼくも『意志と表象としての世界』(白水社)を学生時代に読んでやけに高揚したことがあるのだが、ニーチェの高揚はとんでもなく逆上に近いほどの高揚だったようだ。

ショーペンハウアーが何を言ったかというと、世界を動かしているのは「生きるという意志」(der Wille zum Leben)だけだというのである。けれどもそこには究極の目的などはない。仮にそんなものを想定しても、すぐに欲望がその目的を乱していく。爛《ただ》れさせていく。それゆえ、意志は「生の欲望と苦悩」から離れることはなく、その離れることのない意志が世界の表象のすべてだと、そう言った。意志と表象とを、根源なるものと仮象なるものとを、対比させたのだ。

哲学史ではこれを「ペシミズム」(厭世《えんせい》主義)の哲学的発芽と見る。オプティミズム(楽観主義)と対極にある。ふつうは楽観は悲観よりおもしろがれるのだが、ショーペンハウアーはその逆を突いた。そして「ミットライト・ペシミズム」を掲げた。ミットライトとは「共苦」のことである。ニーチェはこれをうけて、悲観の凄さに気がついた。ソクラテスやプラトンを「理論的オプティミズム」と批判して、それより「実践的ペシミズム」

のほうが上等だと考えた。

　同じくショーペンハウアーに驚いた者にリヒャルト・ワーグナーがいた。ワーグナーは「ショーペンハウアーこそ音楽の本質を認識した唯一の哲学者」と褒めそやした。よく知られているように、ニーチェはこのワーグナーの音楽思想にものすごく共感する。とくにバーゼル大学員外教授となった一八六九年前後からはトリープシェンのワーグナー家にしばしば出入りして、夫人のコジマとも親しくした。「音楽という芸術」と「意志と表象としての世界」とが、青年ニーチェのなかで音をたてて接合したのだ。

　ニーチェの第一思想段階は強烈なロマン主義に彩られていった。ロマン主義とは、矛盾と葛藤《かっとう》にさいなまれた現実の奥に、全体としての理想の流れがひそんでいて、それを取り出し、そこに自身のヴィジョンをできるかぎり没入させたいと思うことをいう。だからロマン主義には部分的な感情よりもずっと全体の感情が横溢《おういつ》する。ニーチェはショーペンハウアーとワーグナーによって、ロマン主義的ペシミズムをしばらく謳歌《おうか》する。ニーチェの哲学の全般を覆っている全体主義的な相貌は、この第一思想段階にすでに投影されていた。

　ロマン主義的ペシミズムの謳歌が最初に応用されたのが、悲劇をめぐる考察である。著作でいえば『悲劇の誕生』(一八七二) がこの段階にあてはまる。

ニーチェはソポクレスの『オイディプス王』にとりくんで、なぜ悲劇が自分をここまで感動させるのかを考えた。悲劇とは（とくにギリシア悲劇やシェイクスピアやラシーヌは）、巨大な宿命に人間の運命が圧倒され、押し潰《つぶ》されていく心身の痛みや悲しみを如実に描いた演劇的文芸である。しかし悲劇だからといって内容が「悲」だと見てはいけない。悲劇は運命に敗北した人間ばかりを描いているのではない。燦々《さんさん》たる陽差しを浴びる者もちゃんと描いてある。この対比力があるため、悲劇には感動がある（と、ニーチェは考えた）。だから登場人物がもらす悲嘆や落胆にすら共感がおこる。これは物語が悲劇的な筋書きをもっているからではなく、そこに「生きる」という充実と失敗が如実に、必死に描かれているからなのである。

こうしてニーチェは人間の世界には「悲劇という生の充実」があると見るようになっていった。「悲しみ」と「生の充実」とは対立していないと知ったのだ。ニーチェはその理由を考え、悲劇にはアポロン型とディオニソス型が絡まっていることを発見する。

アポロンは理性の神である。推理をする予告力がある。ディオニソスはバッカスのことで、酒に酔う情念の神だ。呪術《じゅじゅつ》によって解放する力をもっている。アポロンは秩序をかたちづくり、ディオニソスはそれを打ち破るエネルギーである。

ニーチェは発問した。この対比の構造は悲劇にひそむ「生」を漲《みなぎ》らせている。それはどこから出てくるのか。ギリシア悲劇の奥に光るソクラテス以前の原型的な知的エネルギーが湧き出てきているのではないか。ニーチェはそういう問いを発したのだ。

ニーチェの第二思想段階は、ロマン主義的ペシミズムを揚棄《ようき》することに始まる。揚棄とか止揚とかいうのは弁証法の用語だからぴったりはしないのだが、ここは大目に見てもらう。まあ、いまふうにいえばペシミズムを〝脱構築〟すると言ってもいいが、こういう言い方をしていると、ニーチェの問いに注目せずに自分の解釈ばかり説明したくなるから、やめる。

話を戻すと、この第二段階はディオニソス的なるものの強調によっておこっている。なぜディオニソスを強調すると次の思想の段階が始まるのだろうか。

ニーチェには『悦《よろこ》ばしき知識』（一八八二〜一八八七）という著作がある。哲学や芸術は苦悩する人間を描くことで生命の成長やその闘争力を高めるという主旨なのだが、そこでニーチェは苦悩にはきっと二種類があると見た。健康で満ち溢《あふ》れた者がその力を放出できずにもてあましている苦悩と、疲れて不健康となり、自分からも逃れたがっている者の苦悩である。ロマン主義的な苦悩はおおむね後者にある。

ニーチェはこのことから、ロマン主義者が永遠や静寂や神を求めるのは、自身の苦悩や欠陥を世界の本質に由来するものとみなして（つまりは責任逃れをして）、それによって世界との逢着《ほうちゃく》を錯覚するような慰みをほしがっているせいなのではないかと考えた。

この見方はぼくには肯《がえ》んじられないものもあるのだが、それはべつとして、ニーチェはこの見方によってペシミズムがデカダンスに陥ることを巧みに回避した。この見方によって、健康で陽気なディオニソスのイメージと、ときに病的な意図に陥りがちな苦悩と悲劇のもつイメージとの連なりの可能性が、ペシミズムに新たな突破口を与えたのである。これがソクラテスともバハオーフェンとも異なる「ディオニソス的ペシミズム」というものだ。

ニーチェはディオニソスを踏み台にしてロマン主義から脱出した。それゆえこのあとニーチェは二度とショーペンハウアーやワーグナーには戻らない。のちに『反時代的考察』(一八七三～一八七六)に組み入れられた『ニーチェ対ワーグナー』というタイトルの付け方にも、それはあらわされている。こういうときのニーチェは未練がましいところがない。ニーチェとワーグナーに溺《おぼ》れると危ないという噂は、このあたりのことがわかっていない。

ニーチェは自分の哲学を更新登録しつづけた哲学者だった。よくいえば、自分の哲学を螺旋《らせん》的に上昇発展させていった。あからさまにいえば昨日の思索の矛盾などものともせず、明日や明後日の方向のなかで強引に消化していった。そのたびに強烈な「問い」を発した。この「問い」はのちのちにもニーチェにとりつくものになる。

また、たとえ呻吟《しんぎん》する思索がいまだ矛盾や欠点をかかえたままであっても、そうした途中の思索を後方に蹴《け》って、前方に飛び出すのもうまかった。とくに自分自身の「生」をたっぷり含む認識論をつかって次のステージに飛び移るのがうまかった。

しかし、これは方法ではない。ニーチェにしかできないような、いやニーチェだけが好きにやってのけてしまった飛び移りというもので、それを方法としてジェネラルに取り出すことはできない。だから読者がニーチェの思想を方法としてなんとか自分の行動にあてはめようとおもっても、できない。気にいった映画スターの真似をしようったって、絶対にできないことと同じだ。そんな映画のようなことは現実にはめったにおこらないし、そんな場面の連続は映画以外のどこにもない。だからニーチェを真似して行動をおこすのはやめなさい。

では、どう思えばよいのか。ニーチェはそういう特別の哲学映画をつくったわけである。そう、思えばいい。その映画をおもしろがって見ればいい。ただ、それはカメラによる映画ではなく、言葉の映画だったのだ。

さて第三思想段階は、ディオニソス性を内包した「悦ばしき知識」をもって、何をするかということになる。ふつうに考えると、そんな悦びに満ちた知識が会得されているのなら、真理を探究したくなる。その真理を手にしてみんなに自慢したくなる。

が、ニーチェはこのことに疑問を呈した。結論から先にいえば、「真理は誤謬《ごびゅう》だ」と言ったのだ。この言い草はまるでパラドックスを言っているようなので（まさに半分以上はパラドックスでもあるのだが）、ちょっと説明がいる。

ヨーロッパ、とりわけキリスト教社会においては、真理とは「神の真理」のことをさしている。はなはだ理性的で理神的だ。一方、ニーチェの哲学の基本は出発点からして「生の哲学」である。「生成」（Werden）というものが大前提になっている。何が生成するかというと、世界が生成する。世界をいきいきととらえて自成しつつあるもの、それが生成だ。ニーチェにとっての真理があるとしたら、それは生成そのものなのである。生成だけなのだ。

生成はヘラクレイトスが早くに喝破したように、止まらない。流れている。成長や変化もある。人間でいえば赤児《あかご》や子どもは生成そのもので、その後に変化し、分別をもつ。しかし、赤児は誕生して世界を「生」として小さな両手と輝く双眸《そうぼう》で感じるものの、そこで真理をつかまえたわけではない。なんとなく感知するだけだ。大半は取りちがえる。それをお母さんが訂正する。社会が待ったをかける。

そうだとすると、生成の原点にはもともとは「誤謬」しかないということになる。赤児には真理はない（真理を知らない）。だから少なくとも原初にひそむ生成の真理を、人間は取り出すことはできない。それゆえニーチェは『権力への意志』に、こう書いていた、

「諸物の流動という究極の真理は、血肉化が不能なものだ。われわれの器官は誤謬を掴《つか》むようにできている」。そして、この誤謬を「根本誤謬」とよんだ。

これはどういうことだろうか。世界は生成であって、それをもって真理としたいというのに、その真理を生成の発端において捉《とら》えられないというのは、奇妙である。奇妙であるが、ニーチェはそう考えるしかないではないかと言った。人間がこれと感じて掴むのは大小軽重のちがいはあっても誤謬でしかなく、しかもそれを生成の中に捉えるとすれば、それは「根本誤謬」の発動になってしまうのだ。それにもかかわらず、こうした生成の現象でおこっていることを無視して、別途に「神の真理」を主張できると思いこむのは、それこそおかしいではないか。そう言うのだ。

いったいニーチェは何を言っているのだろうか。真理を誤謬と見たほうが、すべてにあからさまに接することができるのではないか、そう、言ったのだ。これらのことについては『生成の無垢』（死後の編集）を読むとよい。このタイトルがあらわしているように、生成と無垢はニーチェにとっては同義語なのである。

こうして第四思想段階になる。真理は誤謬からしか始まらなかった。それなら「神の真理」への道はもともと誤謬から始まっていたということになる。だとしたら神は根本誤謬の発端なのである。かくてニーチェは傲然《ごうぜん》と「神は死んだ！」と言い放つ。『ツァラトストラかく語りき』の最も中心的な主張になっているところだ。

十年間、山中の孤独で叡知《えいち》を鍛えたツァラトストラは、その叡知を人間に分け与えるために下山した。この下山はツァラトストラが現世に戻って、あえて「没落してみせる」という覚悟をしたことを暗示する。故意の自己没落によって何かを察知したかったのだ。ところが下山の途中、麓《ふもと》の森で老賢者と出会ったので問答をしてみると、賢者が「神の死」を知らないことに驚いてしまう。高い知識をもっているはずの賢者すら、いまだ古い道徳に囚《とら》われていることに呆《あき》れる。ツァラトストラの〝実験〟はここに始まっていく。これは哲学史では「道徳批判」とされている問題をニーチェふうに提出しているところにあたる。

ここでいう道徳とは、主にユダヤ・キリスト教社会が築きあげてきた「神の真理への道」のことをさす。また、それを居丈高に叫ぶプロテスタントの道徳観をいう。森の賢者はそのシンボルだった。ニーチェはそのシンボルに向かって「神の死」をぶっつけたのだ。道徳の系譜に疑問を投げかけたのだ。その詳細は『道徳の系譜』（一八八七）にまとまっている。道徳解剖学の書ともいうべきもので、もっぱらキリスト教僧侶の道徳を嗜虐《しぎゃく》に富んだ言葉で突き刺した。

しかし道徳を批判したところで、何も事態は好転しない。すでにニーチェは「神の死」を宣告しているのである。社会には神がいなくなったのだ。神がいない社会は何もないわけではない。神以外のすべてのものがある。矛盾も犯罪も渇望もある。混乱もある。そういう社会では、どんな道徳をもてばいいのか。ニーチェは新たな提案をせざるをえなくなる。神に代わる視点を導入しなければならなくなる。それは善悪の判断をくだす拠点をどこかに設けるということだ。

けれども、生の快感が溢れるディオニソス的なことが好きなニーチェは、そういう拠点はできるだけつくりたくない。もっと流れのようなもので覆いたい。そこでニーチェは身をひるがえす。善悪両方を彼岸から見るという立場のほうへ移るのだ。善悪の価値基準を超えるという立場だ。

ニーチェはこういう立場を「超人」(Übermensch)とよんだ。また、その立場がどのように生成されるかということを、『善悪の彼岸』(一八八六)に書いた。

ここで、新たな問題が残った。神が死んだあとに人生や世界がむなしくなる人々がいるということだ。ここをどうするか。第五思想段階は、この問題に挑むこと、すなわちニヒリズムをどう考えるかというステージになる。

ニヒリズム(Nihilismus)とは何か。虚無感にさいなまれることだと決めつけてはいけない。ツルゲーネフが定義しているのだが、「権威に屈せず、どんな原理にも屈しない信条」というのも立派なニヒリズムなのだ。こういうニヒリズムはバクーニンやドストエフスキーに継承されている。

一方、ニーチェは早くにペシミズムをわがものにしていた。そして、それをショーペンハウアーからディオニソスのほうへ転換させていた。ただし、そのときはまだ神は生きていた。だからペシミズムは現世を厭世するだけでよかった。それなら、「神の死」のあとにやってくる極度のペシミズム、すなわちどんな原理にも屈しないニヒリズムを、どう見たらいいのだろうか。

ニーチェにおけるニヒリズムは、一言でいえば「神なき生を察知した者の根底の態度」のことである。何事にもゆるがない。その態度から見ると、神の消失や不在に不平をいい、不満をのべ、なんだかんだと言い連ねて、それをもって社会に勝手な原理をもちこんでいる者たちに腹が立つ。これは「神の死」を隠蔽するものである。そこでニーチェは何事にもゆるがないニヒリズムを動かそうと考える。能動的なニヒリズムをつくったのだ。

能動的ニヒリズムはいっさいの権威と対決することになり、いっさいの欺瞞と対決することになる。そのとおりなら、まことにすばらしい。

しかしながらよく話の順番を考えてみると、ニーチェはこのことを「超人」の目で見ているわけだ。その超人はすでに「神の死」を超えてしまっている。超人は神の真理を求める道徳に決別し、善悪の彼岸に立つことを見通したのだから、現世的なニヒリズムを当初において超えてしまったのだ。そんな超人がニヒリズムの能動を叫んでも、誰もそこにはついていってはいけない。超人とは現世からの脱出を終えた姿なのである。しかし大半の人間は現世のほうにいる。

ニーチェは「超人」をつかって先に進みすぎたのだ。そこでニヒリズムを明るくさせたのだ。けれども、現世の穢土《えど》にいる者にはニヒリズムを能動させることはできそうもない。現世こそ現世ニヒルの巣窟なのだ。かくてニーチェは、もう一度、「神の死」のあとの現世に戻っていかなくてはならなくなった。まさにツァラトストラの下山とは、その残された世界をどう見るかという問題だった。

これで見当がついたとおもうのだが、第五思想段階は、ニーチェがニヒリズムの本質に分け入るという、やや逆戻り的なステージになっていく。ここでのニーチェは下山したツァラトストラ同様に、神の不在に文句をつけ、神の助言がないことを不平とするものの歴史にメスを入れていくことになる……。

ニーチェの逆戻りは格闘だった。そのあげく、ニーチェはそこに怨恨と復讐の気持ちがわだかまっていることを発見した。ニヒリズムを卑しいものにしているのは（ニヒリズムを現世に押しとどめているものは）、復讐をのぞむ気持ちだったのである。

ニーチェはこれを摘《つ》まみ出すしかないと考える。『ツァラトストラ』ではこう書いた、

「人間が復讐から解放されること、これが私にとって最高の希望への橋であり、長かった悪天候ののちにかかる虹である」。こうしてニーチェは、いわゆる「ルサンチマンの哲学」を披瀝《ひれき》する。

ルサンチマン（Ressentiment）は「怨恨」と訳されることが多いのだが、一筋縄ではいかない。モンテーニュの『エセー』に使われていて、ドイツ語にはフランス語から転用された。「不満」「憎悪」の意味も含むし、「傷つきやすさ」のニュアンスもある。ニーチェが使うルサンチマンには、正義感も入っている。実際にもニーチェは、正義感はそのどこかに復讐心を秘めているというのだ。

それゆえニーチェの「下山したニヒリズムの哲学」は現世における数々のルサンチマンを暴いて、現世に広がるいっぱしの正義感を次々に叩きつぶしてしまうのである。ニーチェのダイナマイトは、ここにおいて神を、道徳を、正義を次々に打倒して、ニヒリズムの奥に隠れていたものを晒《さら》していく。

これがニーチェの本来の意図だったかどうかは、ぼくには疑問である。ニーチェは「神の死」の前に進んでいたのだから、わざわざ現世に戻って怨恨する者に斧《おの》をふるわなくともよかったはずである。それをニーチェはやってのけた。たしかにその打撃力は凄《すさ》まじい。爆発力は凄まじい。しかしこれで迷惑したのは、こうしたニーチェに奮いたってしまった者たちだったろう。ニーチェを読んでその思想を真似た者たちは、まるで世の迷妄を払うニーチェの斧として、自分を正当化できてしまったからである。

そこでいよいよ第六思想段階になっていく。ちょっと事情が入り組んでいる。ここの特色は『権力への意志』の問題を問うことにある。

ニーチェの生前、『権力への意志』（一九〇一）は著作物になってはいなかった。ノートを取っているうちに錯乱したからだ。『権力への意志』は妹のエリーザベトらがニーチェのプランにそってのちに編集したものだ。そういう事情だったにもかかわらず、『権力への意志』は圧倒的に示唆に富む。理由ははっきりしている。すでに何度も指摘しておいたが、ニーチェの思想には飛びがある。矛盾を抱えたまま飛び上がり、次のステージに移っていく。そのうち矛盾が消化され、昇華されることもある。そうでないまま、ニーチェ自身が自分が用意した二律背反や行き過ぎに引っ張られていくこともある。そのため長い論文をベタの文章で読んでいると、わかりにくいところが多く、かなり苛々《いらいら》させられる。

それが『権力への意志』にはない。すべてがアフォリズムとして編集されているからだ。ニーチェはこの本の素材をノートに短文のかたまりでしか残せなかったのであるけれど、それがよかった。このことからニーチェの思想の特色はそもそもがアフォリズム的なものなのではないかと推察することもできる。ニーチェはベーコンやヘーゲルのような体系的な思想家ではなかったのだ。

それなのに、ニーチェは強引にも長文をつくってきた。そのためニーチェの追随者はそこから思想原理や行動原理を抜き出すようになった。しかしひょっとすると、ニーチェはそうした原理をつくろうとしたのではなかったのである。

それで、『権力への意志』であるが、この権力とはどういう意味かを弁《わきま》えておく必要がある。ニーチェにとっての権力とは自己保存力のことなのである。ラテン語では「コナトゥス」（conatus）という。スコトゥスやスピノザやホッブズがよく使った。だから権力というより社会と人間が関与するすべての「力」とみたほうがわかりやすい。

ニーチェはこの「力」を、「力を求める衝動」と、これを抑制する教育本能や育成本能との関係でつかまえようとした。これで見当がつくように、力はその根源で爆発（解放）できないことのほうが多い。それならそこにダイナマイトを仕掛けてみたい。下山したニーチェはまだ斧をふるっているわけだ。

ダイナマイトは大きなビルの爆破に似て、いくつも各所に仕掛けなければならなかった。なぜなら、自己保存力は成長した自己を保存したいということなのだが、近代に向かうにつれどこの国でも教育や育成は充実してくるのだから、その規模や質量はかなりがっしりしたものになっている。

しかも、近現代の人間は個人主義や自我が大好きである。そのためその奥にひそむ「力」を引き出すのがむずかしい。それを爆破するのはなみたいていじゃない。仮に、爆破ができるとすれば、その奥からどうしたら「力の本来」を引き出せるだろうか。いや、そういう本来の力は引き出せないと、ニーチェは推理した。

このことを理解するには、資本主義市場を考えてみるとよい。ニーチェの時代のドイツはビスマルクの時代である。ニーチェが著作に耽っていたときのドイツはビスマルク体制化にあったが、ビスマルクの失脚とともにドイツの資本主義は帝国主義に向かっていった。ニーチェはそこにいたるまでのドイツの資本主義をよく観察していた。

資本主義市場とは、全員が成長した自己保存力を競いあう場のことである。力の市場のことである。力のある者は商品も売りたいし、労働力もほしい。資金もたくさん調達したいし、できれば名誉や名声も手に入れたい。広告をし、プロ野球球団を買ってでも名前を売りたいときもある。ようするにパワーが勝負なのだ。しかしながら、こうした市場で何がおこるかは、アダム・スミスが洞察したように、ひとつとしてシナリオで決定できるものはない。どんなことも予想がつきにくい。「見えざる手」がそこに無数にかかわって、次々に結果が出てくるだけだ。

パワー（コナトゥス）の本質はついに顔を見せないのである。すなわちこのパワーは本質的には無目的なのだ。資本主義市場という場の作用が、何かをおこしているだけなのだ。

ニーチェもだいたいはこのような推理によって、権力の意志というものが特定のイデオロギーなどで構成されているわけではなかったことを暴くのである。いや、そのことに気がついたのだ。これは同時期に資本主義市場を観察していたマルクスとはまったくべつの見方であった。

ニーチェはこう考えた。重力や電磁気力といった自然がもつ力のように、社会の力があるわけではない。それなのに人々が政治力や資本力や教育力などの「力」に巻きこまれていくのは、それらをめぐる「解釈」が進行し、その説得に負けているからなのである。たとえば〝お金〟はたしかに力をもっているようだが、その実体である貨幣の力は交換力でしかない。貨幣はAの欲望とBの欲望をつなげるための解釈の基準でしかない。貨幣そのものに力があったのではなかったのである。

そのように見抜いたニーチェは、あらためて「力」や「権力」というものは、解釈のレベルで掴まえられたものでしかないと実感したのだった。

けれども、そうなると、これまで「意志」だろうと見ていたものは何だったのかということになる。おそらくは、都合のよい解釈をほどこした人々の「欲望」にすぎなかったということになる。いや、本来の意志はもともと「生」の発現としてあるのだが、それはとっくに原初の姿を離れて、さまざまな欲望解釈にまみれたものになっている。しかもその欲望と力とのあいだには、何が原因で何が結果であるというような因果関係はない。「空腹」と「牛肉」は最初から因果関係をもっていたのではなく、しだいに欲望と交換と解釈によってつながっただけなのだ（実際にも日本人に空腹と牛肉が結びついたのは明治になってからのことだった）。

またまた比喩的な例でいうが、ドルと円にも因果関係はない。アメリカ大陸と日本列島に住む人々が欲望と交換を重ねたうえでドルと円が別途にできあがってきただけで、それがいつしか出会ってからかなりの時間をへて、二つの関係に新たな解釈が加わっただけなのだ。それが国際通貨社会になり、スミソニアン合意などをへてからは、またまた別途の交換レートによる解釈が加わっただけなのだ。他のもろもろの商品だって同じことである。それらを市場の出来事として見れば、そこにはまさに「見えざる手」が動いただけなのである。

つまりは、これまでの歴史社会で見えている「力」の諸相は、結局は「生」に端緒したさまざまな欲望の諸関係を、時代や民族や政府や企業が次々に解釈を加えてかたちにしてきた痕跡の数々なのである。そう言うしか、ない。それゆえ、本来の「力」にめぐりあうには、爆破をつづけたってダメなのだ。やっぱり「生」に戻ってそこを無垢にするしかない。

こう、考えきったニーチェは、自分の組み立てた推理や論理に満足しただろうか。そうではなかったのだ。まだまだ何かがおかしかったのだ。

何がおかしかったのか。ニーチェはこのように考えること自体の虚構性や仮想性に自分がさしかかっていることに、突如として気がついたのである。ここは凄い。

道徳の変遷は解釈の変遷でしかないと自分で言いながら、その反面で、歴史や社会や道徳の因果を記述してしまっていることに気がついたのだ。力と欲望とのあいだに因果関係はないと言いながら、その本来の姿を見るには「生の無垢」に戻るしかないというふうに差し戻したにすぎなかったのだ。

ニーチェは愕然とする。こんなことを自分がしたかったのかと、落胆もした。けれども、あきらめるわけにはいかない。ここにおいてまた、ニーチェは自分の思索の全プロセスを問うたのだ。ニーチェは強引にふりかえる。自分で自分に「この人を見よ」と言って聞かせる。

「この人を見る」とは、自分の思索の道筋をふりかえるということだ。ふりかえってみて、ちょっとギョッとした。これはひょっとすると堂々めぐりではないか。ひたすら何かの問答をくりかえし、ある回路を指し示してきただけではなかったのか。自分はつねに太始をめざすための回帰を伝えようとしているだけだったのではないか。そう、見えてきた。

これはまことに奇怪な自己撞着だ。あまりにも回路や回帰というようなことばかりを強調している。まさに堂々めぐりのようなことに入っている。しかしニーチェには、このくりかえしとしての堂々めぐりこそ、これまで求めてきた思考が最後に向かうべき様式のように見えてきたのだった。こうしてニーチェは、いよいよ第七思想段階の「永遠回帰の思想」というものにすべてを向かわせていくことになる。

話は最後の頂点にさしかかる。この仕上げの段階は、これまでのすべてのニーチェの考え方を、一挙に並べなおしてあえて堂々めぐりさせてしまうことをいう。それは、一八八一年の八月中旬、スイスの山村シルス・マリアでの滞在中、ニーチェが散歩の途中に岩のかたわらで霊感のごとく感得した永遠回帰のヴィジョンに始まった。

それにしても、なぜ堂々めぐりが「永遠回帰」(die ewige Wiederkunft des Gleichen) といったような高尚な概念で語られる必要があるのだろうか。この問いは、論理的にはニーチェの最後の問いになる。しかしながら、この問いには答えはなかった。ここにおいてニーチェは、「問い」を発することにも終止符を打ったからである。そして永遠回帰こそ最後の思考であり、最後の思考回路の様式だとみなしたのだ。『この人を見よ』では、こう書いている、「永遠回帰はおよそ到達しうる最高の肯定の様式である」。

このことを『ツァラトストラかく語りき』の物語から暗示してみたい。ここに、ニーチェのいっさいの意図が隠されている。

さきほど書いておいたように、この物語の冒頭は叡知を身につけたツァラトストラが下山してくるところから始まる。「神の死」に気づかない人間に呆れながら、ツァラトストラは最初に着いた町で群衆に説法を始める。まず「超人」について、ついで「おしまいの人間」について語った。が、群衆は大笑いするばかりだった。無意味な話に聞こえたのである。

ツァラトストラは真理を聞きうる群衆に出会うためには、聞き手を成育しなければならないと感じた。そこで「まだら牛」という名の町では弟子をとって、二二にのぼる説法を組み立てた。そして「生」や「大地」の意味を教えた。しかし弟子たちはまだ成長していなかった。失望したツァラトストラはいったん山に帰ることにする。ここまでが第一部にあたる。

第二部では、ツァラトストラは弟子たちがはやくも邪教に侵蝕《しんしょく》されていることを知り、ふたたび下山を決意する。「至福の島」に渡って、以前に倍する布教に専念した。とくに「同情」が美徳であるんだとか、「真理」が純粋なんだといった妄想から人々を解放しようと努めた。ところが、それをしているときに、声なき声が聞こえてきて、ツァラトストラに「究極の真理を語りなさい」と言った。ツァラトストラはそれには答えられなかった。

第三部、ツァラトストラは船の中で船乗りを相手に語り始めた。かれらは総じて「大胆に求める人」や「あえて試みる人」だった。ツァラトストラはくりかえし同じ話をしてみた。静かな納得が広まっていったように見えた。また、船員たちは無気力になっているようにも見えた。ツァラトストラはただくりかえしただけだったのが、人々を奮いたたせていないことに気づき、自分がしていることが無駄のようにも見えた。むしろ語るのではなくて歌うべきだったかと思う。

最後の第四部では、ツァラトストラが山中に戻っているところへ、噂を聞いた者たちが教えを求めてやってくる。かれらは並外れた者たちで、何かを試しにやってきたのだった。案の定、驢馬《ろば》を神々に仕立てて遊興したり、祭りをしたりして騒ぐ。ツァラトストラは困りはてるのだが、気をとりなおし、思いをこめて「夜にさすらうものの歌」を唄った。けれども、それはかれらの誘惑だったのである。ツァラトストラは三たび、山を下りることにする。没落に向かうことを三たび選ぶのである。今度こそは、自信をもってただくりかえすことをめざせばいいと確信して――。

ニーチェはツァラトストラに半身を託して、永遠回帰の思想を語りの様式そのものとしたわけである。ここでは「無意味」や「無気力」や「無駄」といった、すれすれの問題が滑空する。たとえば、ツァラトストラがくりかえしを見せたとき、船員たちが感じた無気力とはニヒリズムのことである。これについてはすでに説明しておいたので省く。ツァラトストラの話が無意味に聞こえたというのは、そこに「無垢」があったからである。

では、無駄とは何か。「無駄」のドイツ語は〝umsonst〟である。〝um〟は「遠回り」とか「回避する」といった意味をもつ。「ここには何かがない」という状態の暗示だ。無意味のことだとおもえばいい。〝sonst〟は「これ以外」とか「ほかの時」といった意味をもつ。ニーチェはこの〝umsonst〟という言葉を使って「無」(Nichts) に近づいたのである。

絶対の無ではない。相対の無でもない。くりかえされる無の導入なのだ。もっとわかりやすくいえば、「そこ」に近づくと無が、またべつの「そこ」に近づくと無が出てくるような、そういうとびとびの無がくりかえされるということなのだ。これこそまさにニーチェが「究極のニヒリズム」とよんだフォーマットでもあるのだが、ぼくからすると、「べつ」や「ほか」を作用させた思想に見える。

ちょっと、ぼくの話をさしはさみたい。いまは中公文庫に入っている『花鳥風月の科学』(初版・淡交社) は、ぼくが二五年前に朝日カルチャーセンターで一〇回にわたって話したことを再生して加筆したものである。

その最終回近く、「べつ」と「ほか」の感覚について語った。月という得体の知れない存在に寄せた人間の想像力について説明した。月は地球上の人間にとってはくりかえしあらわれる。しかもまったく正体がわからない。そこへ行った者もない。月は、われわれとは「べつのもの」「ほかのもの」なのだ。それでいて地球とつながった運動をしつづけている。

こういう前段を話したうえで、われわれにはどうしても「べつ」とか「ほか」が必要になるときがあるのではないか、のみならず、「べつ」や「ほか」に出入りしようとする瞬間だけにパッとわかることがあるのではないか。そういうことを話してみた。四十代に入って『空海の夢』(春秋社)を書きおろしたときにも、われわれはよく「代わるがわる」と言うけれど、その「代わる」と「がわる」のあいだにすべてが見えるときがあるのではないかと書いた(その後、ぼくはこれらのことを「コンティンジェンシー＝別様の可能性」と言うようになる)。

ニーチェは、ぼくが感覚的に言ったことを、とっくに気がついていたのだ。瞬間的に解釈の転換をおこすことが、解釈でもなく瞬間でもないことを告知することがありうるということをよくよく知って、その転換がどこでおこるかをツァラトストラに託して語ったのだ。

これは、「意志」や「生成」の消息を暗示する最も重要な語り方だったろう。われわれはいつもは「意志」や「生成」のことなど忘れているものだが、しかし、その忘れているその瞬間に、いいかえれば無意味や無駄がおこっていそうなそのときに、実はいっさいの意志や生成が永遠なるもののふりをして脱兎《だっと》のごとく駆けぬけていたかもしれないし、そこにだけは永遠回帰が巨大な影のように高速に擦過したかもしれないのだ。

ツァラトストラがくりかえしを完了した瞬間に見たものとは、そんな消息だった。ニーチェの第七思想段階の最終場面から高速にやってくるのも、この消息なのだ。さらにいえば、われわれがニーチェの全哲学をへて覗《のぞ》き見られるのはこういう消息の光景なのである。

そして、この光景を覗き見るためになら、そういう見方でニーチェを読んでもいいのではないかというのが、ぼくの今夜のマジメな結論である。

ニーチェには精神に関する有名な比喩がある。「最初は駱駝《らくだ》のごとくあり、次に獅子となり、最後に童子とならん」というものだ。『ツァラトストラかく語りき』にある。「われら汝《なんじ》らに精神の三態を説く。精神が駱駝となり、駱駝が獅子となり、かくて最後に獅子が童子となる」という箇所だ。

その一節の最後で、ニーチェはさらにこう書いた。これがおそらくニーチェの全貌のなかの最も過不足ない思想を物語っていると思われる一文だ。ぼくが今夜に案内したこともすべて入っている。

童子は無垢であり、忘却である。新しい発端である、遊びである。みずから回りいづる車輪である。第一の運動である、聖なる肯定である。そうではないか、わが同胞よ。創造の遊びには聖なる肯定を必要とする。かくして精神は、いま、みずからの意志を意志するようになる。世界を喪失していた者は、いま、みずからの世界を獲得する。

第一〇二三夜　二〇〇五年四月十一日

参照千夜

一六〇〇夜：ワーグナー『ニーベルングの指輪』　一〇二二夜：三島由紀夫『絹と明察』　一〇二六夜：バハオーフェン『母権制』　一一六四夜：ショーペンハウアー『意志と表象としての世界』　七九九夜：プラトン『国家』　六五七夜：ソポクレス『オイディプス王』　六〇〇夜：シェイクスピア『リア王』　九五〇夜：ドストエフスキー『カラマーゾフの兄弟』　八八六夜：モンテーニュ『エセー』　一七〇八夜：ヘーゲル『精神現象学』　八四二夜：スピノザ『エチカ』　九四四夜：ホッブズ『リヴァイアサン』　七八九夜：マルクス『経済学・哲学草稿』

第三章
青年・戦火・革命

ベイジル・リデル＝ハート『第一次世界大戦』
ウォルター・ラカー『ドイツ青年運動』
トーマス・マン『魔の山』
ダニエル・ゲラン編『神もなく主人もなく』
ウラジーミル・レーニン『哲学ノート』
ロープシン『蒼ざめた馬』
レフ・トロツキー『裏切られた革命』
ジークフリート・クラカウアー『カリガリからヒトラーへ』

世界戦争の悍《おぞ》ましい意図と結末が、
ヨーロッパ思想とドイツ民族にもたらした厄災と失望。

ベイジル・リデル＝ハート

第一次世界大戦

上村達雄訳　フジ出版社　一九七六　中央公論新社　全二巻　二〇〇〇

B. H. Liddell Hart: History of the First World War 1970

ドイツは二十世紀の二つの世界大戦の中心にいた。二つの大戦とも、イギリスとドイツが対立し、アメリカとロシアがイギリス側についた。ドイツは両大戦において、ほぼ単独でロシアやフランスを倒した。なぜドイツは二度の大戦の主人公になったのか。勝っても勝っても、最後はなぜ敗けたのか。東西ドイツに分裂させられたのは、どうしてか。ドイツにどんな虫がいたのか。

さかのぼればドイツの統一があまりに遅れていて、プロイセン(プロシア)中心の「小ドイツ」でいくか、オーストリア・ハプスブルクを含めた「大ドイツ」でいくかの逡巡《しゅんじゅん》があったのである。そこにビスマルクが登場した。一八七〇〜七一年の普仏戦争に競り勝つとアルザス・ロレーヌを獲得して、大ドイツ方針が確定した。普仏戦争の参謀総長はモルトケだった。

ビスマルクは皇帝フランツ・ヨゼフ一世のオーストリアと皇帝アレクサンドル二世のロシアとのあいだに入って、三帝同盟を結んだ。ポーランド分割をどう継続するか、バルカン半島をオーストリアとロシアがどう分割したいのかという野心に加担した。加担したのはポーランドやバルカンが勝手に動いてもらっては困るからだ。

一八七七年、露土戦争が始まると、ロシアは勝手にバルカン半島に深く攻め込み、イスタンブールにさえ迫った。イギリスとオーストリアがこの行動を咎《とが》めた。ビスマルクはベルリン会議を開いて仲介役を買って出るのだが、ロシアは気に入らない。やむなく三帝同盟を復活させた。こうしてバルカン半島に火種が残った。ビスマルクのせいではないが、ビスマルクの二正面作戦の失敗にも原因がある。

以上のいきさつは普仏戦争前後の出来事にすぎないが（日本は明治維新前後）、一事が万事で、ドイツにはこうした「小と大との選択」がずっと付きまとっていた。ここにヨーロッパ現代史が「大戦」に向かう歴史の歯車の必然性がひそんでいた。

第一次世界大戦は、ドイツとオーストリアの同盟国側と、イギリス・フランス・ロシアの三国協商側の対立と激突である。同盟国側にオスマン帝国・ブルガリアが参加し、三国協商側はセルビア・モンテネグロ・ルーマニア・日本・アメリカ・中華民国が参加して、のちに連合国グループになった。

日本が参戦したのは日英同盟のせいである。同盟国が一ヵ国と戦ったときは中立を守り、二ヵ国以上と戦ったときは同盟国につくという条約による。日露戦争前に締結された条約だが、日露戦争のときは日本の相手はロシア一ヵ国だったので、イギリスは参戦しなかった。戦争はほとんどこういう仮留めの同盟条約によって進む。


一九一四年六月二八日、セルビアの民族主義者の青年が、サラエヴォ視察中のオーストリア＝ハンガリーの皇太子（帝位継承者）のフランツ・フェルディナントを暗殺した。ただちにオーストリア＝ハンガリーはセルビアに最後通牒《つうちょう》を発したが、事はバルカン半島の銃声だ。すぐにロシアが一部動員をおこした。

ドイツはこれに待ったをかけたのだが、オーストリア＝ハンガリーがセルビアに宣戦布告をすると、ドイツもロシアに宣戦布告をせざるをえなくなる。ロシアも三国協商を通じてフランスに西部戦線への進軍を要請、普仏戦争の復讐をしたいフランスはこれを受けて、八月一日に総動員をかけた。

サラエヴォの事件は引き金にすぎない。大戦はドイツがフランスに宣戦し、八月四日にドイツ陸軍三五師団約一〇〇万人の軍がベルギーに侵攻し、このベルギーの中立を侵害したことをもってイギリスがドイツに宣戦布告をしたことで、一挙に本格化した。日英同盟によって日本も参戦した。

　ここまでわずか二ヵ月。しかし、こうなった理由があった。十八〜十九世紀にかけてヨーロッパ各国が近代に向かって国民国家（ネーション・ステート）を確立しようとして組み上げた体制に、大きな矛盾と不足があったからだった。ナポレオンがそこを一方的に総まとめしようとしたものの、この野心は解体され、ウィーン体制のもとでの一からのリスタートになったとき（ウィーン条約で「ナポレオン以前のヨーロッパ」に戻すことが決まった）、ドイツが乗り遅れていたのだった。

　ふりかえってみれば、ドイツ帝国の成立にプロイセンがはたした未発の役割があったのである。そこにビスマルクの政治思想とドイツ哲学が絡まった。加えて製品商品の販路を得るためのドイツの当然の要求が動いた。

　ドイツは大国を構築せざるをえなくなった。内部の統一ができないなら、外の力を使うか、外を取り込む必要がある。これがビスマルクとモルトケの対フランス戦争（普仏戦争）になった。明治三年の戦争だったが、同じことは日本もめざした。列強に五港を開港させられて、対中国戦争（日清戦争）と対ロシア戦争（日露戦争）に向かった。

　ビスマルクには世界制覇の野望など、なかったのである。ドイツが世界大戦の主人公になっていくのは、その後のヨーロッパ事情とロシア事情によっている。オーストリア

＝ハンガリー二重帝国の混合性にひそむ不均衡と矛盾、その避けがたい終焉が近づきつつあること、ロシア革命がゲルマン系の国々に及ぼしつつあった不安、フランスがアルザス・ロレーヌを奪われる決定的危惧をどう感じたかということ、そしてイギリスの政策転換が迫られていたということ、これらすべてが予測をこえて重なりあって第一次世界大戦は起爆し、ドイツがその渦中の牙城になったのだ。

それでどうなったかということは、これらの要因とは関係ない。戦争というものは、当初の原因とはかかわりのないアナザードラマの進行なのである。リデル＝ハートは「戦争は戦争という独立した歴史である」と断言した。

本書は『真実の戦争』という戦史に手を入れ、組み立てなおしたもの、言わずと知れた第一次世界大戦史の定番中の定番である。その後のリデル＝ハートの戦争戦略をめぐる広範な研究者としての名声を上げた。

戦史というより戦誌。まるで息詰まるようなドキュメンタリー・フィルムを三日くらいぶっ通しで見たという印象だった。予想外にも名文でもあった（翻訳もうまいのだろうとおもう）。現代の戦争の記録はこのように描写するのかと思った。一章から三章までは戦争の原因、両陣営の戦力比較、そして作戦の点検といった「分母の構造」をあきらかにしているのだが、いったん戦端が開かれてからは、各章のタイトルも「クリンチ」「行詰り」「相討ち」「緊張」「急転回」というふうに、まるでアクション映画のように進む。けれどもアクション映画やサスペンス小説のような描写はいっさいしていない。思わせぶりもない。事実が積み上げられて高速に進行しているだけだ。それなのにまるで「戦争哲学」とでもいいたくなるような言葉の束によって、戦闘における一本一本の樹木の様子から植生にいたるまで手にとるように見えてくる。

あたかもサッカーやラグビーの試合を徹底分析しているようなのだが、ボールの分岐点の指摘などというものではなく、そのボールをどの瞬間にどの足のどの部分でどの程度の力で蹴《け》ったのかということを明示する。たとえばリデル＝ハートは、ドイツがロシアに宣戦布告したタイミングで、イギリス海軍大臣のウィンストン・チャーナルが独断で海軍動員令を出した一九一四年八月一日の出来事を忘れていない。この一時が戦争全体にどのように効果的な影響を与えることになったのか、そこを因数分解のように解いてみせる。

よく知られているように一九一四年九月の「マルヌ川の戦闘」は、ドイツによるフランス侵攻作戦をくいとめたことから「マルヌの奇跡」と呼ばれる。この戦闘でもしドイツ軍が退却していなかったら、連合軍は危なかったかもしれない。ふつうは、このような危機を招いた連合軍の責任が問われるところだが、リデル＝ハートはそのように見ない。むしろこの危機がジョーカーとなって大戦全体のシナリオを動かしたと見た。そのトリガーは、結局チャーチルの動員令にあったとしたわけである。

一九一五年十二月六日に、連合軍の司令官たちが挙《こぞ》ってシャンティイに集まって、翌年の作戦を討議したことにも全体にかかわるピンポイントがあった。この作戦が成功したから重要なのではない。失敗したことが大戦全体にとって重要だったのだ。

司令官たちの作戦会議では、二月早々にイギリス第四軍・第五軍がゴムクール突出部の南側面でソンム攻勢を再開し、第三軍はアラスの北側面を攻撃することが取り決められた。それと関連して、ホーン指揮の第一軍は第三軍の北方を攻撃、フランス軍はソンム川の南を攻撃することになった。そして、その三週間後にフランス軍はシャンパーニュ戦区の主攻撃を開始する。

しかし、この作戦は崩壊したのである。フランス軍における措置のミス、それにともなうイギリス軍の躊躇《ちゅうちょ》、ドイツ軍の予感が三《み》つ巴《どもえ》となって、作戦は崩壊した。リデル＝ハートはこのようなピンポイントをとらえて、この失敗が連合軍に何をもたらしたかを一挙に解明する。戦争というもの、なるほどそのように見るのかと感心した。

ぼくは実際には、こうした戦線の部分や一部始終がどのように実戦的効果をもっていくのか、まったく見当がつかない。いまもって実戦についてはほとんど何もわかっていないというべきだが、それでも本書を読みすすめていると、こうした細部がつねに巨大なドラマの超部分に見えてくる。しかも戦争映画とはちがって、理知的に興奮させられるのだ。

戦史に理知的に興奮するとは妙であるが、ついついそうなる。映画のように戦車が沼地を驀進《ばくしん》したり、機関銃が乱射されたり、大砲の着弾で兵士が吹っ飛ぶわけではないのだが、そういうことがヴィジュアルな動画にならないぶん、逆に戦争の局面進化が研ぎすまされた理知のシナリオの衝突の痕跡《こんせき》として、浮上してくるのである。

軍事オンチのぼくとしては、これは意外でもあったし、歴史の見方にこのような視点が加わらないと歴史にならないとも思えた。ヘロドトスの『歴史』やカエサルの『ガリア戦記』以来、戦争の話が歴史をつくったことは承知していたつもりだが、リデル＝ハートは新たな洗礼をもたらしてくれた。

第一次世界大戦は今日の国名でいえば実に七〇ヵ国を奈落に引きずりこんだ史上最大の世界戦争である。戦闘員一〇〇〇万人以上が死に、民間人を含む非戦闘員の犠牲者は五〇〇〇万人とも一〇〇〇〇万人とも言われる。

長期にわたった戦争がやっと転機を迎えたのは、一九一七年四月にアメリカが参戦したこと、十月に第二次ロシア革命が頂点に達してソヴィエト政権が誕生したこと、一九一八年十一月にドイツ革命がおこり、ヴィルヘルム二世の亡命によって帝政ドイツが崩壊したことによる。軍事的にはアメリカ軍の参戦が大きく、世界政局からするとロシア革命の成就がもたらす影響が未知数のため、各国を迷わせた。

アメリカ参戦と時を同じくして亡命中のスイスから四月に帰国したレーニンは、一気にボリシェヴィキ革命を指導すると、ただちに反戦を訴えたのだが、時のケレンスキー政府は戦争続行を表明した。劣勢だったドイツはロシア革命が進捗するほうが事態が有利になると踏んだ。レーニンがスイスから帰国するときドイツ領内を通りやすいように「封印列車」を用意した。十月革命でケレンスキー内閣が崩壊し、レーニンが交戦国すべてに対して無併合・無賠償を呼びかけたのを好機とみて、トロツキーを相手にブレスト・リトフスク条約を締結して、対露単独講和にこぎつけた。

連合国側はそうはいかない。社会主義政権の登場は資本主義を食べつくす各国にとっては脅威である。そのためロシア革命やソヴィエト政権への干渉を画策して、対ソ干渉戦争の準備も始めたのである。日本が英・仏・米の軍事行動に合わせてシベリア出兵に踏み切ったのはそのためだった。

しかし、そこに意外なことがおこってドイツは敗戦に向かっていく。無謀な出撃命令を拒否した海軍兵士たちがキール港で反乱し、それがきっかけで兵士・労働者・農民が連動蜂起してドイツ革命に至ったのである。こうしてヴィルヘルム二世はオランダに亡命。ここにドイツ帝政が倒され、臨時政府を握った社会民主党のエーベルトは十一月十一日、フランスのコンピエーニュの森で連合国との休戦協定を結んだ。

一方、社民党左派はドイツ共産党として翌年一月にロシア革命と呼応する社会主義革命をめざすのだが、これは臨時政府によって鎮圧され、二月、ドイツは資本主義と議会主義の旗印を掲げたワイマール共和国を成立させた。これでドイツは敗けた。

大戦が終結してみると、四つの帝国が消えていた。ドイツ帝国、オーストリア＝ハンガリー帝国、オスマン帝国、ロシア帝国だ。

変わりはてた戦後体制をどうするかということは、連合国によるパリ講和会議とその後のヴェルサイユ条約で決まった。だから大戦は、一九一九年六月二八日にドイツがヴェルサイユ条約に署名するまで続いていたのである。約六年間におよぶ世界規模の戦乱だった。

ヴェルサイユ条約は敗戦国に非戦闘員への損害を賠償することを強いた。けれども大戦終結時、国内経済が機能していたのがドイツだけだったため、賠償責任のほとんどがワイマール・ドイツにまわってきた。これが戦後ドイツをおかしくさせた。何匹もの虫が収まるはずがなかった。

思えばヨーロッパの二十世紀初頭は「ベル・エポック」だったのである。イギリス・

フランス・ドイツ・オーストリア・ロシアの五大国は「コンサート・オブ・ヨーロッパ」（欧州協調）を奏で、イギリスは「パックス・ブリタニカ」を謳歌《おうか》し、フランスは「アール・ヌーヴォー」やパリ博に酔い、ドイツやロシアだって表現主義や「青い騎士」の構成美を満喫していたのである。

それが、ガラリと一変した。大英帝国は戦意のありったけを放出することで国民が疲弊し、植民地での反英独立運動を招いた。そこにアメリカのめざましい擡頭を見せつけられ、戦勝国でありながら没落せざるをえなくなった。フランスやドイツでは知識人の苦悩が始まった。オスヴァルト・シュペングラーは『西洋の没落』（五月書房）を書き、トーマス・マンは大戦開戦後まもなく『魔の山』（新潮文庫ほか）を書いた。

こうして、厭戦《えんせん》感情が蔓延《まんえん》したのである。戦時の人間状況を描くものもふえた。アンリ・バルビュスの『砲火』（岩波文庫）、レマルクの『西部戦線異状なし』（新潮文庫）、ハンス・カロッサの『ルーマニア日記』（岩波文庫）などは、戦場の非人間性を凝視する新即物主義的な文芸になった。勝利に沸いたアメリカでさえ、ロスト・ジェネレーションが溢《あふ》れ、ヘミングウェイの『日はまた昇る』（新潮文庫）やフォークナーの『兵士の報酬』（文遊社）が「文明と人間の大きな喪失」を綴《つづ》った。

しかし、これらは戦勝国の償いの成果である。敗戦国のドイツはこの程度の「傷」ではすまなかった。巨額の賠償金と民族の歴史の禍根を突きつけられた。

本書は各国の社会文化の状況についてはほとんどふれてはいない。それでいい。戦史なのである。戦争は文化を破壊するが、文化は戦争を吸収する。勝っても敗けても、そうなる。その戦争と文化の関係は世界大戦であるがゆえに、世界中に投影される。ヘミングウェイがそうして読まれ、ロスト・ジェネレーションがそうして各国に登場したのだ。

大戦後、世界は変わった。旧帝国が消滅したということは、ホーエンツォレルン家、ハプスブルク家、ロマノフ家といった「王家」に代わって「勝手な国家」の擡頭が可能になったということだ。社会主義やファシズムが国になりえた。

民族自決が促され、ハンガリー、チェコスロヴァキア、ポーランド、バルト三国が独立した。これは地政学の変更をもたらした。民族主義運動にも火がついた。ガンジーのインド、孫文の中国が登場し、敗戦国ドイツには「自由ドイツ青年団」が生まれて、民族心《エスニー》が駆動した。大戦は世界観の変更を迫ったのである。

ロシア革命によって地上に社会主義国が実現されたことは、ついに「哲学は政治である」「政治は人民である」というヴィジョンに力をもたらし、自由主義と社会主義というイデオロギーが体制化されて互いに対立する基盤をつくった。各国は「集団安全保障」という見えない同盟を描くとともに、一方では強力な殺戮《さつりく》兵器の開発に邁進《まいしん》した。こうして軍事力と経済力が結託していったのである。
今日の社会は第一次世界大戦の上に築き上げられた楼閣だと言わざるをえない。マルクス・レーニン主義もファシズムも、資本主義もナショナリズムも、ここから綴りなおしていくしかない。

第六四三夜　二〇〇二年十月二二日

参照千夜

三六五夜：カエサル『ガリア戦記』　一〇四夜：レーニン『哲学ノート』　一〇二四夜：シュペングラー『西洋の没落』　三一六夜：トーマス・マン『魔の山』　一一六六夜：ヘミングウェイ『キリマンジャロの雪』　九四〇夜：フォークナー『サンクチュアリ』　二六六夜：ガンジー『ガンジー自伝』　七八九夜：マルクス『経済学・哲学草稿』

ワンダーフォーゲルと青年団が二〇世紀ドイツの政治哲学そのもので、トゥスクのファッションが革命思想そのものだった。

ドイツ青年運動

ウォルター・ラカー

西村稔訳　人文書院　一九八五

Walter Z. Laqueur: Young Germany 1962

ぼくの読者は、ドイツ青年運動と聞いてどのくらいのことがわかるだろうか。自由ドイツ青年団という名前を聞いて、いつどこで何をおこした組織だと思うだろうか。

本書は副題に「ワンダーフォーゲルからナチズムへ」とある。ははん、それでわかったなどと早合点しないほうがいい。きっとそれは早とちりだ。ワンダーフォーゲルの原型にはドイツ精神の基本の半分くらいが突っこまれている。そのワンゲルはベルリンの高等中学校の「速記術勉強会」から生まれた。そのときの遠足がそもそもの原点だったのである。ワンゲル、速記、遠足。なるほどそうか、それでピンときたなどとも思わないほうがいい。コトはそんなに直線的には結びついていない。

ヒトラーが登場する以前のドイツをどう見るかということは、とりわけそのなかでの「ドイツ青年運動」をどう評価するかということは、いまでも現代史のけっこう面倒な検証のひとつであって、そこから何を学ぶかということはいまもって歴史学があきらかにしえないままにある。本書もそういう問題に答えてはいない。これまで霞《かすみ》のなかにあった運動の数々に光をあてただけである。それでもヒントは充分にある。

ドイツ青年運動のはるか昔のルーツは中世の「ブルシェンシャフト」（遍歴学生同盟）にまでさかのぼる。かれらはプロシア絶対主義にもフランス革命にも与《くみ》せず、そのうちドイツの伝統だけを愛した愛国的学生運動になっていった。そこには疾風怒《しっぷうど》濤《とう》（シュトゥルム・ウント・ドラング）とドイツ・ロマン主義が生きていた。

しかし本書が扱うドイツ青年運動の夜明けを告げるワンダーフォーゲルは、世紀末と世紀初頭に世界中にあらわれたアンガー・ジェネレーション、アール・ヌーヴォー運動、フランスの「アガトン」、イタリアの初期未来派などと軌を一にしていたほうをさす。だからまずここまでの背景を理解する必要がある。

ただしワンダーフォーゲルの青年たちは、フランスやイタリアやアメリカの青年とは異なって、ひたすらノヴァーリスの主人公ハインリッヒ・フォン・オフターディンゲンやヘルダーリンの主人公ヒュペーリオンを理想としていた。ワンゲルの精神はこの二人の人物、ハインリッヒとヒュペーリオンが見えてこないとわからない。

ワンダーフォーゲルがベルリン郊外のシュテグリッツに発祥したというのはひとつの伝説である。実際にはその前から予兆が胎動していた。テューリンゲン、ヘッセン、ホーエマイスナー、クロナッハ、イエーナ、ゲッティンゲン、カッセルなどの「新しい群《ノイエシャール》」に蠢《うごめ》いていた。それはかつての義勇軍《フライシャール》や少年団《ユーゲンシャフト》の変形がもたらす揺動だった。担い手はほぼ全員が中産階級出の青少年たちである。

それらの根っこに火をつけたのは、一八九四年にヘルマン・ホフマンがベルリン大学の学生のときにシュテグリッツの高等中学校につくった「速記術勉強会」である。この勉強会はときおり会員で遠足をした。その体験には何か新しい気運が感じられた。そこでホフマンと友人のカール・フィッシャーが、一九〇一年十一月四日の夕刻、「ワンダーフォーゲル・学生遠足委員会」という結社をおこし、規約を決めてパンフレットを発表した。これがワンダーフォーゲル誕生のナマな話だ。

遠足はもっぱら近郊の山歩きと山渡りをおこなった。その前提には速記術研究会がそうであったように、ドイツ青年どうしの言葉と、その言葉を象徴する表象によるコミュニケーションの方法をさぐり、そこに新たな連携を確立するという目的がうずいていた。一人一人がハインリッヒやヒュペーリオンになるべきだったのだ。

注目すべきは、この結社が自分たちの活動をまだあまり普及していなかった写真によって記録することを取り決めたこと、その記録を独自のイラストレーションとデザインによってメディア化しようとしたこと、つねにドイツの伝統文化を研究し、とりわけ民謡を掘り起こしてそれをワンダーフォーゲルの歌としていったこと、そして、学生の両親や親族たちを「オイフラート」として賛助会員にすることを忘れなかったことである。ロールとルールとツールの〝ルル三条〟が一緒に作動したわけだ。

もっともまだ、みんなが揃《そろ》いの帽子をかぶるとか、その帽子に羽根を飾るとか、シャツの色によって「ブント」(同盟)を分けるというような、そういう洒落《しゃれ》たことはしていなかった。

ワンダーフォーゲル運動は、さきほどあげた都市を中心にゆっくり広まっていった。支部が生まれ、地区合同大会も開かれるようになった。最初は学生を中心につくられた運動も、日本のJC(青年商工会議所)同様に次々とOBになっていく連中も出てきて、メンバーの幅も複雑になってきた。

こうして一九一三年十月に、カッセル南部のホーエマイスナーに集まったリーダーたちによって、新たな「自由ドイツ青年団《フライドイッチエ・ユーゲント》」という上部組織が生まれることになった。第一次世界大戦前夜のことだ。問題が複雑になるのはここからである。

いったんこういう上部組織が生まれると、そこからは行動方針、モットー、綱領、タブーなどが出てくる。自由ドイツ青年団はまずは集会における飲酒を禁止し、婚前交渉に反対し、オーストリア＝ハンガリーのドイツ人に対して友情と救済の手をさしのべることを決定し、さらにゲルマン人種の誇りをもつことを趣旨にしていった。禁欲と団結と友情が打ち固められたようだ。

これで民族主義や愛国主義が芽生えた。それだけにはとどまらない。菜食主義、合唱団の結成、先遣隊《フォアトルップ》の組織化、支部新聞発行の義務化、男性同盟《メナーブント》の試みなども課題にあがった。ただしまだこれらは前提にはならなかった。ということは、こうした先鋭的で分隊的な動きがそこかしこで多様に活発化していたということでもある。

たとえば同性愛はこのあとずっとドイツ青年団につきまとう特徴となり、そこからは女性の優越に対抗して「男性文化協会」といった反フェミニンな組織も派生した。男女の婚前交渉が禁止され、男の友情が称揚されたのだが、これは予想できることだった。この風潮はのちのちまでドイツの小中学校のギムナジウムに及んだ。その一方で女子の青年団加盟も頻繁になり、むしろ自由恋愛こそがゲルマン魂の真骨頂であるというような、のちに英国ブルーストッキング派に影響を与えるようなラディカルセックス思想も芽生えた。

こうして、ワンダーフォーゲル思想の大成者として知られるグスタフ・ヴィネケンらによって、いわゆる「青年文化《ユーゲント・クルトゥーア》」や「新教育」や「新学校」というコンセプトが大きく浮かび上がってきた。青年青女には社会批判力を培わせなければならないというコンセプトだ。

一九一〇年代は、ヨーロッパに社会主義の嵐が吹き荒れる時期である。二度にわたったロシア革命の直接の影響だ。とくにマルクスらによってドイツに生まれた社会主義がロシアで開花したのが予想外のことだった。この動きは逆流して自由ドイツ青年団にも入りこみ、しだいに左派を形成していく。左派が生まれると、それまでの淡い愛国者たちも民族主義的な右派とみなされる。

そこにプロテスタント運動が加わり、二五万人の会員を擁していたドイツ体操協会の動きやドイツＹＭＣＡやドイツ・ボーイスカウトの動きもなだれこんできた。ここではＹＭＣＡやボーイスカウトの動向はふれないが、同時代のムーブメントとしていくら強調しても強調しきれない共振性をもっていた。そうしたなかで、いちばん事態を複雑にしたのは、シオニズムの運動である。ユダヤ人運動だ。

そこに勃発《ぼっぱつ》したのが第一次世界大戦である。ドイツとオーストリアは汎《はん》ゲルマン主義の立場からトルコ側との同盟を組み、英仏とバルカン諸国が組んだ三国協商と戦闘をくりかえし、敗北した。ドイツは海外領土のすべてを失い、多額の賠償金を押しつけられ、人口の一〇パーセントを犠牲にした。この戦争がドイツにもたらしたものははっきりしている。ふたたび「大ドイツ」への声が巻きおこったのだ。

ワンダーフォーゲルも自由ドイツ青年団も、政治的には中立を表明してきた市民運動である。しかしそうであるがゆえに大戦以降は、この自由な雰囲気がかえってすべての政治活動の温床になった。しかもややこしいことに、左派も右派もキリスト教徒もユダヤ人も、ドイツ精神を熱烈に復興しようとした。

かくてドイツ青年運動の実力以上の期待がここに寄せられる。マックス・ウェーバーは新たな社会モデルとしての青年運動を認め、マックス・シェーラーはその反資本主義精神を称《たた》えた。ヘッセ、ゲオルゲ、シュピッテラーはそこに「東洋との英知」の連動さえ感知した。

なぜ東洋なのかといえば、世界大戦とはそもそも〝西洋の没落〟を意味していたからである。東洋に注目が向くのは当然だ。東洋だけではなく、青年運動の盛り上がりに「フォルクス・ゲマインシャフト」(民族共同体)の起爆を期待してしまったのである。そしてここから二つのグループが新たな担い手として登場する。「ブント」(Bund)と「ナチス」(Nazis)である。

社会現象としての「ブント」を煽《あお》ったのは、シュテファン・ゲオルゲの詩集『ブントの星』とそのサークル「クライス」だった。そこにはすでに「フューラー」(総統)へのまだ見ぬ期待がこめられていた。ゲオルゲの詩集は『ゲオルゲ詩集』(岩波文庫)、『生の絨毯』『魂の四季』(ともに東洋出版)などで読める。そうとうに熱い。

ゲオルゲへの共鳴者はゲオルゲより強力だった。ベルリンの牧師マルティン・フェルケルは新ボーイスカウトを結成して、「帝国」「騎士」「聖杯」といったゲルマン神話の情熱的再生を訴えた。ジョン・ハーグレイヴは「白狐」をシンボルとした森林活動一族《キッボ・キフト》を創設し、ある意味では古きよきギルドの再興意識をブントにもちこんだ。とりわけフェルケルが「白騎士」をシンボルにスラブ魂に代わるゲルマン魂による第三帝国の可能性を劇的に謳《うた》ったことは強い関心を集めた。その白騎士憲章はのちのナチ親衛隊の基本構想に多くとりいれられた。

かくてブントは新たなドイツのための現代の騎士団となったのである。そこにはワンダーフォーゲルが掲げていた遍歴学生の理想はもはやなく、ただただ血の意志をもった軍人が、もっと正確にいえば義勇軍の精神が理想化されていた。

ドイツ自由青年運動が現代史に突き刺している問題は、このように軍人化し義勇軍化していったユーゲントシュティールの動向のことをいう。それでは、いったいなぜ、ワンダーフォーゲルに始まった青年運動が特殊に軍人化していったのか。

この疑問に対する回答のひとつは、第一次世界大戦でドイツがあまりに惨めな敗戦を体験したからであるというものだろう。かなりまともな回答だが、もしその通りだとしたら、われわれはその後の歴史において惨めな敗戦を喫した民族や部族や国民がどのような青年運動の変質をみせたかということにもっと注目すべきだということになる。けれどもこれだけでは不充分だ。おそらくは敗戦が惨めだったのではなく（どんな敗戦も惨状を呈するものだ）、敗戦と戦後を急ごしらえのグローバル・スタンダードのもとに受容せざるをえないことが苛酷《かこく》だったのだ。

それがドイツでおこった。敗戦によっていつもドイツのようなことがおこるとはかぎらない。ドイツのようにならないこともある。日中戦争では？　朝鮮戦争では？　ベトナム戦争では？　何次にもわたった中東戦争では？　湾岸戦争では？　すべての敗北と瓦解を経験した民族や国民や部族こそが次の歴史の鍵を握ってきたはずだ。

惨めな敗戦のあとの民族の意識がどのように現代史のなかで変貌していったかという問題は、これまではほとんど注目されてはこなかったし、学習されてはこなかった。勝利国たちのプランが押しつけられるか、お利口な回答だけがいつも飾られてきたにすぎなかった。たとえばイラン・イラク戦争におけるイスラムのムジャヒディンたちがどうなるかということは、湾岸戦争のときも、9・11の同時多発テロのときも、アフガニスタン攻撃のときも、イラク攻撃のときも、いまなお議論されないままにある（二〇〇三年現在)。まさに第一次大戦後のドイツがその目にあったのだ。

問題はそうとうに複雑だ。それだけにドイツ青年運動がなぜ歪《ゆが》んでいったのかという問いは、おそらくこれからの現代史がかかえるべき重要な検証事項になるだろうと思う。たとえば、こういうことがある。二つの例だけを出す。

一九二六年に「ドイツ義勇軍」という組織が結成された。たんなる青年軍人組織ではなかった。最初の指導者エルンスト・ブスケは古きよきワンダーフォーゲルを体験した人物で、名称こそ義勇軍というふうにはなっていたものの、その活動は今日の地域文化づくりの支援のようなことばかりを試みていた。義勇軍は各地に生涯学習のための「ボーバーハウス」(中央施設)をつくり、住民がたのしむための「音楽の家」を次々に開設し、さらには労働キャンプとよばれたボランティア・キャンプを営んでいった。

すでにそのような指摘をした歴史学者もいるのだが、「ドイツ義勇軍」の活動は、もし少しだけでも歴史の時間がずれさえすれば、ドイツをヒトラーの戦争に巻きこまないだけの準備をしただろうともみなされる。また、今日の地域コミュニティ活動や広汎なボランティア活動の直接の原点ともみなされる。

しかし、そうはならなかった。ドイツ義勇軍はやがてブントに吸収されるか、そうでないばあいは「鷲《わし》と鷹《たか》」「ろくでなし」「義勇軍シル」「アルタマン」「ユナブ」「ユンゲントルフト」「ネローター」「セバスチャン・ファーバー」といった数多くの過激な結社に分派統合されながら、結局はヒトラー青年団（あるいは少年組織）の熱情に歓《よろこ》んで組みこまれていったのだった。

もうひとつの例はエーベルハルト・ケーベルにある。彼は通称「トゥスク」と呼ばれた一種のスターであった。

少年期にはワンダーフォーゲル団に入り、次にドイツ義勇軍のメンバーになり、やがて複数の雑誌を編集して、レイアウト・タイプフェイス・イラストレーションに斬新な新風をおこした。のみならず、「らくだ塾」の平井雷太君や能楽師の大倉正之助君ではないが、いつもオートバイを駆ってドイツ中の少年団を訪れ、バラライカとバンジョーによる歌を披露した。

着ているジャケットは自分のデザインによるもので、「そのうちこのジャケットをドイツ中で着るようになる」と予言した。実際にもこの青いジャケットがのちのヒトラー青年団年少部「ユングフォルク」の制服になった。トゥスクはラップランドの衣料や野外用品にヒントを得て、「コーテ」という新しいテントによるキャンプも流行させた。そのほか、いまでいうならアウトドア用品の多くに改良を加えた。これらすべてが人から人へ、グループからグループに伝わっていったのだ。もしそのときナイキやミズノやノースフェイスやパタゴニアがあれば、これらはたちまち流行商品となったにちがいない。トゥスクはまた、つねに日本の「サムライ」の精神と北欧の「ノーマッド」（遊牧民）の生き方を強調しつづけた。なぜトゥスクがこのような武士道や遊牧道を持ち出したかということについては、歴史はまったく検証できないままにある。ともかくも、こういうトゥスクこと、エーベルハルト・ケーベルのようなスターがブントやドイツ義勇軍のあいだから何人も生まれてきたのだった。

ワンダーフォーゲルとは何だったのだろうか。

気楽なトレッキングやおいしいカヌー遊びやお手盛りのキャンプ遊びとはまったく異なるものだ。ブントはなぜシャツの色で同盟を結べたのだろうか。それはなぜ体操運動やボーイスカウトの活動と軌を一にするのだろうか。また、なぜかれらは、斬新なデザイン能力と加速する移動能力を発揮したのだろうか。そしてそれらがなぜ強靭《きょうじん》なディシプリンにつながったのか。

ほとんど何も説明されていないといってよい。子供たちが「聖杯」や「騎士」に夢中になっているのは、時代社会がその動向の擡頭《たいとう》を夢見ているからなのである。

ヨーロッパの近現代史をどう見るかということは、現代思想や今日の世界観の輪郭が何に特化していったか、どのように変更されていったかということに直結する。第一次世界大戦とドイツ青年運動をどう捉《とら》えたかということは、このパースペクティブが示す二十世紀哲学の宿命を告げる。それは知識人を動揺させ、働く者たちを追いつめ、敗者に復活を誓わせた。しかし、まったくの予想のつかないことも、そこから突出してもいった。ひとつはロシア革命で、もうひとつがヒトラーの擡頭である。

第七四九夜　二〇〇三年四月八日

参照千夜

一三二夜：ノヴァーリス『青い花』　一二〇〇夜：ヘルダーリン『ヘルダーリン全集』　七八九夜：マルクス『経済学・哲学草稿』　四七九夜：ヘッセ『デミアン』　六四三夜：リデル＝ハート『第一次世界大戦』　八六六夜：大倉正之助『鼓動』

一九一〇年代、「西の世界観」の大半が、
ハンス・カストルプの宿命とともに病身になっていく。

トーマス・マン
魔の山

高橋義孝訳　新潮文庫　全二巻　一九六九ほか
Thomas Mann: Der Zauberberg 1924

ハンス・カストルプの名を会話のなかで交わさなくなって、どのくらいたっただろうか。最後にこの主人公の名が出たのは岩井寛さんと出会ったころだったように記憶する。岩井さんは青春の名作を持ち出すのが好きな文学や芸術好きの精神医学者だった。もう三十年近く前のことだ。

それまではハンス・カストルプはラスコーリニコフやジュリアン・ソレルやドリアン・グレイとともに、あるいは三四郎やデミアン、時任謙作やヨーゼフ・Kやトニオ・クレーゲルとともに語られていた。そのころまではこうした文学の主人公が人生の代名詞かもしくは社会の難問の代名詞だったからだ。

いまはすっかりそんなことがなくなった。古典の主人公の名どころか、ガルシア＝マルケスの『百年の孤独』（新潮社）やミラン・クンデラの『存在の耐えられない軽さ』（集英社文庫）の主人公の名すらも決して口にはしない。おそらく憶《おぼ》えてもいないだろう。アニメやトレンディドラマや不祥事をおこした芸能人の名前ならともかく、もはや名作の主人公なんて、今日の生活哲学のどんな場面にも関与していないかのようなのだ。

しかし、かつてはそうではなかった。文学者の思想と行動は主人公に投影され、その主人公を通して人間や社会や恋愛を考える者が数多くいた。ハンス・カストルプはそうした者にとって、どうしても欠かせないか、もしくは引き合いに出したい「生きる哲学」を象徴していた。

ハンス・カストルプがアルプスの山中にあるサナトリウム「ベルクホーフ」に入ったのは一九一三年のこと、二三歳だった。サナトリウムには、すでにいとこのヨーアヒム・ツィームセンが入っている。幼時に両親をなくし兄弟もないハンスにとってヨーアヒムは数少ない親戚だ。ハンスはヨーアヒムがいることで短期間の療養が充実することを期待するのだが、ヨーアヒムにはそんな気がなく、自分が長期の療養が必要だということを訴える。ハンスもやがて自分の病気が尋常なものではないことを知る。

サナトリウムは空気の澄んだ場所にしつらえられた結核開放病棟だった。結核が不治の病いであった時代、すなわちペニシリンが画期的な役割を示す以前の時代であったころの人生の隔離劇場だったのである。のみならず結核に冒されてサナトリウムに入ることは人生の思索の黄昏《たそがれ》や終焉を象徴して、それを文学のひとつの〝籠城《ろうじょう》〟とみる傾向が強かった。これを結核文学という。

だから『魔の山』の物語が、ハンス・カストルプがアルプス山中のサナトリウムに入る場面で始めているのは、この作品全体がそもそも「人間であるということの宿命」を当初から重々しく背負っているか、背を向けていることを暗示していた。それゆえ読者は冒頭に、院長のベーレンスがハンスの病気が治りにくいこと、患者になることにもさまざまな才能が必要なことをくどくどと伝えることを読まされる。「読者は患者なんだ」というトーマス・マンの挑戦だ。

ある見方からすれば『魔の山』の主題のひとつは「人間と文化にとって病気とは何か」ということだ。ハンス・カストルプはこの大作のなかで「病気」という哲学に少しずつ接近し、死と隣接する肉体の宿命からかぎりなく遠ざかろうとする精神の彷徨《ほうこう》を体験する。その精神の彷徨を書き尽くそうとしたことが、『魔の山』を二十世紀最後の教養小説にしたという批評があるほどだ。

だが、トーマス・マンが物語の最後になって用意したのは、ハンスとともに「病気」という安逸を貪《むさぼ》ろうとする読者の目を覚まさせるほどのどんでん返しだった。「病気」にかこつけて精神の彷徨を愉楽とするかのような気分になっていたハンスに突き付けられた現実とは、突如としてヨーロッパの生活者のすべてを覆った「戦争」という青天の霹靂だった。

トーマス・マンが「病気の進行」と「精神の彷徨」と「戦争の勃発《ぼっぱつ》」をひとつの作品に凝縮しえたのは、マン自身が本書を構想し、執筆している渦中のヨーロッパがまさに「病気と戦争」あるいは「戦争という病気」を抱えていたからである。

『魔の山』を構想したのが一九一二年だった。この年、妻カタリーナがスイスのダボスの療養所に入院をする。マンもこれに付き添ってダボスで三週間をすごし(例のダボス会議のダボスである)、結核に象徴される現代の「病気」というものの精神性に気がつく。マンはこの体験をいったん『詐欺師フェーリクス・クルルの告白』(光文社古典新訳文庫)に書くのだが、納得がいかない。そこでオルターナティブを練った。

その二年後に第一次世界大戦がセルビアで勃発し、ヨーロッパがたちまち戦場となることを知った。マンはペンの力によって祖国ドイツを支援する。一九一五年の『フリードリヒと大同盟』、一九一八年の『非政治的人間の考察』は、安易な反戦思想に対するドイツ伝統文化に立脚した反撃だった。戦火に見舞われたヨーロッパが反戦民主主義によってみずからを浄化しようとしていた気運に対し、マンは愛国心にひそむ非政治性をもって立ち向かった。フィヒテの魂をもつドイツ人らしい断固とした情熱だった。

けれどもこのマンの反撃はマン自身を傷つけた。戦争に巻きこまれる人間の、また戦争に立ち向かう人間の、この両者の人間によこたわる人間論が欠如していた。そこでマンは『ドイツ共和国について』『ゲーテとトルストイ』や、『詐欺師フェーリクス・クルルの告白』などを書き、これらを土台に戦争を背景とした「精神の彷徨」を病気という個人の宿命を通して仕上げることにした。それがマンの新たな人間論の枠組を告示する『魔の山』に結晶化する。

このような『魔の山』への壮絶な転換は、文学史ではしばしば「マンの転回」とよばれてきた。この点については、マンの息子で自殺した文学者クラウス・マンが『転回点―マン家の人々』(晶文社)という恐ろしい大著をのこしていて、ぼくはかつてこれを読んで、ヨーロッパにおけるドイツ人という血のものすごさに戦慄《せんりつ》したものだ。とうていアジアにおける日本人の比ではない。

マンはヨーロッパとドイツを受苦しつづけた。もっと芸術家としての生き方や書き方で時代をはすかいに眺めてもよかったのに、そうしなかった。

一八七五年、リューベックの豪商の家に生まれた。二三歳で前衛雑誌「ジンプリチシムス」に携わって編集の才能を示し、一九〇〇年には『ブッデンブローク家の人々』(新潮社・全集1）を書いて絶賛を博した。その後も『トニオ・クレーゲル』（岩波文庫・新潮文庫）で独得の芸術家の生き方を問うて人気を攫《さら》った。それが青春の危機を苦悩する自画像だとすれば、次の『ヴェニスに死す』（岩波文庫）は人生の薄明期を迎えた老作家アッシェンバッハの危機を描いて、やはり独壇場だった。

それならこの書き方で『魔の山』を書いてもよかったのである。『ブッデンブローク家の人々』には「ある家族の没落」の副題がついていたのだし、『ヴェニスに死す』では自身の未来をあざ嗤《わら》う表現力を見せていた。のちにルキノ・ヴィスコンティがとびきりの映画にしたように、このころのマンは表現主義や構成主義に躍るヨーロッパ二十世紀初頭の前衛芸術の擡頭のなかで、一人、沈静して芸術家にひそむ血と執着の問題を劇的に見つめていた。

けれどもマンは、こうしたマン家の「血族」に宿るものから芸術を眺めるという方法では満足できなかったようなのだ。マンはドイツという「民族」を代表せねばならず、その民族の将来を抱えねばならず、その民族が戦争に突入してからは、ヨーロッパ民族を覆う人類の文明的将来を課題にしなければならなかったのだ。『魔の山』がこうして試みられた。

われわれの国は、どうもこのような巨大な意志としての作家をもちえない。鷗外がいるではないか、藤村がいるではないか、あるいは大佛次郎《おさらぎ》や武田泰淳や堀田善衛《よしえ》や大江健三郎や中上健次がいるではないかと思うかもしれないが、そこにはマンのごとき普遍的な病気と普遍的な戦争を一身に背負うという人類意志があるとは言えない。鷗外から中上にいたる意志は、そうしたものとはちがっていた。

ぼくが『魔の山』を読んだのは遠い大学時代のことであるが、何を実感したかといえば、このような文学は日本人には書きえないだろうということだった。メルヴィルやドストエフスキーならあきらめがつく。その作家の癇癪《かんしゃく》のごとき逆上の詩学に介入する余地もある。しかしトーマス・マンの体験の転回や思索の転回は、同じく結核と戦争に異常な関心をもってきた日本人にもおこりえてもよかったものなのに、どう見てもそうした転回に耐えられない気がした。

日本の作家たちを弁護するための時期的な理由がないというわけではない。マンが『魔の山』の概要を書きおえた一九一四年は大日本帝国が第一次世界大戦に参戦した大正三年で、日本はその勢いで中国に無謀な二十一ヵ条の要求をつきつけた。やっと島村抱月がトルストイの『復活』を公演し、大杉栄たちが「平民新聞」を創刊したばかりだった。

マンが『魔の山』を完成した一九二四年は大正十三年で、関東大震災の動揺ののち護憲三派内閣をからくも立ち上げた年である。小林秀雄らが「青銅時代」を創刊し、宮沢賢治が詩を発表していたとはいえ、小山内薫と土方与志《ひじかたよし》の築地小劇場のオープンがこの年のことだったように、そのころの日本は大戦争を体験したヨーロッパの苦悩など、まったく知ってはいなかった。むしろヨーロッパの一時代前のベル・エポックに憧《あこが》れ、白樺派がそうであったように、ヨーロッパの芸術運動の摂取に夢中になっていた。

それなら日本は日本なりに「病気と戦争」を抱えた日清日露の体験を通して人類意志を表現してよかったではないかというところだが、日本人は鷗外や漱石の表現を、あるいは与謝野晶子や平塚雷鳥《らいてう》の表現のほうを選んだ。唯一このころに「世界」や「アジア」を認識して受苦しようとしたのは内村鑑三や岡倉天心や宮崎滔天《とうてん》らの晩年であったろうが、これらの苦悩は当時はまったく理解されてはいなかった。

日本の作家たちがやっとマンの転回と『魔の山』を知ったときには、今度は、日本自身が戦争に突入しすぎて、マンのごとく「民族の苦悩から人類の苦悩へ」という転回をもたなかった。そのころの日本人が民族の苦悩をもったとすれば、わずかに浅川兄弟(伯教《のりたか》・巧)や柳宗悦《むねよし》らの朝鮮理解運動を思い浮かべるしかない。

こうして、われわれは『魔の山』の書き方ではなく、せめて読み方を確立するしかないところに追いこまれたのだ。ハンス・カストルプを〝われわれの内なる別人〟として噂するしかなくなったのである。それはアントワーヌ・ロカンタン(サルトル『嘔吐《おうと》』の主人公）やムルソー（カミュ『異邦人』の主人公）を、戦後の復興と民主主義の開花がやっと固まった時期に知って、あわてて〝われわれの内なる別人〟に仕立てたときの騒動と似ていなくもない。

ほんとうは、いつまでもこんなことをくりかえさないで、たとえば浜村龍造や竹原秋幸（中上健次『枯木灘』の主人公たち）を語ってすごす夜更けをもつべきなのだろう。

ところで、『魔の山』には何人もの魅力的で悪魔的な人物が出てくるのだが、なかでロドヴィコ・セテムブリーニの思想とレオ・ナフタの思想の対立が圧巻である。

セテムブリーニは本書の登場人物を相手にスコラ哲学を説き、フリードリヒ大王とヴォルテールの思想を暴き、あまつさえフリーメーソンの隠れた真意を暗示し、ウェルギリウスから国家論におよんでしばしば登場人物を煙に巻く。だいたい「自然はあなたの精神をまったく必要としていないんですぞ」という、ある日のセテムブリーニのナフタに対する謎かけが、その後のハンス・カストルプの「精神の彷徨」を約束させたといってもいいくらいなのだ。

とくに第六章のセテムブリーニの膨大な発言集は、これを多様にホットワード・リンクさせて「魔の山コノテーション・ディクショナリー」にまとめてみたくなるほどで、これに『資本論』を読破していて、ある種の教団思想に熱を入れているナフタの発言集をクロス・レファランスさせれば、トーマス・マンがこの一冊にこめた文明的世界観のデータベースのほとんどが詳細に俯瞰《ふかん》できるのではないかと思えるほどだ。『魔の山』一番の象徴的場面も、この第六章にあらわれる。

これは「雪」と題された第七節にあたる場面で、三年目の冬を迎えたハンス・カストルプがバルコニーから永遠に連なるかに見える雪山を眺めているうちに、この巨大な厳冬の自然に包まれてしまいたいと思う場面である。

ハンスはそのまま病院側の忠告を無視して純白の雪山に入っていく。そこはあまりにも美しく、そして底無しの沈黙で完成されている。自然は危険もあるが、責任もとらない。超絶の美があるものの、何も言葉にしてくれない。それが自然というものである。ハンスは雪山に没入し、そんな冷徹な荘厳に一人立っている自分に感動をおぼえていく。かくして主人公は雪中にホワイトアウトしてしまうのである（と、ぼくは読んだ）。おそらく、このホワイトアウトが『魔の山』のコーダなのである。たしかトーマス・マンもどこかで第六章の「雪」が最も好きだと書いていた。

けれども、マンはそのまま主人公を許しはしなかった。ハンスは、最後に第一次世界大戦の戦場に駆られていく。それは戦争という野生化した科学に対してホワイトアウトする自分の自然精神がどこまで立ち向かえるかという実験だった。戦争も「魔の山」だったのである。このような結末は、大岡昇平の『野火』となんとちがっていることか。

ヨーロッパ二〇〇〇年の「神と人を問うた歴史」は、そうとうに重い。

第三一六夜　二〇〇一年六月十八日

参照千夜

七六五夜：ガルシア＝マルケス『百年の孤独』　三六〇夜：ミラン・クンデラ『存在の耐えられない軽さ』　一六七八夜：吉村信次郎ほか『ヴィスコンティ集成』　三九〇夜：フィヒテ『ドイツ国民に告ぐ』　七五八夜：森鷗外『阿部一族』　一九六夜：島崎藤村『夜明け前』　四五八夜：大佛次郎『冬の紳士』　七一夜：武田泰淳『ひかりごけ』　一七夜：堀田善衞『定家明月記私抄』　七五五夜：中上健次『枯木灘』　三〇〇夜：メルヴィル『白鯨』　九五〇夜：ドストエフスキー『カラマーゾフの兄弟』　五八〇夜：トルストイ『アンナ・カレーニナ』　七三六夜：大杉栄『大杉栄自叙伝』　九九二夜：小林秀雄『本居宣長』　九〇〇夜：宮沢賢治『銀河鉄道の夜』　五八三夜：夏目漱石『草枕』　一二〇六夜：平塚らいてう『元始、女性は太陽であった』　二五〇夜：内村鑑三『代表的日本人』　七五夜：岡倉天心『茶の本』　一一六八夜：宮崎滔天『三十三年の夢』　四二七夜：柳宗悦『民藝四十年』　八六〇夜：サルトル『方法の問題』　五〇九夜：カミュ『異邦人』　二五一夜：ヴォルテール『歴史哲学』　九六〇夜：大岡昇平『野火』

革命思想は真紅に染まり、
アナキズムは漆黒の戦線になる。

ダニエル・ゲラン編

神もなく主人もなく

長谷川進・江口幹訳　河出書房新社　全二巻　一九七三
Daniel Guérin: Ni Dieu ni Maître 1970

一九二一年二月八日の早朝、モスクワ郊外の寒村でクロポトキンが死んだ。翌日、特赦された数名のアナキストを先頭に、ドヴィシイ墓地にいたる五マイルの道に、チャイコフスキーの第一と第五が流れた。その葬列には黒旗が林立した。

葬列がトルストイ博物館にさしかかったときは、ショパンの葬送曲が流れ出した。修道院での出棺には二〇〇人の合唱団が永遠の追憶に心を致した。ついで、アノロン・バロンの燃えるような怒りに満ちた告別の辞が、時の空気を黒く切り裂いた。「神もなく主人もなく、クロポトキンはこう言った、さあ、命なんぞは君が持っていきたまえ！」。

ルイ・ルーヴェの随筆集には十五世紀ドイツの格言が扉に印刷されていた。それが

「神もなく主人もなく」である。一八七〇年、オーギュスト・ブランキの最も若い弟子のシュシュは、皇帝の人民投票にあたって「神はもうたくさんだ、主人はもうたくさんだ」というリーフレットを配った。それを受けてかどうか、晩年のブランキも新たな雑誌を創刊したとき、それに「神もなく主人もなく」というタイトルをつけた。これをクロポトキンが一人の反逆者のために使って広めた。

一八九三年、オーギュスト・ヴァイヤンはフランス下院に爆弾を投じて逮捕された。逮捕されただけでなく、議会はこれをきっかけに暴力行為準備集会取締法を強引に可決した。このときにアレクサンドル・フランダンは下院の高い演壇から叫んだ、「アナキストたちは神もなく主人もなくという標語を実現しようとしているのです」。

その後もこの壮絶で感動的な標語は、あたかも間歇泉《かんけつせん》のごとくにアナキストたちの唇を震わせた。第一次世界大戦終了後のパリでは、アナーキーな青年たちが自分たちのことを"Ni Dieu ni Maître"と自称した。神も主人もほしくない世代の登場である。そろそろ九五〇冊に達する千夜千冊のなかで、この書名『神もなく主人もなく』はおそらく最も美しい。

本書はダニエル・ゲランによる珠玉のアナキズム・アンソロジーである。こういう本はほかにない。第一巻ではシュティルナー、プルードン、バクーニン、ド・パープ、ギヨーム、クロポトキンのテキストについての解説を進め、第二巻ではマラテスタ、エミール・アンリ、デ・サンティリャン、ヴォーリン、ネストル・マフノからクロンシュタットやスパニッシュ・アナキズムまでを扱って、その貴重な文献をことごとく組み上げた。こういうことはゲランにしかできない。

ゲランには『ファシズムと金融資本』、『植民地の人々のために』、『模索するアルジェリア』、『現代のアナキズム』（三一書房）、『現代アナキズムの論理』、『人民戦線』（現代思潮社）、『エロスの革命』などの旺盛《おうせい》な著作活動があって、どの本を開いても、数ヵ国語におよぶ語学能力と卓抜なジャーナリスト精神と、そのリバータリアニズムやアナキズムに寄せる熱くて真摯《しんし》な思いが特徴になっている。

本書のほかにもゲランを訳してきた江口幹は、ゲランのような決定的な生き方の著作者と出会えたことに感動に近い崇敬を抱いたと書いていた。

アナキズムの起源については、いくらさかのぼってもかまわない。ぼくの『遊学』（中公文庫）では、ジャイナ教のマハーヴィーラ、アタラクシア哲学のエピクロス、鉱物仙人の葛洪《かっこう》にさえアナキズムを感じると書いた。きっと墨子《ぼくし》にもその可能性がある。フランソワ・ラブレーやトマス・モア、あるいはディドロやサドにアナキズムの萌芽を見る者もいる。ハーバート・リードや大澤正道などはその一人であろう。

その時代ごとに絶対自由や相対自由を果敢に表明した者に先駆的アナキストの称号が与えられてきたということなのである。ハーバート・リードの『アナキズムの哲学』（法政大学出版局）では、ヴィーコやフンボルトにもアナキズムの種が植えられていると書いていた。こういう見方に、むろんぼくは反対しない。それどころかスウィフトやブレイクにもアナキズムの光の条痕《じょうこん》はついていると叫びたい。

が、ふつうの見方では、近代アナキズムの創始者はせいぜいさかのぼってもゴドウィン、シュティルナー、プルードン、ウォーレン、そしてバクーニンなのである。では、その四人から何が始まったのか。それはヨーロッパの世界思想の何を行動に移したものなのか。本書をたどって少々案内してみたい。

一八四八年の革命で「世界」が変わったのである。この革命の前後でいっさいが起動したのである。フランス二月革命だ。ルイ・ブランが工場労働者を産業軍の内側に逆編成する計画を発表し、マルクスとエンゲルスが『共産党宣言』を刊行し、そしてアナキズムが狼煙《のろし》を上げようとしていた。

それまでにすでにアナーキーな時の機は熟しつつあった。シュティルナーの『唯一者とその所有』（現代思潮新社）が既存社会の打破のための結社の自由を謳《うた》い、偶像の思想を破壊することを奨《すす》め、国家の生存を真っ向から否定した。またプルードンが『貧困の哲学』（平凡社）を書いて、「アナルシ」（an-archie 権力の不在）という言葉を"anarchie"と綴《つづ》り字をつなげ、貴族主義にも君主主義にも、共和主義にも民主主義にも、連合主義にも組合主義にも属さない立場がありうることを暗示した。これが「アナキズム」（アナーキズム）という言葉の生誕だった。

そこへロシアにいたバクーニンが、急ぎ足で燃えるパリに戻ってきた。これで準備が整った。バクーニンはそれまでは、汎《はん》スラブ主義的な民族主義活動の中にいた。社会主義の前哨戦《ぜんしょうせん》からはまったく孤立した存在である。それがこの一八四八年をさかいに極端にラディカルになっていく。

バクーニンはプルードンのような協同的アナキズムには満足していなかった。革命家の前衛組織による破壊活動が先行し、この破壊によって生まれた突破口から民衆の建設活動が溢《あふ》れ出てくるようなラディカル・プランをもっていた。協同アナキズムではなくて、一握りのアナーキーな「革命家の出現」こそが必要だと考えていた。だからこう言うのも憚《はばか》らない。「革命家は前もって死を宣告された人間である」。この瞬間、「命を持っていきたまえ」という、革命家を先頭に立てるアナキズムが発芽した。

ごくごく象徴的にいうならプルードンからマルクスとバクーニンという二人の反抗児が出てきたわけである。問題は、そのマルクスとバクーニンが対立したことだ。一八四八年に同じように革命を計画した二人が対立したことは、生まれつつあるコミュニズムを真ッ二つに分断していった。

ロシアの貴族に生まれたバクーニンは、すでにプラーグやドレスデンで革命のための叛乱《はんらん》を組織し、ザクセンで捕らわれて死刑の宣告をうけ、ロシア送還ののちは六年にわたって幽閉されていた。その後にシベリア流刑となってはここを劇的に脱出して、日本・アメリカをへて十二年後にヨーロッパに戻ってきた。世界遊民である。

一方のマルクスはバクーニンのようには行動をおこしていない。あくまでイデオロギーを見きわめ、社会を分析して、そこに革命の計画がありうることを展望した。バクーニンが遊民なら、マルクスは世界常民だった。

世界をぐるりと駆けめぐったスラブ派のバクーニンには、こういうマルクスのようなありかたは承服しがたい。とくにバクーニンが嫌ったのが中心をけっして手放そうとしない「鞭《むち》のゲルマン帝国」である。マルクスはそのドイツに育ち、その厄災（つまりドイツ・イデオロギー）を切り払うために立ち上がったのであるけれど、そこにはバクーニンから見ればいくらかゲルマン的な権威主義が残響していた。

それでも一八六四年、ロンドンで第一インターナショナルが結成されたときは、マルクスとバクーニンは「革命」の可能性と労働者の連帯組織の萌芽を前にして、まだ互いに相手の出方を窺《うかが》っていた。ところがそれから五年後、第一インターのバーゼル大会でバクーニンは財産相続の廃止を訴えてこれを拒否されたとき、ついに「私は共産主義が大嫌いだ。それは自由の否定だ。共産主義は社会のすべての勢力を国家に吸収させようとしている」と言い出した。

こうしてバクーニンの組織する社会民主主義同盟は第一インター加盟を許可されず、マルクスの構想は一歩も踏み出せないまま、一八七一年のパリ・コミューンを迎えることになる。

パリ・コミューンは、労働者と小役人とタチの悪いジャーナリストと浮気なアーティストたちが、パリの崩壊を食い止めようとしてつくりあげたつぎはぎだらけの都市戦場である。そこにあちこちからジャコバン党、ブランキ主義者、プルードン派、第一インター加盟者たちが乗りこんできた。青年アルチュール・ランボオも駆けつけた。パリは急激に燃え、急速に沈んだ。

労働者の自由な活動によってパリを救えなかった事態に対して、さっそくマルクスは各国にプロレタリアートの党をつくって、これらが国家権力を掌握できるように全運動を組み替えることを計画した。それなら第一インターこそはその国際本部となるべきだった。

しかしこんな提案こそアナキストには承服しかねるもので、翌年のハーグ大会ではマルクスは多数派をとれなくなった。アナキストたちはサン・ティミエに集まって、バクーニンの指導のもとにいわゆる「黒色インターナショナル」をおこす。この時点では、マルクスよりもバクーニンの追随者のほうが多かったのである。

一八七六年にバクーニンが死に、アナキズムの活動を支えていたジャム・ギョームが引退すると、天秤《てんびん》はぐらりと逆に動いた。マルクスのほうにすぐ動いたのではない。インターナショナルな活動から締め出されたアナーキーな粒子が、バクーニンの原郷ロシアに飛び火してナロードニキの動きとなり、さらにテロリズムの様相を呈していったのである。これは意外な転換だった。

一八八一年のアレクサンドル二世の暗殺はこうしておこる。この先鋭化したテロは、フランスではティエールの像の爆破となり、炭鉱都市モンソーの教会焼き打ちに、さらに各地の教会爆破に連鎖した。モンソーの焼き打ち事件では六五人のアナキストが逮捕されるのだが、そこには次の時代の指導者の一人クロポトキンが入っていた。

二年後、マルクスが死ぬ。コミュニズムはアナーキーな混乱のなかで、なんらの稔《みの》りもないままに十九世紀を終えた。

アナキズムのほうは一八九六年の第二インターナショナルのロンドン大会に、クロポトキン、マラテスタ、ルイズ・ミッシェル、エリゼ・ルクリュ、グラーヴが揃《そろ》って乗りこんでいったのだが、たちまち除名され、やはり前途を断たれたかのようである。こうしてコミュニズムもアナキズムも、二十世紀を前にしてその大半の運動が頓挫《とんざ》してしまったのだ。

ぼくがアナキズムに最初に関心をもったのはバクーニンの一冊を古本屋で見つけたときからである。春秋社版の世界大思想全集に入っていた『神と国家』(昭和六年・麻生義訳)は、ぼくの生っちょろい体に闇夜の電撃を走らせた。

すでに大学でマルクスの読書会にしばしば出ていたにもかかわらず、どうみてもバクーニンのほうが決然としているように思えたのだ。とりわけ、「私は、私の周囲のすべての人間が男女を問わず同じように自由なときだけ、自由である。他の人間の自由こそ私の自由にとっての必要な条件である」というような絶対自由の表明と、「社会主義のない自由は特権と不正義をあらわし、自由のない社会主義は奴隷と野蛮をあらわしている」というような激越なアジテーションには、心がぐらぐらとした。

とくに「破壊なき創造はありえない」というスローガンに痺《しび》れた。またバクーニンの友人でもあったネチャーエフの言動にも、ずっと考えさせられてきた。ネチャーエフの異様な呻吟《しんぎん》こそ、ドストエフスキーの『悪霊』と、そして埴谷雄高の『不合理ゆえに吾信ず』や『死霊』の核心につながっていたからだ。

二十世紀アナキズムの最初の国際大会は、一九〇七年にアムステルダムで開かれる。この報告は日本にも届いた。報告者は「平民新聞」の幸徳秋水だ。

大会ではすでにその後のアナキズムを分かつ方針が並び立っていた。第一にはピエール・モナットの組合型の労働者によるゼネスト敢行路線、第二にはエッリコ・マラテスタが代表した見解で、アナキズムの真情を高らかにもったまま自分の仕事を続けなさいという方針（これは倫理を重視したクロポトキン思想の表明でもあった）、そして第三にはマルクス主義との共同戦線をはるというものである。

このあとアナキズムは分流分岐をして地下水の流れとなっていく。直接行動的なアナルコ・サンジカリズム、アナキズムを人類の倫理志向の高みに赴かせようという思想行動的インディヴィデュアリズム、絶対自由をこそ探求すべきだという戦闘的リバータリアニズムという、三つの流れだ。本書は第二巻において、インディヴィデュアリズムとリバータリアニズムを中心に展開されるのだが、ここからが圧巻なのである。

二十世紀初頭のアナキズムは、フランスでは主としてアナルコ・サンジカリズム（無政府組合主義）の様相を強くした。たとえば一九〇六年の労働総同盟アミアン大会は賃金制度の廃絶を決議し、サボタージュ、ボイコット、ストライキの戦術の展開を打ち出した。ここにはブランキズムが混入されていた。

革命的労働組合の運動はパリ・コミューンの挫折体験を打ち払うようにしてふたたびフランスで動き出すのだが、ここに予想もつかない新たな革命組織の形態が登場する。一九〇五年の第一次ロシア革命が生み出した「ソヴィエト」（労農評議会）である。

アナルコ・サンジカリズムからすれば、ゼネストがおこなわれることが革命のための最大の目標だった。それが、サンクトペテルブルクの工場ではゼネスト状態は自然発生的だった。あれほど待ち望んでいたゼネストがあっけなく敢行されたのだ。それはロシア革命では出発点のひとつにすぎず、それを動かしたソヴィエトという新たなエンジンこそが重要だった。

ソヴィエトとは何なのか。数ヵ月後、複数にふえたソヴィエトの議長となったトロツキーはいみじくも書いている、「ソヴィエトの活動は無政府状態の組織を意味していた。その存在と後日の発展は無政府状態の強化を意味していた」。

言うまでもなく、ロシア革命はソヴィエトというアナキズムの鬼っ子から始まった。少なくともトロツキーはそのように判断し、最初のソヴィエトの誕生にかかわったヴォーリンも、ここに新たなアナキズムの凱歌《がいか》がおこったと確信した。しかしながら第二次ロシア革命（二月革命と十月革命）がおこった一九一七年に向かっては、ソヴィエトはアナキズムの特色をしだいに失って、ボリシェヴィキの党派活動の中に吸収されていく。「すべての権力をソヴィエトに」やそれを拡張した「すべての権力をボリシェヴィキに」というスローガンは、いっさいの権力を認めないアナキズムの理想からはあきらかに遠のくものだった。

レーニンは革命の初期を彩ったアナキズムを理解していた（と、思いたい）。しかしレーニンには巨大なロシアを動かしていくという使命がのしかかっていた。ドイツ国家社会主義を分析し、クリークスヴィルトシャフト（戦争経済体制）を組み替え、近代工場制に学び、さらにはＰＴＴ（郵便・電信・電話）の集中管理などを計画する。さすがにレーニンはこれらを研究しつくして、これをプロレタリア独裁国家に移行するための最大の関心事とする作業に没入する。しかし、ソヴィエトこそがアナキズムの拠点であるとするアナキストからすれば、これらのレーニンの計画はことごとく権力中枢を強化するものとしか映らない。

このような事情のなか、革命は進行し、ソヴィエトの権力集中がはかられる一方で、アナキストは民衆の隙間に入りこみ、ついにボリシェヴィキ政府に対する過激な要望を突きつけた。これで、ボリシェヴィキがアナキストを粛正しなければならない理由がすっかり揃ってしまった。一九一八年四月にはモスクワで二五軒のアナキストの家が赤軍に襲われ、以降もアナキストは害虫のごとく駆除されていく。

とはいえ、赤軍の粛正もいつも順調とはかぎらない。そしてここに、ロシア革命史上最も難解な事態が、そして二十世紀アナキズムの歴史において最も重篤な抵抗が勃発《ぼっぱつ》したのである。ウクライナにおけるネストル・マフノによる〝もうひとつの革命〟の運動が動き出したのだ。

ネストル・マフノがおこしたことは、ウクライナの農民を指揮して雄渾《ゆうこん》であって壮絶であって、独得のものである。これをマフノ運動という。

第二次ロシア革命（十月革命）では、マフノ運動は七〇〇万の住民を擁する地域に農民自治組織の拠点をつくりあげた。その後、この地域に第一次世界大戦時のドイツ・オーストリア軍が軍事的に及んだときはグリャーイ・ポーレを逆占拠して、独墺《おう》軍を撤退させた。このときマフノ運動は大量の武器と資材と貯蔵庫を得た。ついで史上初めての自由共産主義の原理が解放ウクライナに出現し、自治管理が進み、地主と争った土地はコミューンあるいは自由労働ソヴィエトとして共同耕作されていった。

このすべてを指揮したのが「アナキズムのロビン・フッド」ともいうべきネストル・マフノである。貧農の子であった。

青少年期にアナキズムに傾倒し、革命運動に参加したときはケレンスキー内閣から死刑を宣告されもした。しかし、つねに不屈の闘争心がその魂をかきたててきた。とくに自治組織と自衛軍の組織化と軍事化には天才的な才能を発揮した。いまなら、その戦術がゲリラ組織の本質を備えていたとも判定できる。しかし、それはモスクワには厄介なものになりつつあったのだ。

案の定、マフノはウクライナに成立しつつあった自治管理機構が、モスクワのソヴィエト政府と拮抗《きっこう》するものであり、かつ各地のソヴィエト機構と連動的に結ばれるものだと認識し、その可能性をモスクワに打診した。ソヴィエト政府がそんなことを認めるわけはない。それどころかゲリラ的なウクライナ軍は中央の赤軍の管轄下におかれるべきだと申し渡した。マフノはこの要請を拒絶する。中央政府はマフノ運動の弾圧に踏み切った。赤軍の最高司令官は、そのときトロツキーになっていた。

マフノ運動は、ぼくが大学時代に出会った最大の難関だった。トロツキーに憧れていたぼくは、マフノ運動こそが真の革命運動であるとする親友のUと議論しつづけた。

学生運動の活動家たちは、マフノ運動などとんでもないと言下に否定した。その言い切りがあまりに単純なのでこれに逆らおうとすると、活動家たちは何の説明もなく、おまえのマルクス主義の理解が乏しいだけだよと冷酷に切り捨てた。そのとたん、マフノ運動の本来がぼくにもキラリと見えてきた。大杉栄が伊藤野枝とのあいだにもうけた子にネストルと名付けた意図が、瞬時に放電した。それからである。ぼくがアナキズムの文献をあれこれ読みはじめたのは——。


今夜はすでにバクーニンやリードやゲランの書物をいくつか紹介しておいたけれど、

マフノ運動を知ってからのぼくのアナキズム渉猟は格段に果敢になった。

最初にプルードンやブランキやクロポトキンの本が加わり、そこへマックス・ノーマッドの『反逆の思想史』(太平出版社)が、大澤正道の『アナキズム思想史』(現代思潮社)や『虚無思想研究』(蝸牛社)や『反国家と自由の思想』(川島書店)が加わった。いろいろ眼を洗われた。さらに日本のアナキズム運動の全貌を伝える秋山清の『日本の反逆思想』(現代思潮社)を突破口に、大杉栄その人の著作が、辻潤の著作が、石川三四郎や山鹿泰治の著作が広がっていった。アナキズムを読みふけるということは、アナキズムに読みひたるということなのだ。

これらの読書において実感したことは、もしも政治や革命にダンディズムがあるのなら、アナキストこそがダンディズムの極みではなかったかということだ。『遊学』(中公文庫)にも書いたことだが、こうしてぼくは、ウィリアム・ブレイクからジョン・ケージまでを、オスカー・ワイルドからナム・ジュン・パイクまでを、心のアナキストとよぶようになる。

ワイルドがこんなことを書いていた。「私の体験のなかで出会った二人の完璧な人物はヴェルレーヌとクロポトキン公爵だ。両人とも獄中生活を送ったことがある。ひとりはダンテ以来唯一のキリスト教的詩人であり、ひとりはロシア出身であの美しく清浄なキリストの魂をそなえた人である」。

話戻って無政府将軍ネストル・マフノは、一年に及ぶ赤軍の攻撃に敗退して、そのパルチザン的なマフノ軍事運動に終止符を打つ。それとともに祖国ウクライナの自治組織は解体した。

すでに多くの評者たちから指摘されていることであるが、マフノ運動にはひとつ大きく欠けていたものがあった。農民の中から知識人や文人を輩出させられなかったことである。それゆえマフノ運動には、内部の知が語る雄弁で大胆な文章が欠けてきた。ネストル・マフノが手を打たなかったわけではなかった。ヴォーリンをはじめとする外からの知識人の導入をはかり、その活動を「ナバート」と名付けて運動を知的にも補強しようとしたのだが、間に合わなかったのだ。強烈な知の持ち主でもあったトロツキーとはそこがちがっていた。もっともそのトロツキーも、結局は裏切られた革命の主役にまわされたのだ。

マフノは一九二一年ルーマニアに亡命し、その後はパリに誰に知られることもなく住んで、一九三四年に赤貧のまま死んだ。しかしその活動のモデルは、その後は毛沢東に、アルジェリアに、ゲバラに、ベトナムに蘇生《そせい》した。

二次にわたったロシア革命の血を駆け抜けたアナキズムは、クロンシュタットの叛乱などさらにいくつかの激越な事態をつくりながら、消えていく。あとはスターリンの圧政が待っているだけになる。その不幸な切り返し点こそ、今夜の冒頭に紹介した一九二一年二月八日のクロポトキンの葬列だったのである。

アナキズムがその後どこへ行ったかといえば、イタリアに、スペインに、日本に飛火した。またクロポトキン主義としてトルストイに、ガンジーに、オーロビンド・ゴーシュに散華《さんげ》した。本書はそのすべてまでは追っていないけれど、その意伝子《ミーム》はおそらく多くの黒人運動のなかにも結晶をもたらした。第五一九夜の『マルコムX自伝』にもその共鳴は響いている。

その一方、ゲランがこのアンソロジーを編んだときすでに、アナキズムには謂《いわ》れのない中傷と曲解が下されていた。謂れなき判定が下ったのは一九六〇年代後半のことである。中傷者はアナキズムは死滅したという判定をくだした。その理由のひとつは、アナキズムはロシア革命とスペイン革命に耐えられなかったというものだ。少し同情気味のヴィクトル・セルジュすら「アナキズムは革命的マルクス主義と一緒くたになるだろう」と予想した。

これは考えてみればごくごく当たり前のことで、そもそもバクーニンがマルクスと袂《たもと》を分かったときにアナキズムは政治的な狼煙をあげたのだから、アナキズムの半分以上はつねにマルクス主義と交じってきたわけである。だから、そのマルクス主義にスターリン主義やスペイン革命によって翳《かげ》りが見えてきたからといって、それでたしかに半分くらいはアナキズムの思想と行動が変質したろうが、もう半分は異生して、新たなリゾームをつくっていったとみるべきなのである。

とくに戦闘的リバータリアニズムはヨーロッパと日本のアナキズムを浄化させ、新たな絶対自由思想を説く一群をつくっていった。その一人がハーバート・リードであり、ダニエル・ゲランであり、そしておそらくはシモーヌ・ヴェイユであって、マルティン・ブーバーだったのである。

日本にもこの意伝子《ミーム》は深々と突き刺さっている。大杉栄や辻潤や石川三四郎や萩原恭次郎や武林夢想庵はすぐに見当がつくだろうが、それとともにここには、野口雨情が、野川隆が、金子光晴が、稲垣足穂が、また埴谷雄高が、そしていままた町田康が、戸川純が、椎名林檎が連なっている。

いやいや、もう一度、われわれは遡及もするべきであろう。アナキズムは魂の起源の歴史そのものに宿っているはずなのだ。そうなのである、アナキズムはマハーヴィーラや葛洪にも芽生えていたが、実は一茶にも一休にも、ずっと遠くの墨子にも早々に突き刺さっていたはずなのだ。そうでなければ、われわれがこれほどにアナキズムの日々を懐かしくも熱く、激しくも清明に、思い出せるはずがない。

第九四一夜　二〇〇四年二月二四日

参照千夜

一八三夜：エピクロス『教説と手紙』　八一七夜：墨子『墨子』　一五三三夜：ラブレー『ガルガンチュアとパンタグリュエル』　一八〇夜：ディドロ&ダランベール『百科全書』　一一三六夜：サド『悪徳の栄え』　八七四夜：ヴィーコ『新しい学』　三二四夜：スウィフト『ガリヴァ旅行記』　七四一夜：ブレイク『無心の歌・有心の歌』　七八九夜：マルクス『経済学・哲学草稿』　六九〇夜：ランボオ『イリュミナシオン』　九五〇夜：ドストエフスキー『カラマーゾフの兄弟』　九三二夜：埴谷雄高『不合理ゆえに吾信ず』　一三〇夜：トロツキー『裏切られた革命』　一〇四夜：レーニン『哲学ノート』　七三六夜：大杉栄『大杉栄自叙伝』　四〇夜：オスカー・ワイルド『ドリアン・グレイの肖像』　一一〇三夜：ナム・ジュン・パイク『バイ・バイ・キップリング』　九一三夜：ダンテ『神曲』　一〇二夜：ゲバラ『ゲバラ日記』　五八〇夜：トルストイ『アンナ・カレーニナ』　二六六夜：ガンジー『ガンジー自伝』　五一九夜：マルコムX『マルコムX自伝』　二五八夜：シモーヌ・ヴェイユ『重力と恩寵』　五八八夜：マルティン・ブーバー『我と汝・対話』　七〇〇夜：野口雨情『野口雨情詩集』　一六五夜：金子光晴『絶望の精神史』　八七九夜：稲垣足穂『一千一秒物語』　七二五夜：町田康『くっすん大黒』　七六七夜：小林一茶『一茶俳句集』　九二七夜：一休『狂雲集』

無類の読書家がロシア革命を仕立て上げ、
稀代の革命家がソヴィエトをつくる。

ウラジーミル・レーニン

哲学ノート

広島定吉・直井武夫訳　白揚社　一九三二　／　松村一人訳　岩波文庫　全二巻　一九七五

Vladimir Il'ich Lenin: The Note of Philosophy 1929

目で文字を追っているだけではない。本を読むという行為はけっこう複雑だ。ワードとフレーズとセンテンスに引っぱられつつ、文意に賛否を感じながら起承転結を確認する。読書には読む者の心理・生理・物理・教理・学理が絡み、それがページをめくる意欲を後押しし、大小の注意力や前後の集中力を支え、散漫や放心や中断をおこさせる。書き手は仕事を了《お》えているけれど、読み手の仕事はいま進行中なのである。

本書の読み方は妙なものだった。ひとつはレーニン思想哲学の一冊としての読書体験だ。レーニンの本を読むというなら、何といっても『国家と革命』が筆頭にあがるだろうし、マッハ相手に四つに組んだ『唯物論と経験批判論』も忘れられず、その次にやっと本書か、記念すべき『帝国主義』がくるというところだ。だから『哲学ノート』をこれら三冊より熱心に読めたというのではなかった。

もうひとつの読み方はやや変わらざるをえない。本書はレーニンの読書に関する書き抜きノートそのものの翻訳で、そのため岩波文庫版ではレーニンが他人の著書の文章に施したアンダーラインやメモや括弧やコメントがそのまま活版の約物をつかって復元されている。それゆえ引用文を読みながら、レーニンの示したメモやマーキングを同時に読むことになる。

本をどう読んだかという読書録めいたものは、いくらでもある。学術的な本は、ほぼ六〇パーセントが他人の本についての読解性にもとづいているとも言える。けれども、それらの本のあちこちに読み手の感想がかぶさっているような本はめったにない。

タテ組にはなっているが、岩波文庫を開いて見てもらえばすぐわかる。本書の各ページには随所に「注意」「すばらしい！」「適切で深い言葉だ！」「正しい！」「マッハ主義と比較せよ」「こっけいだ！」といった書きこみ、大事な文章を囲んでいるところ、強調点・線・二重線・波線を使い分けて強調しているところが示され、そしておびただしい量の注解や見解のようなものが書きこんである。それがほぼ全面的に約物入りの活字組で再現されている。

つまり、レーニンの筆跡こそ再現されてはいないものの、レーニンがどのように本にマーキングをしたかはだいたいわかるようになっている。どんなノートをつくっていたかということもほぼ伝わってくる。こんな本はめずらしい。

ぼくはこの本で初めて、世の哲人や学者や革命家たるものが、ようするにベンキョー家たちがマーキングをしながら本を読んでいるのだということを知ったのだった。そうか、本って書きこみをしていいのか。本はノートなんだという驚きである。さっそく試みるようになった。

やってみればすぐわかることだが、本への書きこみは予想以上におもしろい。そこにあるのは白紙のノートではなく、他人のテキストなのである。そのテキストを読みながら書きこめる。印をつけ、色を変え、コメントを書く。もっと愉快なのはそうやって初読時に書きこみをした本を、他日に開いたとき、新たな高速再読が始まるということだ。これは意外なほどに読書体験というものを立体化させていく。

本書でレーニンが読んでマーキングした本とは、ヘーゲルの『論理学』『歴史哲学講義』『哲学史講義』、ラッサールの『エフェソスの暗い人ヘラクレイトスの哲学』、アリストテレスの『形而上学』、フォイエルバッハの『ライプニッツ哲学の叙述・展開および批判』、そしてマルクスとエンゲルス共著の『聖家族』である。

このうちノートはヘーゲル『論理学』についての抜き書きとメモがいちばん多く、約半分を占めている。だいたいは第一次世界大戦下の一九一四年からスイスのベルンに亡命していた二年間ほどのノートだ。

このころのレーニンは第二インターナショナルの裏切りにあっていたころで、妻のクルプスカヤの『レーニンの思い出』（青木文庫）によると、ベルンにきてすぐに『グラナート百科事典』のカール・マルクスの項目の執筆にとりくんでいた。それを了え、ヘーゲルの『論理学』にとりかかったようだ。

レーニンが読書に異常に熱心だったことはよく知られている。

一九〇三年のジュネーブ亡命のときは、マルクスとエンゲルスの全集を図書館に通って片っ端から熟読しているし、一九〇八年にパリに亡命したときは、国立図書館までの距離が遠く、自転車で通うには要注意人物化していた身には少なからぬ危険が伴ったにもかかわらず、毎朝八時に起きて図書館に通い、いつも二時に帰ってくるという読書稽《けい》古《こ》を日課にしていたほどだ。むろん自宅でもずいぶん読書に時間を費やしている。

自宅では手元に本があったのであまりノートをとっていないようだが、図書館に通っているときはたいていノートをとっていた。本書に収録されている本も、そのほとんどがベルン図書館蔵のものである。図書館の本には書きこみはできない。だからレーニンは気になる文章を猛烈なスピードでノートに書き写し、そのうえで、書き写しながら感じたことを、そこに書きこんだ。そこにはアリストテレスからマルクスまでが同時に住みこんで、その住人の言葉にレーニンが添削をしているように読める。まことにめずらしい本なのである。

やはりウラジーミル・イリイチ・レーニンその人のことと、ロシア革命のことを書いておく。ロシア革命についてはかつてどんな歴史もそこに到達しなかったプロレタリア革命が、いかに多様な反抗とストライキの積み重ねであったかを物語る。レーニン本人には謎が多いが、なんといっても革命家の生涯なのだから、ありきたりなこともきっと何かを暗示する。

レーニンは本名ではない。あとで名のった。本名はウラジーミル・ウリヤーノフだ。一八七〇年のヴォルガ河畔のシンビルスク（いまはウリヤノフスク）で、物理学者の父とやや混血系の母のもとに生まれた。父のイリヤは非ユークリッド幾何学の提案をしたロバチェフスキーの親友で、地元の名士として知られていた。子どもたちは奴隷や貧困に心を致すように教えられていたようで、そのせいか早世した者を除いた兄弟姉妹五人が、すべて革命家に近い道を歩んだ。

九歳でシンビルスク古典中高等学校に入ると、全科を通じて首席となった。けれども十五歳で父を亡くし、翌年には兄が皇帝アレクサンドル三世の暗殺にかかわった容疑で絞首刑になった。姉も同じ容疑で追放処分を受けている。

にもかかわらず、そのあたりのことについては長じてもほとんど文章にしなかった。おそらくは、その後のレーニンの身や周辺におこった首肯《しゅこう》しがたい事件や出来事の数々の連打からして、兄や姉の不幸な犠牲など(そうとうショッキングなことだったろうに)、語るべきものとならなかったのだろう。革命家には逮捕・投獄・追放はしょっちゅうなのだ。

一八八七年にカザン大学に進んだ。ラテン語・ギリシア語を習得したが、ここでマルクスの著作に出会っている。マーキングをしたかどうかはわからないが、学生運動にはかかわって警察に拘束され、大学からは退学処分を受けた。

いったん母の農場などにいたものの、むずむずしていたのだろう、サンクトペテルブルク大学の試験を受けたり(満点だったようだ)、弁護士資格を取得したり、弁護士事務所で一年半ほど仕事をしたりしたのち、ペテルブルクに引っ越した。ゴーゴリの『外套』などを読めばすぐ見当がつくが、ペテルブルクは青年レーニンを起爆させるにふさわしい都市だった。さっそく「労働者階級解放闘争ペテルブルク同盟」を結成するのだが、たちまち警戒され、逮捕・投獄されたのちシベリア流刑罪になった。すぐに逮捕されるなんて、あえてうまく立ち回らなかったとおぼしい。それが一八九七年だから二六歳だ。

刑期は三年。そのあいだ寒村ウファで本を読み、そこで再会した革命家のナデジダ・クルプスカヤと結婚し、『ロシアにおける資本主義の発展』を書く。

当時のロシアは社会民主主義派が多く、ツァーリズムを打倒するより労働者の経済的地位を向上させる〝経済主義〟が主流になっていたので、レーニンは資本主義の蜜の根本に疑義をぶつけたのである。

一九〇〇年一月、刑期が了わってプスコフに少し留《とど》まったのちスイスに亡命した。〝経済主義〟を批判する仲間とともに政治闘争を訴える新聞「イスクラ」を創刊するためだ。イスクラは「火花」という意味だ。

一九〇二年、明快なアジェンダ『何をなすべきか？』を書く。労働者は経済主義にとどまってはいけない。それではブルジョワ・イデオロギーと変わらない。諸君は社会主義の実現をめざし、少数の職革（職業的革命家）を組織して政治的な革命に向かうべきだというものだ。このときレーニンは、カウツキーの「社会主義の意識はプロレタリアートの階級闘争の中へ外部から持ちこまれたもので、自然発生的に生じるものではない」という見解を引用した。のちに「外部注入論」と言われた。

翌年、イスクラ派はロシア社会民主労働党（RSDRP）の第二回党大会を開催して気勢を上げた。ここで方針をめぐる歴史的な対立がおこる。メンシェヴィキ（少数派）とボリシェヴィキ（多数派）の分派である。イスクラ編集局六名もここで割れ、以降レーニンはボリシェヴィキ派の亡命リーダーとなった。のちにボリシェヴィズムはレーニン主義と同義の用語になる。

一九〇五年ロシア暦一月九日は日曜日だった。独自の労働者組織をつくったロシア正教のガポン神父の引率で、労働者たちがペテルブルクでニコライ二世の皇宮に向かって の請願行進をしていた。憲法制定会議の召集、労働者の諸権利の保障、日露戦争の中止などを請願する行進だったが、六万人を超す参加者に動員された軍隊がこれを取り締まりきれずに発砲した。大混乱のうちに一〇〇〇人以上の死傷者が出た。「血の日曜日事件」である。

当時の民衆はロシア正教の影響によって皇帝崇拝の傾向をもっていたのだが（皇帝は王権神授によるものとされていた）、この事件以降、崇拝は色褪《いろあ》せ、ロシア革命の幕が切って落とされた（ロシア一次革命）。レーニンはすぐに『民主主義革命における社会民主党の二つの戦術』を書き、「プロレタリアートと農民の革命的民主主義独裁」の方向を示した。いささか未熟な労農民主独裁論だった。

ロシア一次革命は、一九〇七年六月のストルイピン首相のクーデターで終息した。レーニンも潜伏する。労働者運動や革命運動はストライキの頻発度におきかえられていった。ストライキは自発的なものもあるが、多くは指導機関や誘導機関がかかわり、その立場と思想はまちまちである。

そうしたなか、一九一二年四月にバイカル湖北方のレナ金鉱で鉱山労働者たちによるストライキが始まり、またまた軍隊による発砲で多くの犠牲者が出た（レナ金鉱虐殺事件）。改善闘争は続くのだが、それだけでは盛り上がらず、犠牲を生み出すごとに、改善意識は暴発力を秘めて革命意識に転化していった。一九一四年、ストライキ型の労働運動はかつてなく広がり、厚みを増した。

ヨーロッパではバルカンのテロを契機に、第一次世界大戦の突端に火がつき、ヨーロッパを巻きこむ戦争が一挙に拡大していた。その波状は予想を超えそうだ。レーニンはそこを凝視する。

戦争は敵国や敵の兵士を相手にする。そのためどんな戦争であれ、国内には愛国心が昂《たか》まり、ナショナリズムが沸々と動く。革命は国内の敵と闘う。労働者は資本家や政府に向かい、農民は地主や為政者に向かう。その一方、戦争は多くの男たちを軍隊に吸収し、家族を孤立させ、軍備力と工業力のための国軍の費用をふんだんに放出する。

ロシアは第一次世界大戦の連合国側に与《くみ》し、内に労働運動を、外に戦場をかかえることになった。

一九一五年の時点で、戦争と革命はごっちゃになりつつあった。政府はロシア各地の住民に兵役を命じ、それまで兵役対象からはずしていた中央アジアの諸民族やザカフカスの住民にも動員を命じた。

自由主義者は「進歩ブロック」をつくって、戦勝をもたらしうる信任内閣の形成をめざした。急進派は労働者代表を含めた戦時工業委員会を主要都市に次々に送りこんだ。一九一六年十月、ペトログラード（サンクトペテルブルク）の労働者がストライキを打ったところ、軍隊の一部がストライキ側に加わった。政府は動揺し、国会ではロシアが「愚行」を継続するのか、国を「裏切者」に売るのかという議論が沸騰した。「進歩ブロック」のミリューコフの策略だった。

そんなとき、長らく皇帝夫妻にとりいって権勢をふるっていたラスプーチンが暗殺された。暗殺者はテロリストではない。皇族や貴族の有志が殺したのである。一九一七年一月、国会デモが始まった。

一九一七年二月、ペトログラードで国際婦人デーにあわせたヴィボルグ地区の女性労働者がストライキに入った。この「パンよこせ」デモは数日のうちに「戦争反対」「専制打倒」の声と混じっていった。革命家はこうした民衆の要求を巧みに暴動に誘導する。暴徒には官憲が出動する。

ニコライ二世はストとデモの鎮圧を命じ、ドゥーマ（帝政ロシアの議会）には停会命令を出した。ところが鎮圧に向かった兵士が次々に労働者や女性デモ側についたのである（つかせるように陽動した）。すかさずメンシェヴィキはペトログラード・ソヴィエトを結成し、チヘイゼが議長を選出し、ドゥーマは十月党《オクチャブリスト》のロジャンコのもとに臨時委員会を動かして、三月二日にリヴォフを首相とする臨時政府をつくった。社会革命党からケレンスキーが入閣した。

ツァーリの権威は風前の灯である。ニコライ二世は弟のミハイルに皇位を譲ったが、弟がこれを拒否し、ここに三〇〇年にわたったロマノフ朝が自壊した。これがロシア二月革命である。

ペトログラード・ソヴィエトは、このあとのさまざまな決定はソヴィエトと臨時政府の見解が一致するかぎり遂行されるという声明を出したものの、これは「二重権力」だった。チューリヒにいたレーニンは、マルクスの「プロ独」（プロレタリア独裁）の実行はまだ遠いと思う。

臨時政府は対ドイツとの戦争を継続すると発表して連合国側の歓心を買った。ペトログラード・ソヴィエトは「全世界の諸国民へ」という声明で、ロシア人民がツァーリの専制権力を倒したように、諸国が民族的にも自決することを呼びかけた。外相になっていたミリューコフは決定的勝利に至るまで世界戦争を遂行しようと呼びかけた（ミリューコフ覚書）。

何かが食いちがったまま、第一次連立政府がスタートを切った。そこへ三月になって流刑地からカーメネフとスターリンが戻り、四月三日にレーニンがスイスからドイツ経由の覆面亡命列車で帰ってきた。ドイツはレーニンに戦争終結の活動をしてもらったほうがいいので、あえてレーニンを庇護《ひご》したのである。これで、メンシェヴィキに主導権をもっていかれていたボリシェヴィキが一挙に動きだした。

機関誌「プラウダ」は「革命的プロレタリアートが行動をおこす」「銃弾には銃弾を、砲弾には砲弾をもって応じよ」と扇動し、レーニンは「四月テーゼ」を書いて、政策転換を訴えた。そこには「ブルジョワ政府に対する反対」、「祖国防衛の拒否」（戦争反対）、「全権力のソヴィエトへの移行」が強く明記された。

こうして七月蜂起に向かって過激なデモや武装闘争が繰り広げられたのだが、指揮をとったボリシェヴィキとアナキストはことごとく弾圧された。トロツキーやカーメネフは逮捕され、レーニンやジノヴィエフは地下に潜った。デモ部隊は武装解除されて、兵士として前線に送られていった。

ここから十月革命に至る苛烈《かれつ》な日々には「民衆の熱狂」はない。革命指導者たちによる戦術につぐ戦術、転換につぐ転換、クーデターにつぐクーデター、決行につぐ決行だった。多くはレーニンの判断だ。

なかでも一九一八年一月の憲法制定議会を、レーニンの判断で機略的に封鎖してしまったことが大きかった。謀略的封鎖だったが、これで決定的イニシアティブがボリシェヴィキの掌中に入った。レーニンが武装蜂起による権力奪取のシナリオを中央委員会に提起すると、中委は十月十日に武装蜂起を決定した。翌々日、ペトログラード・ソヴィエトも軍事革命委員会を設置し、トロツキーの画策も相俟《あいま》って、軍部の各部隊が次々に蜂起支持を表明すると、臨時政府の打倒が開始された。冬宮は占拠され、最後の反撃を試みるケレンスキーも倒れた。

残るはどこがソヴィエト権力を握るかである。武装蜂起に参加したエスエル（社会革命党）左派は除名処分され、左翼社会革命党として独立して、十二月九日のボリシェヴィキとの連立政権の確立に応じた。しかしその後のエスエルは憲法制定議会に全権力を集中させることを要求して、レーニンが示した「憲法制定議会はブルジョワ共和国の最高形態だが、われわれはもはやそれより高度なソヴィエト共和国にいる」という見解と対立した。

翌一月五日に開かれた憲法制定議会はエスエルが主導することになり、ボリシェヴィキの提案は否定された。ところが翌日、レーニンは人民委員会議の名によって憲法制定議会を強制的に解散させ、一月十日に「ロシア社会主義連邦ソヴィエト共和国」の成立を宣言したのである。ロシア十月革命は最後の数週間でとりあえず成就した。世界中がびっくりした。また、警戒した。

世界大戦は囂々《ごうごう》と進行していた。レーニンは「四月テーゼ」以来、一貫して戦争放棄を主張していたから、すべての交戦国に対して無併合・無賠償の講和を要請するのだが、フランスもイギリスも他の連合国もまったく無視した。そこで、ソヴィエト政府はドイツとオーストリア＝ハンガリーとの単独講和に踏み切るべくブレスト・リトフスクでの交渉に入る。トロツキーが交渉に当たった。

ここでソヴィエトに三つの方針が分かれた。講和ではなくロシア革命をヨーロッパに波及させるべきだというブハーリン派、ドイツ側の条件を受け入れて次の展開に備えるというレーニン派、ドイツに革命を勃発《ぼっぱつ》させるべく交渉を引きのばすべきだとするトロツキー派である。

最初はトロツキーの路線が支持を得て、一月二七日にドイツ側の要求を却下したのだが、ドイツ軍がロシアへの攻撃を再開してロシア軍が潰走《かいそう》するに及んで、レーニン案が浮上した。三月三日、ブレスト・リトフスク条約が締結され、ロシアは講和と引き替えにフィンランド、エストニア、ラトヴィア、リトアニア、ポーランド、ウクライナ、ザカフカスの一部を手放した。のちにドイツ敗北後、この条約を破棄するのだが、ウクライナ以外はそのまま独立に進んだ。エスエルは講和条約に反対して、連立政権から脱退した。

連合国側は、こうしたソヴィエトの革命政権をこのまま容認できない。各国は口実をつくって出兵や駐屯を試みる。アメリカ・日本はシベリア出兵を、イギリスは白海沿岸都市の占拠を、それぞれ狙った。もしここで、ソヴィエトが動揺するか、甘くなっていたら、その後のソ連はない。

この緊迫した情勢に、各地で激しい内戦が飛び火していった。ネストル・マフノの抵抗が激しかった。エスエルは白軍を、ソヴィエト中央はトロツキーのもとで赤軍を、この両者に属さない部隊は緑軍を組織する。全土が大戦に続く内戦のため生産力が落ち、食糧が絶え、最悪の経済危機と生活難を強いられた。ソヴィエト政府は「戦時共産主義」を断行した。私企業を禁止してあらゆる産業を国営化し、農村からは穀物を割当徴発して、いっさいを配給制に切り替えたのだ。失敗だった。ロシア経済は壊滅的になる。農民は叛乱《はんらん》し、労働者は深刻な食糧不足に追いやられた。

この苦境を突破するため、ボリシェヴィキは一党独裁を強め、他のすべての政党を非合法化し、秘密警察チェーカーは裁判所の決定なく逮捕と処刑ができるようにした。のちのKGBの前身である。

非合法化されたグループや反革命軍にはレーニン暗殺を企てる者たちが出現した。政府はこれらに「赤色テロル」を宣誓して過激な報復を加えた。退位後は監禁されていたニコライ二世とその家族は、反革命軍が奪還するおそれがあるというので銃殺された。

内戦は一九二〇年末まで続いた。内戦中に赤軍に対抗する白軍に所属し、その後国外に大量亡命した者たちは、総じて白系ロシア人と呼ばれた。

一九二一年三月、バルト海艦隊の拠点であったクロンシュタットで、水兵たちが反政府叛乱をおこした。軍艦ペトロパブロフスク号での集会では、言論・集会の自由、農業・家内工業に対する統制の解除、すべての政治犯の解放、勤労人民への配給の平等など十五項目の決議が採択された。まっとうな要求であったが、粉砕された。ジノヴィエフは軍隊を送り込み、トロツキーは赤軍による二度の鎮圧攻撃を指令した。

クロンシュタットの叛乱によって、ソヴィエト政府は統制経済を緩めざるをえなくなった。ここに政策転換されたのが「ネップ」（新経済政策）である。ソヴィエトは共産党と改称される。

こうして一九二二年十二月三十日、ソヴィエト社会主義共和国連邦（USSR）の建国が宣言された。マルクス・レーニン主義による世界史上初の社会主義国家が樹立されたのである。どんな歴史にも出現したことのない国家だった。マルクスはこれを予想し、レーニンはその実現を達成したのである。驚嘆すべき国家だった。

一年後、レーニンは死ぬ。一九二四年一月二一日、まだ五三歳だった。ヨシフ・スターリンがこれを継いだのだが、スターリンの「ソ連」はさらに驚くべき体制を地上に出現させた。

ついついロシア革命の経過をかいつまんだため（とうていかいつまめないのだが）、いささか煩瑣《はんさ》になってしまったが、レーニンとはこの異様な革命経過そのものなのである。決断も矛盾も目白押し、「やる」も「やられる」も、弾圧も排除も犠牲ものべつ踵《きびす》を接し、イニシアティブをいつ誰がどこで獲るかの革命人生だった。

レーニンの読書はいつまでも続かなかったわけである。一九一七年の二月革命で、いままで追放されていた革命家たちが亡命先からペトログラードに戻ってくると、いよいよレーニンの出番となったからだ。あの劇的なペトログラード到着と「四月テーゼ」の発表以来、レーニンは革命パンフレットの執筆者となり、さらにボリシェヴィキ革命グループの中心リーダーとなって、読む者から読まれる者に変貌《へんぼう》をとげたのである。その直後、病没した。

レーニン亡きあとのソ連は長らくスターリン独裁の時代になった。マルクス・レーニン主義は国家イデオロギーになり、計画経済と集団農場化が推進されたけれど、一〇〇万人ともそれ以上とも言われる粛清や圧殺が進行した。スターリニズムである。第二次

(Photo by Peter Turnley/Corbis/VCG via Getty Images)

1988年のモスクワの赤の広場のパレード。巨人なバナーに、コミュニズムのシンボルとして（左から）マルクス、エンゲルス、レーニンの肖像が描かれている。かつてはスターリンと毛沢東の肖像もいっしょに描かれていた。

世界大戦後は「鉄のカーテン」が築かれ、東欧諸国や東ベルリンをソ連の親衛隊にすると、欧米諸国との冷戦に突入していった。

スターリン死後も、フルシチョフやブレジネフが冷戦を継続させるのだが、一九八〇年代後半になってゴルバチョフがグラスノスチ（情報公開）とペレストロイカ（改革運動）を断行し、北欧型の社会民主主義への転換を遂げると、折からの東欧の民主化の嵐の中、ついにソ連は崩壊した。いまやプーチンはめったにレーニンの話をしなくなっている。

第一〇四夜　二〇〇〇年八月二日

参照千夜

一五七夜：マッハ『マッハ力学』　七一四夜：ロラン・バルト『テクストの快楽』　一七〇八夜：ヘーゲル『精神現象学』　二九一夜：アリストテレス『形而上学』　七八九夜：マルクス『経済学・哲学草稿』　一一三夜：ゴーゴリ『外套』

ロシア革命渦中のテロリストが、
戦争の大量殺戮に抗して要人の殺害をめざす。

ロープシン（ボリス・サヴィンコフ）

蒼ざめた馬

猪野満智子訳　世紀書房　一九五一／川崎浹訳　現代思潮社　一九六七／工藤正広訳　晶文選書　一九六七

Ropshin: The Pale Horse 1913

『ヨハネ黙示録』第六章第八節、「見よ、蒼《あお》ざめたる馬あり、これに乗る者の名を死といひ、陰府《よみ》、これに随《したが》ふ」。ロープシンの物語はここから聞こえてくる。

ロープシンは革命家だった。名うてのテロリストだ。本名をボリス・ヴィクトロビッチ・サヴィンコフという。回想録『テロリスト群像』（現代思潮社）という著書がある。

サヴィンコフはつねに死と隣接した激変の中にいた。学生時代にペテルブルクで革命運動にふれ、一九〇三年には社会革命党《エスエル》に入党する。さっそく頭角をあらわして秘密戦闘部員となると、すぐさま内相プレーヴェや皇族セルゲイ大公の暗殺をたくみに先行指導した。その後、一九〇六年に逮捕されて死刑を宣告されるのだが、処刑直前に劇的な脱走を企て、『蒼ざめた馬』や『存在しなかったこと』などを執筆する。が、それは余技なのだ。ふたたび革命運動に戻っていく。

時代はロシア革命まっさかり。すでに戦闘団は解体していたが、サヴィンコフはそのことが許せない。なんとか革命の高揚と戦闘とをむすびつけようと画策する。一九一七年の二月革命のときにケレンスキー臨時内閣の陸海軍相の次官をつとめるのだが、時代と歯車があわず、なかなかうまくいかない。そこで密《ひそ》かにコルニーロフの反乱に加担し、白軍を率いてキエフの占領を企てて進軍をする。けれども、敗走。ついに党を除名された。

やむなくパリに亡命して、『黒馬を見たり』(現代思潮社)などを書きつつ、十月革命後は今度は反ソ活動に転じて、ヤロスラヴリの反乱などを工作した。準備も戦略もない反動工作だった。ことごとく失敗した。

こうして一九二〇年、意を決してポーランドで白軍を結成し、四年後に暗殺団をつくって革命政府ソヴィエトへの潜入を計画するに及ぶのであるが、これまた国境であえなく逮捕され、反革命者としての烙印《らくいん》を押され、そのまま投獄されてしまった。しかし、もはやそのような自身の境涯に納得がいかず、監獄から身を躍らせて投身自殺した。

これがボリス・サヴィンコフである。ロシア革命の只中《ただなか》につねに身をおきながら、そこから弾《はじ》かれていったテロリストであった。そのようなテロリストはロシア革命の周辺にはごまんといた。けれども、サヴィンコフはロシア革命の〝正史〟には絶対に出てこないテロリストなのである。サヴィンコフは右からも左からも、上からも下からも、葬り去られた男なのである。

では、作家ロープシンはどうなのかというと、やっぱりサヴィンコフそのままだ。『蒼ざめた馬』はまさにサヴィンコフの自伝的小説そのものだった。

ぼくがこの本を読んだのは早稲田の学生時代のこと、粘っていると珈琲を一杯だけサービスしてくれる坊主頭のマスターがいたナポリという紫色の装飾が妖《あや》しい喫茶店での夜明けのことだった。そのころぼくは横浜山手町にいたのだが、一週間に一度帰ればいいほうで、たいていは新聞会か友達の下宿に泊って、深夜は二日に一度はナポリにいた。そこでガリ版のビラを切り、原稿を書き、本を読んだ。マルクス主義系というよりも乱読に近かった。ただロシア文学には妙に親しみがあったので、エフトシェンコやパステルナークやレオーノフを読み耽《ふけ》っていた。

『蒼ざめた馬』はあっというまに読めたように記憶する。構成が日付順の日記体になっていて、文体も平明だったせいによる。その文章にはニヒト（虚無）がいっぱい滲《にじ》んでいて、まったくやるせない。読みおわって疲れてしまった。

当時はトロツキー著作集に惹《ひ》かれ、アイザック・ドイッチャーの大作『武力なき予言者・トロツキー』など三部作（新潮社）にまで手を出していたので、ロープシンの本も熾《し》烈《れつ》なテロル幻想に富んでいると予想したせいだった。おまけにメルロ＝ポンティの『ヒューマニズムとテロル』（みすず書房）を読んだばかりだったので、本物のテロリストがいったいどんな回想をしているのかと、そればかりが気になった。

が、ロープシンは、ぼくのそうした邪《よこしま》な興味を一蹴《いっしゅう》して、革命と死と愛と神とが同時に語れることを告げたのだ。これは、当時のぼくには疲れることなのだ。

主人公のジョージは仲間たちと「或《あ》る総督」を殺害するべく準備している。爆弾による殺害だ。仲間たちはたいてい同じような会話をする。キリストのこと、聖書に書いてあること、爆弾や大砲のこと、テロリズムのこと。ジョージはそれを聞き、ときに口を挟みながらも、なぜか虚《うつ》ろである。

誰かを殺すのは難しくはない。ただ、そこには「思想」がいる。それを神が許した行為と見るのか、革命のための突破口と見るのか、社会の悪党に制裁を下すと見るのか。主人公からすればその議論はすればするほど虚妄にも見えてくる。けれども行為はたんにひたすら頑徹なのである。そこにワーニャという男があらわれる。シベリアの湿地帯をよく知っていて、その底なし沼で「神」を直観したという。ワーニャは大義のための殺害には子供たちを巻きこめないと呟《つぶや》く。

エルナとエレーナという二人の女性が、主人公にかかわっている。エルナは爆弾づくりの分担で、ジョージを愛しているのだが、愛されない。エレーナは人妻でテロ計画メンバーに入っていないのだが、ジョージに愛される。そのエレーナには「言葉」と「法」がない。

総督は爆死した。仲間も一人、死ぬ。テロリストたちは目標を失い、同志を失った。「わたしは知らない、なぜ自分がテロに加わっているのか。だが、多くの者がなぜテロに加わっているのかは知っている」。

一九七〇年の暮れ近くになって、もう一度『蒼ざめた馬』を読む気になった。この年は三島由紀夫が市ケ谷で自決した年だった。全共闘が水煙の中で崩れ落ちていった年でもあった。ぼくの多くの知人たちがある幻想を追い求めて潰《つい》えていった年だったのである。その幻想はいま思うと、はたして本当にそういうものだったのかという気もするのだが、やはり「革命」という幻想だった。

そういう年の瀬に読んだロープシンは、その一行一行が結露のように光っていて、パテェ・フィルムの上映のようにカチカチと音がした。

ロープシンの『蒼ざめた馬』は日本では意外に早く、大正八年（一九一九）に翻訳されている。青野季吉の翻訳で『蒼ざめたる馬』というふうになっている。牧野信一が出版社をしていた時期のことである。当時は、すぐにもう一冊のロープシン、すなわち『黒馬を見たり』も出版された。日本がロシア革命後の動向に目を凝らし、耳を澄ましていた唯一の時代だった。

五木寛之の『蒼ざめた馬を見よ』（文春文庫）は本書に想を得た。直木賞をとった。新聞記者が謎のユダヤ人作家の作品を入手するためソ連に行って驚くべき仕掛けに辿《たど》りつくという話で、ロープシンの時代とはちがうのだが、ロープシンの影を感じさせて評判になった。

第三二夜　二〇〇〇年四月十四日

参照千夜

一三〇夜：トロツキー『裏切られた革命』　一一三三夜：メルロ＝ポンティ『知覚の現象学』　一〇二二夜：三島由紀夫『絹と明察』　八〇一夜：五木寛之『風の王国』

国家が革命されるのなら、
革命は国家してはならないはずである。

レフ・トロツキー

裏切られた革命

山西英一訳　論争社　一九五九／対馬忠行・西田勲訳　現代思潮社　一九六九
藤井一行訳　岩波文庫　一九九二
Lev Davidovich Bronshtein Trotskii: The Revolution Betrayed 1937

青年トロツキーはナロードニキ（narodniki）だった。オデッサのドイツ系実業学校ではプーシキン、トルストイ、ネクラーソフ、シェイクスピア、ディケンズ、ウスペンスキーを読み耽《ふけ》った。無神論が好きだったのだ。
マルクスの著作にもマルクス主義にも触れた。最初のノリは悪かったが、ロシアや世界が「革命」に向かうことには血が躍った。だから秘密組織や党派活動には体が動いた。何度も逮捕・投獄・流刑を強いられるうちにマルクス主義を受容し、革命家になる決意を深めていった。

トロツキーはユダヤ人である。ユダヤ人だったけれど、ユダヤ教にもキリスト教にも惹《ひ》かれず、家族もイディッシュ語ではなくロシア語とウクライナ語を話した。生まれ育ったのがウクライナ南部のエリザヴェトグラード近くの小村だったのである。妹のオリガがとてもラディカルで、のちにボリシェヴィキの指導者の一人のレフ・カーメネフと結婚した。

一八七九年の生まれだから、レーニンの九歳年下で、スターリンやサヴィンコフ（ロープシン）とは同い歳になる。ただしトロツキーは本名ではない。本名はレフ・ダヴィードヴィチ・ブロンシュテインという。レーニン同様に仮名をよく使ったが、二四歳のころにレフ・トロツキーを名のった。レフは「ライオン」である。

トロツキーを知るというのは読み手にとってはちょっとした事件であろう。ぼくのばあいは、トロツキーという名前とトロツキズムという言葉は同時に入ってきた。早稲田に入る前に早稲田に通っていたころ、近くのサテン（喫茶店）で、いつも両切りピースを口から離さないYTという上級生からトロツキーという名を聞いた。その甘美で異様な口吻《こうふん》が気になって最初に『文学と革命』を、ついで『永続革命論』を読んだ。

そのあと現代思潮社から対馬忠行らの努力によってトロツキー選集が出はじめて（トロ選と愛称していた）、それを刊行順に先輩から借りてどきどき拾い読むのだが、当時の選集には『裏切られた革命』が入っていなかったので（一九六八年に追加）、そのうち高田馬場の古本屋で本書を見つけたのだったと憶《おも》う。

すでに早稲田には反スターリニズムの怒号が吹きすさんでいた。だから内容に驚くことはなかったけれど、革命というものが、いつ、どのように裏切られていくのかということを覗《のぞ》くのは、とんでもなく秘密めいていた。

しかし、さすがのトロツキーもすべての事情を書けるわけではない。スターリンを名指しでこきおろすこともしていない。だから、トロツキーの生涯やその時代の凄惨《せいさん》な歴史に腰を抜かすほどに驚かされたのは、アイザック・ドイッチャーの三部作に出会ってからのことだ。『追放された予言者』『武装せる予言者』『武力なき予言者』の三部作（新潮社）で、山西英一らが一九六四年に和訳した。きわめて詳細で、凄《すご》かった。

トロツキーは語学やリテラシーに強く、書き手としての才能に充《み》ちていた。論述力にすぐれ、文章に歴史的対峙力がみなぎっている。その才能は持ち前でもあったろうが、獄中や流刑地で磨きがかかったとおぼしい。

大杉栄の「一犯一語」がそうだったように、革命家たちは獄中で才能を磨く。トロツキーの最初の投獄は十八歳のときの一八九八年である。革命煽動《せんどう》の小冊子を書いて配布したところ、二〇〇人の仲間とともに逮捕され、裁判まで二年、一九〇〇年にはシベリア流刑四年の判決を受けた。こういう投獄や刑期が思想や行動に何をもたらすのかわからないけれど、ぼくが知っている友人や知人がどうなったかといえば、どんな主義主張であれ、監獄ではうんと深まっている。日常がないのだから、そうなるのだろう。

シベリア・イルクーツク地方のウスチクートとヴェルホレンスクに流されたトロツキーは、オデッサで獄中結婚していたアレクサンドラ・ソコロフスカヤと二人の娘をもうけて、革命学習に集中した。もうひとつ、流刑地で練り上げたことがある。少しずつ送られてくる革命運動のニュースを吟味しながら、前衛的革命党には紛争と紛糾がつきものので、その渦中で規律をつくっていくにはどうするかということを考えたのだ。

　しかし、居ても立ってもいられなくなったトロツキーは、一九〇二年の夏、刑期半ばでシベリアから脱走した。脱走しても、潜伏は続けなければならない。ロンドンに身を隠しながら、機関誌「イスクラ」を刊行するロシア社会民主労働党に依拠した。プレハーノフ、レーニン、マルトフらと出会った。

一九〇五年、事態が大きく動いた。いわゆる「血の日曜日事件」がおこりロシア全土にゼネストが拡大し、ロシア第一革命になる。この動乱のなかでトロツキーはペトログラード・ソヴィエトのリーダーの一人になり、反レーニンのメンシェヴィキからレーニン中心のボリシェヴィキに活動位置を移した。とたんに逮捕され、ふたたびシベリア流刑を言いわたされた。今度は終身流刑だ。

絶体絶命かと思われたが、こんなことには甘んじられない。護送中に敢然と脱走すると、ウィーンに亡命した。このウィーンで書いた草稿が「プラウダ」に発表された『永続革命論』である。

永続革命論のシナリオは、レーニンの二段階革命論に対立する。レーニンは帝政を倒すにはまず労農独裁力によって民主主義革命をおこし、そのうえでプロレタリア独裁をめざすとしたのだが、トロツキーはブルジョワジーや労農連合体には民主主義革命を遂行する能力はないと見た。

後進国においての革命は、プロレタリアートにしか実現できない。トロツキーは一挙に権力奪取に到らないかぎり、革命は成就しないと見抜いたのだ。レーニンはそんなやりかたは農民を無視しているもので、歴史をとびこしすぎていると批判したのだが、実際に二月革命が近づくと、レーニンも「四月テーゼ」を出してボリシェヴィキによる権力掌握に舵《かじ》を切ったのである。

このレーニンの転換に仲間はかなり驚くのだが、ここはレーニンのほうがトロツキーに近づいたため、ロシア革命が成就したわけである。ロシア革命史上、最も大きな〝転位〟だ。二人の協力関係はレーニンの死まで続く。

トロツキーの永続革命論はぶっちぎり革命論である。中断や延滞や躊躇《ちゅうちょ》がない。最後衛が一気に最前線まで駆け上がり、並みいる現状を暴力的に突破する。トロツキズムと言われるゆえんだが、トロツキー自身は若きマルクスのブント時代の提起にもとづいたと言っている。

のちにトロツキーが書いた『ロシア革命史』（岩波文庫）を読むと、トロツキーの関心は先進国になくあくまで後進国をどのように革命状態にさせるかということに集中していたことが、よくわかる。後進国は先進国の発展のプロセスを辿《たど》るのではなく、先進国や技術革新の成果を採り入れて、飛躍的に階級を駆け上がるのだから、その勢いのまま革命を永続していくべきだというのである。「複合的発展の法則」とも書いている。

一九一四年に第一次世界大戦が始まり、ロシアも連合国としてドイツとオーストリア＝ハンガリーと戦端を開くことになった。革命家にとっては、この戦争状態をどのように革命状態にしていくか、である。

しかし、トロツキーはいまだ〝犯人〟のままなので、スイスやフランスに潜伏しながら「論陣」による革命状態のつくり方を訴求する。まずはスイス社会党に依拠して「反戦」を訴えた。ところがフランスに入っているうちに、身元がバレた。すぐさまスペインに逃れ、そこから一転、ニューヨークに入り、そこでブハーリンらとロシア語新聞などで挑発を続けた。

一九一七年、ニューヨークを抜けてロシアに入り、ここからはいよいよ二月革命の驀《ばく》進《しん》に身を投じる日々になる。七月にボリシェヴィキに入党すると、九月にはペトログラード・ソヴィエトの議長として、十月革命では軍事革命委員会の委員長として軍事蜂起《ほうき》を仕切った。レーニンが革命政権の指導者に就くと、戦争を終結させるべくドイツとの秘密交渉に当たり、ブレスト・リトフスク条約締結の裏舞台をつくった。

一九一八年二月、トロツキーは最高軍事会議議長のポストに就いて、国内の内乱や反乱の鎮圧に乗り出すための「赤軍」を組織する。数百数千人の隊員はまたたくまに五〇〇万人の部隊になったのだが、その任務は反乱軍や反乱兵士を軒並み制圧・殺害するというもので、これによってネストル・マフノの画期的なパルチザン活動（マフノ・アナキズム運動）も跡形もなく撃沈されていった。

その矢先、レーニンが死ぬ。十月革命で最大の推進力を発揮したのはトロツキーであったが、中央委員会ではスターリンらの三人組が擡頭《たいとう》した。トロツキーは左翼反対派や合同反対派の一員として排除され、一九二五年には軍事担当を解かれ、一九二七年にはいっさいの役割から放逐された。スターリンは永続革命論を極左冒険主義として唾棄《だき》し、一九二九年にはソ連国外追放となったのである。

トロツキーは一九三五年に亡命先をフランスからノルウェーに移して、そこで本書を書いた。もとより執筆能力の旺盛《おうせい》なトロツキーだったので、あっというまに書き上げたのだろう。原題は『ソ連とは何か、そしてどこへ行くのか』というものだった。それがフランス語版で『裏切られた革命』になったのをトロツキーも承認した。このタイトルは、本書執筆の一九三六年の十二月にスターリン憲法が制定されたことを思うと、まさにふさわしい。トロツキーが本書で言いたかったことは「スターリンのソ連には社会主義はまったく存在しない」ということだったからである。

四年後の一九四〇年、トロツキーはメキシコ郊外の寒村でピッケルで脳天を打ち砕かれて死んだ。スターリンの差し金であることが明白になっている。

スターリンは最初はシケイロスを隊長とする二〇名ほどの暗殺団にトロツキーを狙わせたのだが、これは失敗した。ダヴィド・シケイロスといえばメキシコを代表する画家であるが、第二次世界大戦中の当時のメキシコは画家が暗殺を計画するような、そういうメチャクチャで、行方知れずの情勢だった。このあたりの情勢はあまりに複雑すぎて説明しきれないが、トロツキーはシケイロスに狙撃《そげき》される前はフリーダ・カーロの「青い家」に隠れていて、そこは画家のディエゴ・リベラが譲ったものだった。革命画家たちのあいだも二つ以上に割れていたわけである。リベラとカーロ、それに対抗してシケイロスがいて、メキシカン・リアリズムは革命的沸騰と革命的退廃の両方を演じようとしていたわけだ。その両方にトロツキーがかかわっていた。

それはともかくシケイロスはトロツキー暗殺に失敗した。そこでスターリンは、トロツキーの女性秘書の恋人役になりすました青年暗殺者を送りこむ。青年は首尾よく六十歳のトロツキーの脳天をぶち抜いた。トロツキーはこのテロリストをすっかり信用していたらしい。遺言は「第四インターナショナルを前進させてほしい」だった。

死にざまだけを見ても、トロツキーの人生がとんでもなく意外性に富んだ生涯だったことの見当がつく。最初はシベリア流刑と脱走が、次にはレーニンとの共闘と対立が、ついではトロツキーが組織した赤軍の闘いが、そして最後にはスターリンの「一国社会主義論」とトロツキーの「永続革命論」との決定的対立が、トロツキーをして二十世紀史上最も高速過激な人生を送らせることになったのだ。

トロツキズムやトロツキストというものは、こうした「トロツキーの見果てぬ夢」を追うという感慨に、どこかつきまとわれている。そこには、「革命と反革命」「一国ローカリズムと世界インターナショナリズム」「前衛と後衛」「革命的独裁主義と革命的民主主義」「官僚群と労働者」「一時性と永続性」「忠誠者と反逆者」といった、一筋縄では議論しきれない巨大で深遠な対比項が渦巻きつづけている。

トロツキー自身がそのようなリミナルな極限状況を好んで革命思考をしたせいでもあった。だからトロツキーが暗殺されたのは、どこかで誰もが予想していた悪夢でもあったのだ。トロツキーは最初から最後まで裏切られた革命家だったのである。

本書には、早稲田時代にぼくが2Bだかの鉛筆で引いた傍線がのこっている。それを見ると、ぼくはトロツキーの「複合的発展の法則」という言葉にずいぶん関心を寄せている。また「過渡期の制度」とか「文化的創造」といった言葉にもかこみがついている。寺山修司はこう詠んでいた、「冷蔵庫のなかのくらやみ一片の肉冷やしつつ読むトロツキー」。

トロツキーは読んだほうがいい。『トロ選』のほかに、多くの著作が和訳されている。ぼくは『文学と革命』などにも瞠目《どうもく》した。未来派についての適確なアート・センスが吐露されている。前半生については『わが生涯』（岩波文庫）が一九一七年の二月革命前後まで、詳しい。『レーニン』『ニーチェからスターリンへ』（ともに光文社古典新訳文庫）は、きわめて興味深い思想批評になっている。ニーチェ、レーニン、ブハーリン、スターリン、ヒトラーなどを独得にプロフィールさせている。

ロシア革命を内側から見たものとしては、本書とともに『ロシア革命史』全五冊（岩波文庫）、『革命はいかに武装されたか』（トロ選第II期・現代思潮社）がある。

評伝も多い。大作はドイッチャーの三部作だが、ロバート・サーヴィスの『トロツキー』上下（白水社）やジャン・ヴァン・エジュノールの『亡命者トロツキー』（草思社）もわかりやすい。最期のトロツキーの日々については小泉英敬の『メキシコ時代のトロツキー』（新泉社）が涙ぐましいほどに追っている。ついでながら評伝ではないが、安彦良和のマンガ『虹色のトロツキー』（中公文庫コミック）は、石原莞爾が満州にトロツキーを迎えようとした半ば架空の顚末《てんまつ》を描いていて、やたらにおもしろい。トロツキー、たしかに虹色だったかもしれない。

第一三〇夜　二〇〇〇年九月十四日

参照千夜

三五三夜：プーシキン『スペードの女王』　五八〇夜：トルストイ『アンナ・カレーニナ』　六〇〇夜：シェイクスピア『リア王』　四〇七夜：ディケンズ『デイヴィッド・コパフィールド』　七八九夜：マルクス『経済学・哲学草稿』　三二夜：ロープシン『蒼ざめた馬』　一〇四夜：レーニン『哲学ノート』　一〇二三夜：ニーチェ『ツァラトストラかく語りき』　四一三夜：寺山修司『寺山修司全歌集』　四三〇夜：安彦良和『虹色のトロツキー』

一九一九年にスパルタクス団が圧殺され、
ロベルト・ヴィーネの《カリガリ博士》が暗闘を予告した。

カリガリからヒトラーへ

ジークフリート・クラカウアー

丸尾定訳　みすず書房　一九七〇

Siegfried Kracauer: From Caligari to Hitler 1947

一九一九年から一九三三年までのあいだに、ヨーロッパは一変する。第一次世界大戦の終了直後からの約十五年間である。まさにトーマス・マンやオスヴァルト・シュペングラーが予告したとおりだった。日本も同じことである。一九三一年の満州事変と一九三三年の国際連盟脱退で世界と歩みを異にした。異胎の国になった。

ドイツでは「世界」とはドイツのことだった。ドイツが拡張しつづけることが世界だった。満州帝国をつくった日本も、世界から離脱したとはこれっぽっちも実感していない。大日本帝国は五族協和を通してアジア大になると信じていた。しかし、これらの妄想はことごとく潰《つい》えた。いったいいつからこんなことが兆したのか。

第一次世界大戦終了直後の一九一九年におこった二つの出来事が、多くのことを暗示していた。ひとつは義勇団将校たちがローザ・ルクセンブルクとカール・リープクネヒトを殺害したことである。レーニンが希望を託したドイツ革命の狼煙《のろし》をあげるはずだったスパルタクス団がこうして消滅した。もうひとつはこの年に、ロベルト・ヴィーネによる《カリガリ博士》がつくられた。表現主義を代表する映画だ。

二つの出来事はともに、重要な現代史の開幕を告げているのだが、本書は映画のほうから二十世紀ドイツの病巣を観察した。

カリガリ博士を主人公とするこの映画はハンス・ヤノヴィッツとカール・マイヤーが共同執筆したシナリオの段階では、すこぶる革命的な物語になっていた。オランダ国境に近いホルステンヴァルという架空の町に、回転木馬や見世物と定期市がやってきて、そのひとつにカリガリ博士の演出によって夢遊病者ツェザーレが未来についての質問に答える小屋があったという設定である。そこに殺人事件がおこり、複数の犯人候補があがり、事態は混乱するなかで精神病院の院長とカリガリ博士が同一人物だったことが発覚するというふうに進む。

革命的だったというのは、公開された映画ではそれが逆転してしまったことをいう。オリジナル・シナリオではまさにニーチェさながら、あらゆる権威を狂気として暴くというテーマが貫かれていたのだが、ヴィーネがこれを変更して権威を擁護する映画にしてしまったのである。しかし、これがその後のドイツを暗示していた。

映画としての《カリガリ博士》は世界中の映画館で大当たりした。その要因の最大のものはアルフレート・クビーンによる表現主義の怪奇幻想的な美術によっているとぼくは思うのだが、ドイツ人たちは製作会社デクラがつくった「あなたはカリガリにならなければならない」というコピーのついた宣伝ポスターに惹《ひ》かれ、一斉にカリガリ化していったのである。

ローザ・ルクセンブルクとリープクネヒトの死によるドイツ革命の挫折《ざせつ》とヴィーネの《カリガリ博士》のシナリオ変更は、まさに一九一九年のあとのドイツに何がおこるかということを予兆していた。

勘違いされる向きもあろうかとはおもうが、本書はヒトラーやナチズムについての本ではない。一九二〇年代に世界を席巻したドイツ映画についての名著である。

だから、《カリガリ博士》のあとのドイツの歴史についてはもっぱら、F・ムルナウのドラキュラ映画《ノスフェラトゥ》や、A・ゲルラッハのスタンダール原作映画《ヴァニーナ》や、大当たりしたフリッツ・ラングの《ドクトル・マブゼ》や《死滅の谷》や《ニーベルンゲン》などの怪奇映画や幻想映画をめぐって、そのまま一九三〇年のジョセフ・スタンバーグのマレーネ・ディートリッヒ主演《嘆きの天使》のサディスティックな暗澹《あんたん》に突入していくように本書を仕立てている。

仕立てはまことによい。着心地のよい背広のようだ。映画ソリークならこの洋服には、まって、どこへ行くにもこれを着ていきたくなること請け合いだ。この時期のドイツ映画については、本書のほかに有名なグレゴリー・ベイトソンの『大衆プロパガンダ映画の誕生』（御茶の水書房）をはじめ、クルト・リースの『ドイツ映画の偉大な時代』（フィルムアート社）、クルト・トゥホルスキーの『ドイツ 世界に冠たるドイツ──「黄金」の二〇年代・ワイマール文化の鏡像』（ありな書房）といった重要な著作がずらりと控えているのだが、本書の価値はそれらと比較していささかもゆるがない。

その理由ははっきりしている。本書はなぜドイツ人が「プロパガンダ」の手法を発見し、それをワイマール文化の象徴とし、さらには数々の傑作映画になしえたのかということを、映画の手法のみを使って暗示したからだ。いまならともかく、本書が戦後すぐに著されたことを勘定に入れると、こういう分析はすこぶるめずらしい。

ドイツ人が長きにわたってドイツ人の魂を問題にしていたことはあきらかである。ヴィーネだけについて言ってみても、《カリガリ博士》以外のいくつもの作品、たとえば《ユダヤ人の王ナザレのイエス》も、ドイツ人の魂の行方とその落着を告げようとして

ドイツ表現主義を代表するロベルト・ヴィーネ監督の『カリガリ博士』は、激しく歪んだセット美術、隈取《くまどり》ふうの病的なメイク、デフォルメされた演技などによって、ハリウッドのホラー映画にも影響を与えた。

(Photo by ullstein bild/ullstein bild via Getty Images)

いた。

けれども、このことがすぐさまヒトラーのナチズムの利用に向かったと早合点しないほうがいい。そもそもヒトラーが政権に近づくには、本書の守備範囲の一九三三年の直前までは脈がなかったのである。

一九二九年のニューヨークに始まった世界大恐慌はドイツに手ひどいマルク暴落をもたらしたけれど、そして一九三〇年九月の総選挙はナチ党の最初の圧倒的凱歌《がいか》ではあったけれど、それでも一九三〇年の国会では、ナチは政権には遠かった。ヒトラーは究極の勝利を収める直前に、重大な挫折を強いられたのだ。もしも社会民主党が国民からそっぽをむかれる打撃をうけなかったら、ヒトラーがあれほどたやすく政権を手に入れたかどうかは疑問である。

それにもかかわらずドイツ映画とヒトラーのプロパガンダとは、もっと見えない事態の底流の進捗のころから、何かの軌を一にして、同じ行進曲を奏でていたとおぼしい。仮にその様相が怪奇劇や幻想劇や恋愛劇の衣裳を着ていたにしても、当時のドイツでは二つのあいだで同じことが進行していたのだ。なぜ、そうだったのか。

クラカウアーによると、ドイツ人の魂は、それがユダヤ人であろうともゲルマン人（アーリア人）であろうとも、たいてい叙事詩を好むものだという。とりわけ偉大で巨大で劇的な叙事詩を好む。途中に挫折があっても病気があってもかまわない。ひたすら主人公を中心とする登場人物たちが目的に向かって拡張しながら進行していくことが好きなのだ。象徴的には『ニーベルングの歌』やゲーテが提示したファウスト的魂の叙事詩である。こういった魂の遍歴を物語る叙事詩には、メルヘンを体質とするボヘミア人でさえ目を細めて聞き入るという。

ということは、結論からいえば、ナチの戦意高揚のためのプロパガンダはすべてドイツ的叙事詩になっているということなのだ。それ以外のどんなシナリオもドラマトゥルギーもない。その最たるものはナチス幹部となったアルフレート・ローゼンベルクの「第三帝国の神話」の作成であるけれど、それだけでなく、どんなヒトラーの演説原稿にも、どんな宣伝映画にも、どんな戦闘記録のフィルムにも、徹底して叙事詩の手法が貫かれたのだ。

しかし大衆にとっては、それだけで満足があるのではない。叙事詩は叙事詩らしい舞台の大きさが必要であり、それにふさわしい衣裳がなくてはならず、それにふさわしいスペクタクルがなければならない。それらが伴って初めて、みすぼらしい者たちが際立ち、貧しい者たちが物語の主人公に添うように見えてくる。それには、そのようなことを見せる演出が必要なのである。

世界に冠たるドイツ映画とは、まさにその舞台が、その衣裳が、その制服が、貧しい者が、輝く者が渾然《こんぜん》一体となって動いていくことを見せたのだった。そこに音楽が鳴り、光が闇になり、闇から一条の光が出現することを見せたのである。

いいかえれば、万事万端はすでにヒトラーの登場以前に準備されていたのだった。それをむろんウーファ映画社が使っても、小説家が使っても、政治家が使ってもかまわなかったのだが、それをすべて使いきって、それを帽子に、それを制服に、それを演説に、それを舞台に、それを建築に、それを軍隊に、そしてそれを戦争にしてみせていったのが、ヒトラーだったのである。

三島由紀夫が「楯の会」をつくり、『わが友ヒットラー』（新潮社）を書きたかったというのはここだった。

ビスマルクは「熱狂は鰊《にしん》のように塩漬けにして保存できない」という名言を吐いた。そして、その名言どおりに熱狂を塩漬けにできずに、舞台から去った。

逆にヒトラーは熱狂をつねに連写することができた。ヒトラーは国民の感情と戦争の美学と少年少女の夢とドイツ青年団の熱を、現実の映画にしてしまったのである。しかしそのかわり、それによってすべての現実が消滅し、雲散霧消していった。

ヒトラーが政権をとった一九三三年一月はそれを祝う提灯《ちょうちん》行列がベルリンを埋めつくしたのだが、その瞬間、現実のベルリンそのものが消滅してしまったのだ。戦場のピア、ニストであったアルトゥール・シュナーベルはベートーヴェンのピアノ・ソナタの連続演奏中に突然、放送を打ち切られたのである。こうしてベルトルト・ブレヒトはデンマークに逃げ、クルト・ヴァイルとフリッツ・ラングはパリへ去ったのだ。アインシュタインはアメリカに、グロピウスはロンドンに姿を消したのだ。

ベルリンに残っているのは、ヒトラーを信奉する映画作家と芸術家と、そしてどこにも行けないユダヤ人だけになった。それがカリガリ博士の幻影というものだ。

二十世紀の最初の三十年間のドイツ映画を見ることは、なによりも歴史にネジとドライバーを差しこむことである。ヒトラー登場の背景を目で見たいと思うなら、そうすることを勧める。そうでなければ、ヴィスコンティの《地獄に堕ちた勇者ども》を、少なくとも三べん見ることだ。

第一〇二七夜　二〇〇五年四月二十日

参照千夜

一〇二三夜：ニーチェ『ツァラトストラかく語りき』　三一六夜：トーマス・マン『魔の山』　一〇二四夜：シュペングラー『西洋の没落』　四六三夜：マレーネ・ディートリッヒ『ディートリッヒ自伝』　四四六夜：グレゴリー・ベイトソン『精神の生態学』　九七〇夜：ゲーテ『ヴィルヘルム・マイスター』　一

六〇〇夜：ワーグナー『ニーベルングの指輪』　一〇二二夜：三島由紀夫『絹と明察』　一〇〇七夜：岩淵達治・早崎えりな『クルト・ヴァイル』　五七〇夜：アインシュタイン『わが相対性理論』　一六七八夜：吉村信次郎ほか『ヴィスコンティ集成』

第四章 危機の二十世紀哲学へ

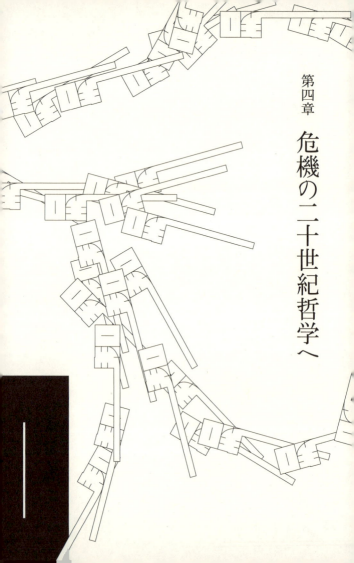

エトムント・フッサール『間主観性の現象学』
アンリ・ベルクソン『時間と自由』
マルティン・ハイデガー『存在と時間』
ジャン＝ポール・サルトル『方法の問題』
アルベール・カミュ『異邦人』
クロード・レヴィ＝ストロース『悲しき熱帯』

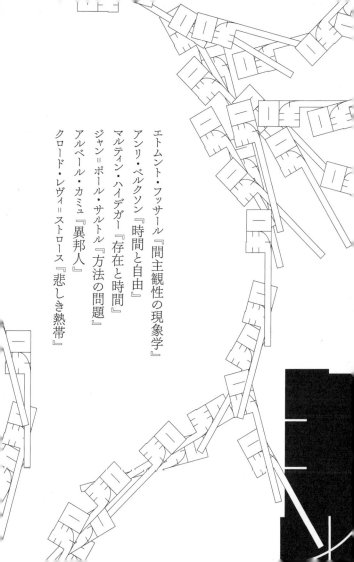

いったん認識の進行を中断して、
そこから「超越論的現象」を読みとっていく。

エトムント・フッサール
間主観性の現象学
Ⅰその方法　Ⅱその展開　Ⅲその行方
浜渦辰二・山口一郎訳　ちくま学芸文庫　二〇一二〜二〇一五
Edmund Husserl: Zur Phänomenologie der Intersubjektivität 1905–1935

フッサールは『イデーン』を一九一三年から数年にわたって書いていた。第一次世界大戦のあいだ考察しつづけたのだ。そして、あとがきにこんなことを書いた。「筆者は今老境にいたって、少なくとも自分自身としては、完全に、次のように確信するにいたっている。すなわち、自分こそは一人の本当の初心者・端緒原理を掴《つか》んでそこから始める人間であると、こう自ら名乗り出てもよいであろう、と」。謙遜《けんそん》しているのか自慢しているのかといえば、そうとうの自負を言挙《ことあ》げしているのだが、前半部と後半部に分かれた『イデーン』を発表したのは五五歳前後のことだから、七九歳で往生するフッサールがこの時期に老境に入ったとはいえない。それでも「そろそろ自分で自分の成果を確信していることを言ってもいい歳だろう」と書いた。年齢のことはともかくも、自分がこれまで考えてきたこと、思想の方法として確立したことはきわめて独創的なもので、これまで誰も思いつかなかったことだという自負を宣言したのである。

研究者や思索者には、大なり小なりこういう自負が芽生えることがあるけれど、アカデミズムに晒《さら》されているうちに自分がさまざまなものに塗《まみ》れていることに気が付き、自負を表明することなどできなくなっていくことのほうがずっと多い。科学研究ではその有効性がのちに証明されて、自負などと関係なく自分の科学領域での寄与が明確になるのだが、人文科学や社会科学ではなかなかこういうことはおこらない。しかし、フッサールは自分が提起した哲学的方法に自信をもったのである。自ら名乗り出てもよいと思ったのだ。

何をフッサールは自負をもって開拓したのか。「現象学」(Phänomenologie) の可能性を開拓した。とくに「現象学的還元」(Phänomenologische Reduktion) という方法によって現象学の端緒原理がいくらでも広がりうることを示した。

世界ではつねに何かがおこっている。この「おこっている」を「現象している」と言うとすると、われわれをとりまくものすべてが「現象している」とみなせる。宇宙は現象し、生命は現象し、社会も現象している。われわれ自身の体においても何かがずうっと現象している。腸も腎臓も、タンパク質も遺伝子もウイルスも現象している。その多くは事象の連続ないしは断続である。

こうした現象はしかし、われわれが知覚するか認識しなければ（あるいは観測しなければ）、「それは現象しているのだ」とは言えない。けれども困ったことに、われわれの思考や思索もまた現象しているのである。そこには心や意識が絡まっている。外の現象と内の現象がどこまでつながっているのかはわからないが、われわれが現象するとともに世界も現象し、世界が現象するとともにわれわれも現象しているわけなのだ。

ところがまたまた困ったことに、われわれに現象している心や意識は取り除けない。そのため客観の動向と主観の動向はなかなか分けられない。

さあ、どうするか。フッサールが持ち出したのが「現象学的還元」という魔法のような「方法の杖《つえ》」だった。

アリストテレスからヘーゲルにいたるまで、客観と主観は分けられないままに現象を記述する工夫をしてきた。これがヨーロッパ二〇〇〇年の哲学のジョーシキというものであり、「西の世界観」の骨髄というものだった。

ありていにいえば、そのうちの半分は「神の現象」をめぐっていた。オリゲネス、テルトゥリアヌス、アウグスティヌス、スピノザはそのことを記述した。残り半分はわれわれの思索や経験の現象を記述しようとした。ライプニッツやデカルトやロックやヒュームやカントやヘーゲルがそれを試みた。しかしそのような記述がはたして現象を正確に記述してきたのかどうかはわからない。それを確かめる方法がなかったのだ。

そこで近代科学はそこにさまざまな測定器具を介在させ、数学による明示化を構築して、客観の現象を記述できるようにした。自然科学の基礎がこうして成立した。

それなら、われわれの心や意識や認識行為に映っている現象を言葉で記述するには、どうしたらいいのか。数学だけではそこまで及ばない。何かの「掴み」が必要だ。フランツ・ブレンターノはそのような認識行為に映っている現象には「志向性」(Intentionalität)があるはずだとして、志向性を記述すればいいと考えた。これはのちに記述心理学に発展した。ブレンターノの弟子でもあったフッサールはいっそ「現象そのもの」を取り出せないかと考えた。そして研究テーマを一挙に「事象そのものへ」(Zu den Sachen selbst) においた。

学生時代のフッサールは数学を研究していた。一八七六年からはライプツィヒ大学で天文学を、七八年から八一年まではベルリン大学で数学を専攻し、ヴァイアーシュトラースやクロネッカーから変分法を学んだ。

数学が「厳密な学」を記述するための最も信頼に足る基礎を提供していることはわかっていた。ただ、そういう数学が世界や意識の現象の何をモデル化しているのか、つきとめられてはいない。数学が無矛盾性を確立できているのかどうかも検証できないでいた。それでもクロネッカーは「自然数を産出する構成のプロセス」に数学のモデルを求め、ヴァイアーシュトラースはおそらく「数」そのものが数学を保証しているだろうと見ていた。カントールもその見方を発展させようとしていた。

フッサールはヴァイアーシュトラースが示す根本主義（Radikalismus）に惹《ひ》かれ、その見方によって「厳密な学」をもっと一般化できないかと考えた。そんなときブレンターノの講義を聴いてハッとした。ブレンターノは「心は対象的な現象がおこっていくことについて志向性をもつ」と言っていた。フッサールはあらゆる数が「数える」という志向的な作用を伴っていることに着目し、数の概念と志向性の関係に言及して、一八九一年の教授資格論文に『算術の哲学』を書き、これを出版するのだが、その内容についてフレーゲからクレームがついた。

ゴットロープ・フレーゲはぼくが最も瞠目《どうもく》してきた記号数学の天才である。発想が図抜けている。あの概念記法はとてもすばらしい。そんなフレーゲがフッサールの心理主義が混じった甘い数学論を許すはずがない。『算術の哲学』の心理主義的な記述をこっぴどく批判した。

これがよかった。フッサールはブレンターノの暗示にもヒントを得て哲学に転じることを決意する。すばらしい転機だったと思う。フッサールは『論理学研究』（一九〇〇～〇二）をへて、いよいよ現象学の確立に向かったのである。こう書いた。「論理学的な諸理念とそれらによって構成される純粋諸法則が与えられているというだけでは、とうてい満足できない。こうして（この満足できないところを徹底して見つめると）、論理学的な諸理念つまり諸概念と諸法則を認識論的に明晰判明なものにするという大きな課題が生じてくる。ここに現象学的分析が始まるのである」。

ゲッティンゲン大学に移ってから書いた『イデーン』Ⅰはフッサール現象学の開闢《かいびゃく》を告げた。フッサールは「与えられた体験を超え出るような諸要素を持ち込まずにいったん遮断する」にはどうしたらいいかということを考える。『イデーン』はそのことばかりを考えた著作だ。

ふつう、「思考する」とはなんらかの対象に向かっていくことをいう。接近していくことをいう。思考はおそらく意識の持続がもたらしているのだろうが、そこにはさまざまな対象（目標）への接近がおこる。フッサールの現象学用語では、このように何かに接近して思考することを「ノエシス」（noesis）という。思考する対象のことを「ノエマ」（noema）

という。ノエマは意味や真実の対象である。

けれどもそういう接近はいつもうまくいくとはかぎらない、恋するってどういうものか、仲良くするってどうなることか、野菜と果物とは何がちがうのか、雑音とは何か、宇宙に果てはあるのか。われわれはこういうことをしょっちゅう考えるのだけれど、考えているうちに行き止まりになったり、不鮮明になったりしていく。そのため思考がうまくいかないときには、ついつい思考の内側に生じているとはかぎらない概念（思考がもたらした要素によって組み立てた概念とはいえない概念）によって、この思考を補充する。こういうことがしばしばおこる。

神の思《おぼ》し召しだとか、進化のせいだとか、平和の理念を提示しようだとか、社会にも音楽にも雑音があるのはそれとは別の秩序があるからだとか、そんなことをいろいろ考える。「神」「理念」「秩序」といった言葉が外挿されるのだ。しかしそれでは、思考が向かっているプロセスを純粋に追究しているとはいえない。そのうち外挿概念がいろいろ跋扈《ばっこ》して、主観（思考）と客観（対象）が入り交じり、考えていることと新たな言葉とがごっちゃになってくる。ついには「世界観」などどうでもよくなってくる。これでは、そこでおこっている現象に沿ったとはいえない。現象に向き合えたとはいえない。

では、どうすれば思考の純度を保ったまま、この現象をそのまま追究できるのか。記述できるのか。難問だったが、ここでフッサールは「与えられた体験を超え出るような諸要素を持ち込まずにいったん遮断する」という哲学的な思考方法の必要を強く感じたのである。

遮断は棄却ではない。放棄や放置でもない。生じてきた「考え」（ときには邪魔なものや行き過ぎたもの）をいったんカッコに入れて、あとから取り出せるようにしたい。それが遮断だ。いったん判断停止することを、積極的につくる。ドイツ哲学ではこれを「エポケー」（判断停止）とも名付ける。この遮断によって現象と直截に向き合っていく方法を、フッサールはのちに「現象学的還元」とよんだのである。思考のプロセスのどこかでその進行を遮断することによって、現象を追究することを保持しつづけようとする方法だ。

これまでのヨーロッパ哲学の方法を総ざらいしてみると、遮断が必要なのは超越者や超越的な概念であることが多いということが判明した。「神」や「善」によって思考のプロセスをどこかで片付けてしまうのだ。

フッサールは超越者や超越的概念について検討し、エポケーをつくるべきは超越者や超越的概念であることが多いのだから、現象学的還元という方法は自己認識を究めるための超越論的な還元であろうとも、他者とのあいだに成立する間主観的な還元であろうとも考えた。こうして「超越」（Transzendenz）という用語がフッサール現象学に出入りする。『イデーン』には、こう書いている。「（現象学的還元という方法によって）われわれは本来的には何も失っていない。むしろ絶対的存在全体を獲得したのである。この絶対的存在は、正しく理解されるならば、すべての世界内の超越物をおのれの内に含んでおり、それらをおのれの内で構成するものである」。

一九一六年、フッサールはリッケルトの後任としてフライブルク大学に移り、ここで本格的な現象学の確立をめざそうと腰を落ち着ける。すでに『イデーン』あとがきで紹介したように、フッサールは「自分こそは一人の本当の初心者・端緒原理を掴んでそこから始める人間である」という自負をもっていた。

現象学をもっと広めたいとも考えた。このときフッサールの助手を務めたのがリッケルトに就いていた若きハイデガーだったのである。

フッサールはハイデガーの才能に注目して、現象学の大成や拡張をこの若き学徒に託してもいいと思い、超越論的現象学を精神科学全般に拡張できるのはこの青年だろうと期待した。フッサール夫人はあるパーティでハイデガーのことを「現象学の子」とさえ紹介した。そのくらいフッサールとハイデガーは密接なスタートを切ったのだが、ハイデガーはしばらくして親離れを望んだのである。

ブリタニカ百科事典の「現象学」の項目を師弟が執筆することになったとき、二人の考え方の相違が露呈した。フッサールは超越論的な主観性によって世界を記述したかったのだが、ハイデガーはその主観性を成立させている現存在を問いたかった。ハイデガーは「フッサールに捧げる」と題詞に掲げながらも、その『存在と時間』には随所にフッサール現象学の批判を入れこんだ。

ハイデガーだけではなく、フッサールの現象学は独我論の傾向があるという批判もあらわれていた。極端な言い方をするのなら、デカルト的な自我を現象学的な自己におきかえているにすぎないのではないかという批判だ。フッサールがこうした齟齬《そご》をどのくらい気にしていたのかは、わからない。しかし独我論だと言われるのは笑止千万である。現象学的な還元は自己にも他者にももたらしうるものであるはずだった。

こうして晩年のフッサールは「間主観性」(Intersubjektivität)の解明のほうに向かっていったのである。今夜とりあげた『間主観性の現象学』はその集大成だ。興味深い着目に富んでいる。

われわれは疑っている。自分が描く世界と他人が描く世界とは同じであるかどうかという疑いだ。まったく同じになっているとは思えないけれど、まるまるすべてが違っているとも思えない。それなら、どこまでが同じでどのへんが違うのか。このことを問い、相互につないでいこうとするのが「間主観性」という問題意識になる。

ふつう、認識は自己意識の進行によって進むと考えられる。その自己意識は何ものかについての意識でもある。だからどんな意識にも対象的なものが入りこんでいる。主観性には必ずやそうした対象や客観が入っている。だからこれらの自己意識はうまくすれば世界観に到達しうる。しかしフッサールによれば、そのプロセスには現象学的な還元（遮断と復活）こそが必要だったわけである。

一方、世界はそのような認識主体がたくさん集まってできあがっているともいえる。主観の束によって世界は形成されていると見てもいい。だから世界のほうから見れば、世界はもともとが間主観的なのである。

このような見方を説明するにあたって、フッサールは「キネステーゼ」（Kinästhese）という造語概念を持ち出した。ギリシア語のキネシスとアイステーシス（アスレチックス）を合成したこの言葉は、文字どおりには「運動感覚」ということだが、フッサールが暗示したかったのは認識主体や思考主体が生み出す現象感覚のようなものだった。

もう少し厳密にいうと、キネステーゼは対象や部分の提示を可能にしても、それを統括する自分主体をまるごと提示しないような現象感覚のことである。その多くは身体に伴って生じるのだとしても、フッサールはまさに間主観性の現象がキネステーゼ状にあらわれると見たのだった。

こうしたフッサールの現象学的還元という方法はいろいろの見方にあてはまる。たとえばマッハの知覚論、ケーラーやコフカの「ゲシュタルト」、ユクスキュルの「トーン」、メルロ＝ポンティの「間身体性」、ヴァイツゼッカーの「ゲシュタルトクライス」などが候補になるだろうし、かつそのそれぞれの分野でも説明できるものであるとも思う。

　ぼくはそのように見ていいだろうと思っているのだが、実際にはフッサール現象学はジャック・デリダが『声と現象』のなかで批判したせいで、ポストモダン思想のなかでは扱いがかなり雑駁《ざっぱく》になってしまった。日本では竹田青嗣などが早くからその奪還を試みているのだが、いまのところはまだフッサール復権とまではいっていない。

　しかし、ヨーロッパの哲学にフッサールがもたらしたものについては、誰しもが認めるものになっている。とくにヨーロッパ哲学に理性の危機が迫っていたとき、フッサールこそはそこからの転戦の方法を示したのである。そのことについて、一言、加えておきたい。


　中央公論新社から「哲学の歴史」が刊行されている。創業一二〇周年を記念した全十二巻（別巻1）のもので、1『哲学誕生』から3『神との対話』、6『知識・経験・啓蒙』、7『理性の劇場』をへて、12『実存・構造・他者』に及んでいる。やや詳細に「西の世界観」を通観しようとしたもので、執筆分担形式ではあるが、よく配慮されている。日本人の研究者による西洋哲学史としてはいまのところ一番の出来だろう。

　その第10巻は『危機の時代の哲学』と銘打たれ、冒頭に野家啓一の総論「現象学と社会批判」が載せられている。二十世紀初頭の「危機の時代」にフッサールやハイデガー、ガダマーやベンヤミン、ルカーチやアルチュセール、アドルノやハーバーマスらがどのように登場してきたのかが、適確にマッピングされていた。

一八八九年が明けた一月、ニーチェがトリノの広場で昏倒《こんとう》した。昏倒したが、ニーチェは哲学の危機がどのようなものであるか、雄弁に告知していた。現代哲学のターニングポイントは、この昏倒とともにおこった。この年にフロイトが「夢」や「無意識」に注目し、ベルクソンが『時間と自由』によって学位を授かり、ヒトラー、ヴィトゲンシュタイン、ハイデガーが生まれた。フッサールは『算術の哲学』を準備しているときだった。

二十世紀を前にして理性(ratio)の危機があからさまになってきたのだった。理性によって歴史観や世界観が組み立てられないという危機だ。ニーチェやフロイトはそのことを宣言していた。理性に危機がおとずれているということは、ロゴスによってはわれわれの精神や意識を説明することはできないかもしれないということである。いいかえれば、どんな超越者の観点でも歴史観や世界観を記述できないということだった。

ここにフッサールが登場して、超越者による思考をいったんカッコの中に停滞させつつ、理性の記述に代わって世界を記述できる現象学的還元という方法を提示した。こうして「知のラディカリズム」が芽生えたのである。

けれども危機はふたたび訪れた。第一次世界大戦がおこった。神も理性も啓蒙もぐちゃぐちゃである。一九一九年の春、ポール・ヴァレリーは「精神の危機」という一文に「文明は、わたしたちもまた死すべき運命であると告げている」と書いた。

新たな知的再生産にとりくむべきだった。一九年にバウハウスにデザイン研究所が設立され、二三年にはフランクフルトに社会研究所が設立された。ここにはマックス・ホルクハイマーが所長となって、ボルケナウ、ウィットフォーゲル、アドルノ、エーリッヒ・フロム、マルクーゼが集い、その周辺にルカーチ、コルシュ、ベンヤミンが加わった。

こうして二十世紀哲学はやっと蠢動《しゅんどう》していったのである。フッサールからはハイデガーが、ハイデガーからはハンナ・アレントが育った。一九二〇年にフッサールの誕生パーティでハイデガーと出会ったヤスパースは「実存哲学」を提唱し、『理性と実存』に「理性を欠く実存は、感情・体験・衝動・本能・恣意《しい》に支えられて盲目的な強制に陥る」として、理性の復活を謳《うた》った。

ベルクソンの「創造的進化」を全面に押し出す動き、文明中心のヨーロッパではなく南米に「野生の思考」を求めるレヴィ＝ストロースの社会人類学、ロシア革命によって樹立した労働社会をモデルに構築されていった社会主義社会の展望なども、踵《きびす》を接して並びあっていった。

しかし、そこにまたまた危機がやってきた。ナチスとファシズムと第二次世界大戦と原爆と大衆社会である。野家啓一はアドルノの『否定弁証法』やホルクハイマーとの共著『啓蒙の弁証法』の試みをとりあげつつ、二十世紀の哲学が「理性の危機」を旗印に立ち向かった先に、理性解体の象徴であるアウシュヴィッツが待っていたことに言及して、この総論を結んでいる。

「西の世界観」はきわめて深刻な様相を呈して二十世紀の前半の苦闘をおえたのだ。残されたものは何だったのか。いろいろ課題が持ち上がったが、従来の課題の延長線上にあるものではまずいのではないかという見方も浮上した。それはカミュらが持ち出した「不条理」であり、レヴィ＝ストロースが注目した「非西洋」であり、ハイゼンベルクの「不確定性」やゲーデルの「不完全性」などだった。

ぼくはもうひとつ、残された可能性があったと言うべきだと思っている。それは「方法」の再提案だ。ホワイトヘッドの有機体哲学のための方法やヘルマン・ワイルの数学的自然哲学とともに、フッサールの現象学的還元の方法がどこまで広げられるかということも、当然含まれる。フッサールの復権は、もう一度この方法の吟味とともに試みられるべきである。

第一七二二夜　二〇一九年六月二一日

参照千夜

二九一夜：アリストテレス『形而上学』　一七〇八夜：ヘーゲル『精神現象学』　三四五夜：オリゲネス『諸原理について』　七三三夜：アウグスティヌス『三位一体論』　八四二夜：スピノザ『エナカ』　九九四夜：ライプニッツ『ライプニッツ著作集』　九一六夜：ハイデガー『存在と時間』　一五七夜：マッハ『マッハ力学』　一二七三夜：クルト・コフカ『ゲシュタルト心理学の原理』　七三五夜：ユクスキュル『生物から見た世界』　一二二三夜：メルロ＝ポンティ『知覚の現象学』　七五六夜：フォン・ヴァイツゼッカー『ゲシュタルトクライス』　九〇八夜：ベンヤミン『パサージュ論』　一二五七夜：アドルノ『ミニマ・モラリア』　一〇二三夜：ニーチェ『ツァラトストラかく語りき』　八九五夜：フロイト『モーセと一神教』　一二一二夜：ベルクソン『時間と自由』　八三三夜：ヴィトゲンシュタイン『論理哲学論考』　一二夜：ポール・ヴァレリー『テスト氏』　三〇二夜：マルクーゼ『エロス的文明』　三四一夜：ハンナ・アレント『人間の条件』　三一七夜：レヴィ＝ストロース『悲しき熱帯』　五〇九夜：カミュ『異邦人』　二二〇夜：ハイゼンベルク『部分と全体』　九九五夜：ホワイトヘッド『過程と実在』　六七〇夜：ヘルマン・ワイル『数学と自然科学の哲学』

記憶と時間、持続と直観、物質と精神……。
そのあいだから「生の飛躍《エラン・ヴィタール》」が躍り出る。

アンリ・ベルクソン
時間と自由

平井啓之訳　白水社（ベルクソン全集1）　一九六五　／　中村文郎訳　岩波文庫　二〇〇一
Henri Bergson: Essai sur les Données Immédiates de la Conscience 1889

パリ九区を友人二人と歩いていたら、一人が「ここはベルクソンが生まれたところでね、ここのリセ・フォンタネで古典や数学をやったんだ」と言いだした。リセ・フォンタネは今のリセ・コンドルセだ。

ソルボンヌを出て、その時は小さな版元をしていたそのフランス人の友人は、続いて「でも、最近のフランスではベルクソンは受けないいんだ。どうしてだと思う？」と振ってきた。「うーん、それはベルクソンだけでなくサルトルもメルロ＝ポンティもガブリエル・マルセルも受けてないいんだろ？　みんなポストモダンにしてやられたんだよ」などと言ったような気がするが、すかさずもう一人から「それは責任転嫁だ。われわれの中にベルクソンを読み抜く力が衰えているんだ」と言われてしまった。あれから十七、八年がたった。

ベルクソンを読むということは、ヨーロッパ哲学がつくりあげた出来のよい二元論のあいだを堪能する気分になってみるということだろうと思う。二元論のあいだというのは、ベルクソンがデカルト以来の「心身問題」を、最高峰の矛盾と葛藤のなかで思索しつづけたということである。ベルクソンは最初から最後まで、精神と物質の二元論のなかで、この二つをつなごうとしつづけた。

二元論に与《くみ》しないぼくがそんなふうに言うと、敵ながらあっぱれと言っているようで、不埒《ふらち》な感想のように聞こえるかもしれないが、いまのぼくには、まあそういうふうに言ってもいいところもあるはずだ。が、かつて最初にベルクソンを読んだときは、そんなことすら気付かないで、ちょいちょい没頭したものだ。小林秀雄の読み方が気にいらなかったせいもある（小林の哲学の七〇パーセントはベルクソンである）。

ふりかえってみると、最初に読んだベルクソンは林達夫が訳した『笑い』だった。ごく初期の執筆で一九〇〇年代にまとまった。ただし、これは感心できない。「笑いは生からの機械的こわばり」だとか「ぎこちなさ」を強調していて、つまらない。素材もモリエール論に終始していた。

次に学位論文『アリストテレスの場所論』を読んで、コーラやトポスについて言及しているのに興味をもった。場所が何かを占拠していること、だから場所がトピックを内蔵していること、その何かを占めた場所は動かせることなどに刺戟をうけた。ぼくの場所論の出発は、このときのベルクソンと、それに中村宏のタブロー《場所の兆》にあった（これが「遊」創刊号に『場所と屍体』の連載を始めるきっかけになった）。

このあとアリストテレスやロレンス・ダレルやルネ・デュボスの場所論の書林叢萱《そうけん》のほうに入っていったのだが、そこからベルクソンを眺めると、実は場所論が得意な哲人ではなかったということが見えてきた。

それでしばらくこの哲人から離れていたのだが、一九七三年の春、「遊」が第Ⅱ期に入るのを機会に二〇〇冊ほどの本を入手することにしたとき、白水社の「ベルクソン全集」の古本を購入した。これでベルクソン再突入がなんとなく始まった。手はじめに『物質と記憶』を（これはややコンを詰めて）、次には『創造的進化』を（これはかなり急ぎ足で）読んだ。これらの主張に納得ばかりしたわけではなかったけれど、かなり愉快な揺籃《ようらん》というものがあった。当時のぼくは「無」が存在に先行するのかどうかということを考えていたからだ。

ベルクソンは「無」が当初からあるという見方には反対だった哲人である。ヨーロッパに伝統的な「人はタブラ・ラサ（白紙）に何かを描くことで生き、何かを刺繡することで思考する」という強固な考え方を、なんとか覆そうとしていた。

端的にいえば、トマス・アクィナス以来の伝統に文句をつけようというのだが、ベルクソンはこの方針にはかなり頑固で、この点についてはカントにもヘーゲルの言い分にも屈服しなかった。ベルクソンよりちょっとあとのハイデガーですら、その哲学の全貌に「無」の一滴が必要だったのに。

しかし、「無」と「存在」の関係は、そう容易に片付くものじゃない。ハイデガーを承《う》けたサルトルはそれこそその半生を、この「存在と無」の問題に終始したのだし（サルトルはベルクソン批判に正面からとりくんだ）、そもそもは知性卓抜のライプニッツにしてからが、「なにゆえに無ではなく、むしろなにものかが存在するのか」を考えこんで、モナドに窓をあけるかどうかという究極の決断に迫られたのだ。

だから、ベルクソンといえども「無」を打擲《ちょうちゃく》して、あたら「存在」のみに加担するわけにはいかなかったはずなのだが、『創造的進化』の最終章がそのことの論議にすべてあてられていたように、結局は生命の発生と進化を持ち出して、「無の先行」をまるきり否定してのけたのだ。つまりベルクソンはルイ・パスツールになったのだ（生命が無から発生しないと最初に言ったのがパスツールだった）。

けれども、それは哲学というものではなくて、生物学なのである。生命史観なのだ。

ぼくは哲学と生物学がいくら一緒になってもかまわないという立場ではあったものの、二十世紀では評判の悪い生気論だとみなされた。では、どのようにしてベルクソンはこの評判から脱していったのか。

ごくごく端的にいうのなら、哲学というものは「真の実在」を知ろうとする作業のことをいう。三枝博音《さいぐさひろと》の千夜千冊のときにもふれたように、この「真の実在」は、仏教にいう「真如」でも、プラトンの「イデア」でも、プロティノスの「ヌース」でも、空海の「秘密曼荼羅十住心」でも、カントの「理性」でも、ハイデガーの「現存在」でも、かまわない。ようするに「真の実在」とか「知の真実」とでもいうような、そんなことがいったい世の中の何に役立つかというほどの、そういう他愛もない絶対知や普遍知に対しての探求に徹底することを、哲学という（なかで絶対知をもとめたのがヘーゲルである）。

それゆえ、「真の実在」が何々だと言明されるということについては、哲学者によってはその言明の核心が何であってもかまわないのだが、しかしその「知の真実」とおぼしいものを知るには（言明するためのプロセスの説明では）、どんな方法をとるかということが決定されなければならない。

こうしてここに、少なくとも二つの思索方法が浮上する。ひとつ（A）は外から眺める方法、もうひとつ（B）は内側からつかまえる方法だ。科学はもっぱらAを、哲学はおおむねBをつかう。どちらも、演繹でも帰納でもかまわない（パースが提案したアブダクションなら、もっといい）。

Aのばあいには、何をどこから眺めているかという立場が明確になる必要がある。むろん富士山をぐるぐる動きながら眺めたっていいけれど、それはそれで「ぐるぐる動いた」という立場（視点）が生じたのであって、その立場はいくらでも厳密に記述できる。これはニュートンが微分方程式によって対象世界（＝システム）を設定してから「真の実在」に向かっていったという、あの古典力学以来の方法になる。

このAの方法は、いいなおせば「存在」を相対的に記述しているという特色をもつ。ニュートンの相手も、せんじつめれば太陽系という「存在」（つまりシステム）だった。その存在をあらわす相対的な分量はいくら多くてもいいし、いくら複雑でもいいけれど、それはやっぱり「存在の相対性」にアプローチしたということなのだ。

これに対してBの方法は、事態の内側にいて、真の実在を記述できるかどうかを試すという方法になる。内側にいたから成功するとはかぎらないし、また、その方法が誰にも検証できるともかぎらないので、これは厳密には科学とは言いがたい（フッサールの現象学はそこを「厳密な学」にしようとした）。

しかし、このBの試しにも、やはり立場がいる。この立場（視点）は内側に入るのだから、存在の動向と一緒くたになった立場にならざるをえない。したがってBの方法で得られる実在は、自分の立場と存在の本質とが一緒くたになっている可能性と、危険性を語らなければいけない。Bの方法はその危険な一緒くたにあえて介入することにした。それが哲学というものだ。だから、哲学の多くには、それはおまえの実感や推理にすぎなくて、「真の実在」なんてこれっぽっちも説明できていないじゃないかと言われかねないような、そんなゴタクもたくさんまじっているということになるのだが、それでもそれはBによる哲学なのである。

ただし、これではゴタクと真実とがあまりにごっちゃになりすぎる。ではどうするか。ひとつは、ゴタクの語りと真実の語りをまぜこぜにする語りに向かってみることだ。エマニュエル・レヴィナスなどはこの方向に進んでいった。もうひとつは、この「ごっちゃ」そのものを、いったん哲学的思考の方法主体としてつかまえておこうというものだ。当初の思考が「ごっちゃ」というレンズをもっていたとしてしまうのだ。

ベルクソンはこの後者でいくことにした。そして、この「ごっちゃ」の方法主体を「直観」とみなしたのだった。ちなみに、Aの方法、Bの方法とはべつに、もうひとつのCの方法もあって、それが「真の実在」さえカッコに入れようというフッサールの方法だった。

直観（intuition）とは何かというと、Bの方法が動いているときの、「方法の親玉」のようなものをいう。少なくともベルクソンはそのように見た。だから、これを内観といってもいいし、内見といってもいい。またごく一般的には、意識といってもいいだろう。ただしこの意識はだだっ広い意識のことではなく、真の実在に向かって動く焦点をもった、あるいは焦点をさがしているごちゃごちゃな方法的意識のことだ。

ところが、このようなごちゃごちゃの方法的意識をもつ直観は、いつも一定の様相をもっているとはいえない。焦点すら動くのだから、その動向を走査できない。そのかわり「ひらめいた！」とか「ユーレカ！」というように、直観は刻々変化しているなかでヴィジョンのように見えてくるものを獲得している可能性がある。

そういう「ひらめき」がはたして直観の正体かどうかはいまは措《お》くとして、では、直観は直観だけが自立しているのかというと、そんなことはあるまい。そこにはおそらく「流れる時間」というものがある。直観は「流れる時間」に乗っていそうなのである。おそらく直観は時間とは分けられないかもしれない。しかも、直観が直観になるときは、そこは言ってみれば、「ずっと現在」なのである。

そこでベルクソンは、その「流れる時間」とともに直観が一緒くたに動いていると見て、直観が関与する「ずっと現在」の状態のことを、あらためて「持続《デュレ》」(durée) とよぶことにした。「直観的に考えるとは持続において考えることである」「直観の理論の前に持続の理論がある。前者は後者から出る」というのは、このあたりのことを示すための説明だ。また、そのような時速とともにある直観的意識には「強度がある」というふうに見た。

こうしてベルクソンは、直観と持続という内的な立場から、真の実在を哲学するという方向をもったのである。これが『物質と記憶』の基本的な枠組というものだった。一八九六年、ベルクソン三七歳のときの執筆だ。

いささか遠い街で見知らぬ少女と出会った思い出のようにはなっているのだが、『物質と記憶』はぼくに香ばしい想像力をかきたてた。ということは、当時のぼくが二元論とはまだ十分に訣別しきっていなかったことを証《あか》してしまうのではあるけれど、それはそれ、なるほどベルクソンはうまいカマエとハコビを考えたものだと感心した。

しかし、いくつかひっかかることもある。それは第一には「時間」と「持続」を持ち出したことで、たくみに「無」の君臨を消してしまったということだ。いつのまに「無」を消去してみせたのか、そこがわからない。

第二には、「流れた時間」と「流れる時間」をはっきり分けて、「流れた時間」を過去や経験とみなし、「流れる時間」だけを相手にしたということだ。そんなふうに便利に時間を分けられるものなのかどうか。そこがひっかかった。

第三には、どうも「物質」と「記憶」の関係がわからない。ベルクソンは物質というとき、ニュートン力学が提供したシステム（系）のなかで記述される物質を、いつのまにか取り払っていて、むしろ生命や人間を構成している有機的な「内側の物質」ばかりを相手に選んでいるような思考をしていたからである。いわば「意識を構成している物質」がベルクソンの物質なのである。

これは他方では、ぼくをして、いったい「意識が物質を帯びているのか」、それとも「物質が意識を帯びたのか」という、その後の何十年をも悩ませるチョー難問を喚起させたのであるが、それはそれ、そのチョー難問をベルクソンは必ずしも解いてはくれていなかったのだ（これについては最近、本になった茂木健一郎との文藝春秋の対談集『脳と日本人』にもふれてある）。

こうして、これらのひっかかりは、『物質と記憶』をいくら読んでも次の方向を暗示しているわけではなかったので、やっと、かの難解で鳴る『時間と自由』を読むことになったのである。たしか元麻布に引っ越したころだったから、一九八三年か、その次の年くらいのことだ。

最初に断っておくが、『時間と自由』というタイトルはベルクソンのものではない。英訳のときにこうなった。以来、このタイトルが思想ギョーカイでも通り相場になっているけれど、原題は『意識に直接与えられたものについての試論』という面倒なものである。いや、『時間と自由』のほうがかえって面倒なのかもしれないが、どちらが面倒かはともかくも、本書は「自由とは何か」を考察したくて書いたものになっている。出来は、まあ六五点といったところだ。

もうひとつ断っておくと、本書は『物質と記憶』よりも前に書かれている。ベルクソンが二九歳のときに文学博士になるために提出した乾坤一擲《けんこんいってき》の博士論文なのだ。つまり最初のデビュー大論文なのだ。したがってベルクソンは、「時間」については「直観」や「持続」よりも前に考察し、その後、『物質と記憶』のなかでその時間論を哲学編集していったことになる。

そういうデビュー作だったこともあって、『時間と自由』はかなり生硬だ。若書きの文章が生硬だったり、粗削りだったり、勢いにまかせたものであることはめずらしくない(和辻哲郎を千夜千冊したときも、そのよしあしを書いておいた)。けれども『時間と自由』はそれが生硬だから問題だということではなくて、その内容がほとんどその後の『物質と記憶』や『創造的進化』に吸収されていったということで、あえて単著として扱うよりも、ベルクソン哲学の変容のなかで見たほうがいいということになる。

ということで、ここから先は『時間と自由』を含めての、つまりはベルクソンの著作のあらかたを含めての、ベルクソン哲学のぼくなりの全般的な評釈というものにしておこう。次のような順で評釈してみれば、なんとかベルクソン哲学の、むろん全容ではないにしてもだが、その核心にふれられるのではないかと思う。むろんそうしたところで、先にあげたいくつかの「ひっかかり」は氷解するとはかぎらない。

ベルクソンの最大の哲学上の課題は「自由」とは何かというところから始まる。自由を考えるには、その自由をほしがる人間というものがどういう本質をもっているのか、あるいはどういう本質的な方向をもちたいと思ってきたのかということを、片付けなければならない。

この「本質がまだわからない人間」のことを、哲学者たちは好んで「存在」と称《よ》んできた。プラトン以来のことだと思っていい。のちにサルトルは「実存」とも呼んだ。存在とは何か。哲学上の定義からいって、存在とはその本質が不分明なものをいう。中身がよくわからないから、人間は「存在」という思考存在様式そのものなのである。けれども何もかもが不分明では、話は始まらない。

そこでベルクソンは直截に、存在とはひとまず「精神」であろうとみなした（これはヘーゲル以来の哲学の課題だった）。ただし「存在は精神だ」という程度では、ほとんど同義反復になることもわかっていた。そのため、ただちに「存在=精神」のかなりの人半を、「意識」が占めているだろうと考えた。存在は精神であって、その精神の大半は意識なのである。そう、仮定した。

ちょっと気になったのは、「存在＝精神」の大半が意識だとしても、そのほかに「物質」がどのように関与しているかが、当時の生物学や生理学ではなかなかわからなかったことなのだが、とりあえず、さらに先に進むことにした。

しかしとはいえ、仮に「存在＝精神」≒「意識」だとしても、その意識をどこから、どんなふうに捉《とら》えればいいのか。外から眺めているだけではさっぱりわからない。まさにBの方法で、内側に入ったまま哲学してみるしかない。運よく内側に入れたにせよ、この意識は「本質がまだわからない人間」がもっている意識なのだから、「ごっちゃ」の感覚をなんとか整理しておく必要がある。それには意識をまるごと扱わないで、ややはっきりしているところと、まだよくわからないところとを分けておく必要がありそうだ（フッサールはこれらをすべてカッコに入れた）。

こうして、まずは「記憶」が重大な分水嶺《ぶんすいれい》になっているのではないかということになってきた。

次にベルクソンがとりくんだのは、意識は、記憶の部分と、まだ記憶になっていない部分とに分けられるのではないかということだ。

ベルクソン自身はこの分け方がそうとうおおざっぱなものだということは、よく知っていた。だいたい記憶にはやたらに詳しい部分とやたらに曖昧な部分とがあるし、おまけにそれらは複雑にまじっている。夢に出てくるのも記憶の正体に関係しているだろうし、忘れてしまう記憶というものもある。だから記憶を議論するには、記憶の広さや大きさというより、記憶の「強度」といったものを重視する必要がある（この「強度」はベルクソン得意の概念だ）。

意識の中身が記憶やそのヴァージョンそのものかどうかは、わからない。けれども、もし記憶がなければ意識もないだろうということだけは前提になりそうだった。実際にもベルクソンは当時の脳科学の成果も調べて、記憶喪失者たちが意識をも喪失している例をいくつもとりだしている（ブローカの症例など）。それらの例によると、記憶が意識をコントロールしているらしいことは、どうやらまちがいがなさそうだった。

一方、意識には記憶になっていない部分もある。こちらのほうの意識は何なのか。その多くは知覚や行動と結びついているわけだろうが、記憶になっていないものは、現在や未来にかかわっているとみなせる。とくに現在だ。ということは、意識というのはおそらく「時間」にディペンド（依存）しているということなのである。とくに記憶は過去に結びついている。では、どこかが意識にとっての過去で、どこかが現在で、どこからが未来なのか。

記憶と過去をあまりにも堅く結びつけてしまうのはよくない。なぜなら、記憶は貯蔵庫（アルシーヴ＝アーカイブ）に入っているときよりも、それが思い出されるとき（想起するとき）が問題であるからだ。想起は現在の意識でおこるのだから、記憶は現在にもかかわってくると言わざるをえまい。そうだとすれば、意識を考えるとは、実は意識が「現在」に何をおこそうとしているものなのかを考えることなのである。

そういう「注意のカーソル」をアタマの中で動かすことが、意識を考えるということなのだ。いいかえれば、意識にとっては「ずっと現在」とでもいう状態こそがあからさまなのだ。

そういうことを考えているうちに、ベルクソンは、ひょっとするとこの問題のありかたにこそ「自由」とは何かということがかかわっているのではないかと、そんなふうに方向づけるようになっていた。そして、「存在＝精神」⫲「意識」という問題の解き方には、実は「時間・記憶↓自由」という未知の問題の立て方があるのではないかと思うようになった。この二つのシェーマの「⫲↓」がついている「あいだ」は、おそらくはどこかで、何かがつながっているにちがいない。

いったい「存在＝精神」⫲「意識」と「時間・記憶↓自由」との「あいだ」をつなげているものとは何なのだろうか。これは当初は難問だった。しかし、ベルクソンはここで転換をする。かなりの大転換だ。「あいだ」に何かがあるのではなく、「あいだ」そのものこそが、かなり重要な何かなのではないか。そういうふうに考えを転換した。そして、この「あいだ」こそ「持続《デュレ》」というものだろうと結論づけたのである。「持続」という概念はベルクソンをそうとう気にいらせたようで、のちには「純粋持続」という抽象度の高い概念にまで引き上げている。

こうして存在と時間が、意識と記憶が、それなりの関係をもつようになってきた。そういう関係を支えているものが、「ずっと現在」を演じさせつづける「持続」という意識であろうということになってきた。

もっとも「持続」だけでは何も生まれない。純粋持続は純粋意識しかもたらさない。ベルクソンは、「存在が存在の本質にふと気がつく時」というものを想定して、ここに「直観」の関与があるというふうにした。かくして直観は持続を破るものであり、また、持続の奥底に眠っていたかもしれない本質的な意識をめざめさせるものともなったのである。

ぼくが惟《おも》うに、直観がどういうものかということは、ベルクソンの手に負える代物だったろう。へたすれば直観は「ごっちゃ」意識そのものなのだ。なぜなら、直観もまた時間の流れにディペンドしているのだし、そうだとすれば意識の流れとともにその前身があったはずなのだから、先に書いておいたように、直観といえども意識のゴタクとともに「一緒くたの現在」をもっていると言わざるをえないからだ。それでも、直観が持続を破り、持続が直観を支えているということ、そこには「あいだ」という領域があるだろうということは、ベルクソンを大いに弾ませたのである。

さて、ここからがいよいよベルクソンが「生の哲学」の創始者だと称《よ》ばれてきたゆえんともいえる独自の展開になっていく。ごく簡潔にまとめよう。

ベルクソンは以上の推論を前提に、生命が進化という大きな時間を次々に費やすにしたがって、意識をもつ人間存在というものになったという構図をもった。そしてその大いなる進化のなかで、一個ずつの生命がそれぞれの意識をもち（言葉も行動ももち）、それぞれの記憶を貯め、そこに過去と現在と未来の区分を感じ、さらにその先の自由に向かっていくというふうに考えるようになった。ベルクソンの時間は生命史的な進化と重なったのだ。

この構想はすこぶる生気に満ちたものではあるが、特段にめずらしいものではない。すでにダーウィンが生物の進化と人間の進化をつなげて、そこに共通の「時間の流れ」を組みこんでいたのだし、エルンスト・ヘッケルは十九世紀末に「個体発生は系統発生をくりかえす」と言って、大胆ではあるが、しかしたいそう暗示力に富んだ部分と全体を関係づけるテーゼを発表していた。

ただしそれらは哲学的にはまだシェーマにすぎず、そのシェーマを生命や意識が持続させている「あいだ」が説明されたわけではなかった。ベルクソンはその「あいだ」をこそ哲学し、そこについに「創造的進化」という、ダーウィンの進化論だけでは導き出せない構想をくっつけたのである。これが『創造的進化』という著作になった。

このことはベルクソン一人の独創というわけではない。ハーバート・スペンサーが「総合哲学体系」の名のもとに社会進化論を提唱していて、そこに「ハイパー・オーガニゼーション」(有機的社会意識)が形成されていることを縷々《るる》説いていた。十九世紀末のことである。ダーウィニズムは、すでに意識の進化にもあてはめられつつあったのだ(これがいわゆる「社会ダーウィニズム」のスタートにあたる)。

ベルクソンはこのスペンサーからも大きな影響を受けている。ベルクソンだけではなく、フェノロサ、岡倉天心、森有礼《ありのり》、西田幾多郎、パーソンズ、ルーマン……いずれもスペンサーの申し子であった。

が、ベルクソンはスペンサーそのものではなかった。意識が進化し、社会が進化するということだけを言いたかったのではなく(それが大前提にはなっているのだが)、そのなかで人間は(つまり存在は)、ある種の精神的飛躍をおこすということ、意識的飛躍をおこすということを強調したのである。ここにふたたび直観が関与した。

これが有名な「エラン・ヴィタール」(élan vital)という見方だ。「生の飛躍」というもので、ベルクソン哲学の核心にあたるものになっていく。

どういうものかというと、一方には、生命の悠久の進化の連続があるわけなのだ。これは大いなる持続ともいえるものだろう。そしてこの大いなる持続こそが人間を生み、意識を派生させ、精神を形成していった。ということは、他方では、これを精神や意識のほうから見ると、この大いなる持続を破って、精神や意識が人間を通して地上の生命圏や生態圏に出現したことになる。その破開をおこした意識の親分、あるいは方法の親分が直観である。

その直観が「脳」に所属しているのか、「心」に遍在していたのか、それとも「体」のどこかに蹲《うずくま》っていたのか、そのへんはわからないのだが、ともかくも持続の打破は、人間の内側に爆薬の破裂のごとく出現したことになる。これがエラン・ヴィタール（生の飛躍）である。

ベルクソンにとって、エラン・ヴィタールは生物史の異様な起爆とも、さらには宇宙史の最も果敢な創発とも感じられた。ここだけを強調するなら、まったき生命賛歌としてのエラン・ヴィタールである。こういうと、ベルクソンの「生の哲学」ってなんだかおめでたいほどの生命賛歌なのかと思われそうであるが、またやっぱり生気論じゃないかと思われるかもしれないが、そしてそういうところも多々あるのだが、おめでたい賛歌に酔ったわけでもない。ここはベルクソンのために哲学史上の説明を少々加えておかなければならない。

さかのぼってベルクソンは、若き学徒のころから一貫してカント哲学と対峙《たいじ》しつづけた哲学者だった。カント哲学というのは、一言でいえば「判断はどうあるべきか」ということを考えた哲学である。これはさかのぼればアリストテレスに発していた命題（判断命題という）を、カントが劇的に高めたものだった。

カントはそのために、判断のよってきたる作動因のようなものを考えた。そして、そこには因果律のようなものが支配的に関与していて、それが科学的法則になったりしていると見た。ただカントは、われわれはそのような科学的な因果律を自分の判断のどこかに投影しすぎていて、そのため純粋な判断がにぶっているのではないか。それならもっと純粋で、理性的な判断がどういうものかをちゃんとつきとめるべきだろうと考えた。わかりやすくいえば、人間の理性や悟性（意識）は、科学が発見するようなものとはべつのところにあるのではないか。だから哲学は（自然科学とはちがって）、人間の本性に属するとおぼしい「主体の意識の哲学」だけを考えたほうがいいのではないか。おおざっぱにいえば、そういう方針を立てたのだ。

そのためカントは、空間や時間は、われわれの意識や判断とはべつのところにアプリオリ（先験的）にあるものだとみなした。

これを、ベルクソンはなんとか崩そうとしてきた。時間も空間もわれわれの意識に関与しているのだし、そもそも人間が存在として宇宙的生命の歴史の只中《ただなか》に誕生して、このような意識をもったということは、そしてそれを物質の歴史とともに記憶の歴史としてもってきたということは、カントの言うように、純粋な判断とかかわりのない時空がどこかべつのところにあるのではなく、まさに意識を生み出す時空というものがあって、これからの哲学はそのことをこそ思索し、表現するべきなのではないか。そう、考えたのである。

そして、このようなカント哲学との対峙が、エラン・ヴィタールという「生の哲学」になったのだった。だからベルクソンの哲学は、生命の力を過信したものであるとともに、哲学史から時空を奪い返したものでもあったのである。

ざっとは、こんなふうにベルクソンを読んできたのだったが、付け加えなければならないことは、もちろんいっぱいある。

ひとつは、主観や客観には分けられない思考は「イマージュ」(image)として駆動しているとみなしたことが当時としては新しかった。これはイメージのエンジンのようなものので、言葉にも論理にもならないで、それらを反映呼吸しながら駆動するものである。ただそのイメージのエンジンは記憶体に従属しているようで、そこは物足りない。

もうひとつは、ベルクソンが「生の飛躍」を主唱したのち、意識の生命力は「物語（作話力）」に向かっていくということを強調していたということだ。これはあまり知られていないベルクソンの世界解釈論ともいうべきもので、のちにレヴィ＝ストロースが自分の文化人類学とはなはだしく類似すると共感したものでもあった。ベルクソンは「人物を創出し、その歴史を自分自身に物語る能力」こそが「存在＝精神＝意識」にとって最もエラン・ヴィタールなことだと見たのだった。

ついでながら、ベルクソンは「朗読」の重要性も指摘した。これもさすがのことである。文脈にひそむリズムを意識して文章や詩歌を声を出して読むことは、これまたベルクソンにとってはエラン・ヴィタールだったのである。

世の中に出回っているベルクソン論についても、一言加えておく。ちゃんと目配りしたわけではないけれど、ジャック・シュヴァリエの『ベルクソンとの対話』（みすず書房）とウラジーミル・ジャンケレヴィッチの『アンリ・ベルクソン』（新評論）、ジル・ドゥルーズの『ベルクソンの哲学』（法政大学出版局）、マリー・カリウの『ベルクソンとバシュラール』（法政大学出版局）、市川浩の『ベルクソン』（講談社学術文庫）、篠原資明《もとあき》の『ベルクソン』（岩波新書）などが印象にのこった。

なかで篠原のものが分析の仕方や解説の仕方もいろいろ工夫してあって（とくにトマス・アクィナスとドゥルーズとベルクソンの比較、「あいだ」の議論、ホワイトヘッドや大森荘蔵の持ち出し方など）、なにより、ぼくとしては稲垣足穂がふんだんに登場しているのが香ばしかった。こんなベルクソン論、これまでまったくなかったのである。

で、このあと書きたいと思っている「ぼくの好きなベルクソン」も、この稲垣足穂に密《ひそ》かに連動するアンリ・ベルクソンなのである。

稲垣足穂がベルクソンにたいそう依拠していた時期があることは、タルホ・ファンならば先刻承知のことだろうと思う。タルホは、ベルクソンが「物質を意識の回顧や延長でとらえよう」としていたこと、記憶が物質を保存しているのではなくて、「物質の記憶がすでに世界に波及している」のだとみなしていたことなどをうんと拡大解釈して、そこにタルホ流の天界的転回のためのペパーミントなリキュール数滴を加えて、新たなタルホ・ベルクソンをつくりだしたのだった。

それは、これまでのベルクソン観とはかなり異なるものであるが、だからこそタルホが言っておきたかったことなのだ。「小林秀雄のベルクソンと稲垣足穂のベルクソンとの違いを知って貰いたい」というタルホ自身の言いっぷりからも、その自信のほどがうかがえる。ぼくが『人間人形時代』（工作舎）に入れた『カフェの開く途端に月が昇った』には、こんな文章がある。

自分が小学上級だった頃、ベルクソンはオイケンと並び騒がれ、中学四年の春にはタゴールが加わった。オイケンやタゴールには、関心もなかった。彼らが人生派を出ていなかったからだ。人生派とは、只行われているべきもので、彼此言う必要のないものである。ニイチェもキェルケゴールにも、自分は縁がなかったが、ベルクソンには、将来きっと好きになれるという予感があった。

予感は当たった。タルホは『物質と記憶』を読んで、イソギンチャクのマークのついた黒い想像力のマントをベルクソンに覆い、「六月の都会の夜のエグゾースト」を胸いっぱいに吸いこみ、その息をベルクソンにふっと吹きかけることに夢中になった。それでそこに何を読み取ったかといえば、こういうことだった。「何事であれ、重大なことは本当にあったかどうかなのではなくて、たったいま現在のことすらも、遥か遠方の物質の記憶として思い出されてよいということなのである」。

このことを、タルホが一言で「地上とは思い出ならずや」と名付けたこと。また「宇宙的郷愁」とも名付けたことは夙《つと》に知られていよう（ぼくはここから「遊星的郷愁」という言葉を編み出した）。

この見方ほど痛快なベルクソンはないのではあるまいか。この見方こそ、ベルクソンの切っ先が香ばしいことを伝えているのではないか。ぼくにはそう思えた。そこには、タルホがしきりに「機械学」という言葉を好み、また「ヰタ・マキニカリス」という言葉を造語してまで、自身の少年時代の一千一秒を綴っていたことがおおいに関係してくる。それはベルクソンが世界の記憶と表現を、大きく「機械系」と「神秘系」の二つに分けたことにヒントを得たものだったのである。

機械系と神秘系で織り成された世界はデュアル・ワールドである。それはタルホの認知からすれば、雲母《うんも》のようにたいそう薄いもので、ある角度から見れば察知可能なもの、ふだんはよほど注意深くしていないと見えないようになっている。だからタルホはそれを「薄板界《うすいたかい》」とも称んだ。しかしながら、ひとたびその薄板界にふれたとたん、事態は世界がフィルムを逆回しさせるがごとくに意識の俎上《そじょう》に巻き上がってくるはずなのであって、それゆえタルホ・ベルクソンは、「カフェが開いた途端」と「ボール紙のような月が昇った」という互いに遠い二つの出来事を、神秘的機械学として、また機械的神秘学として〝同時了解〟してみせたのだった。

今夜はクリスマスも過ぎた年の瀬である。そんな夜にベルクソンについての印象喚起の一文を綴れたことを慎ましく悦《よろこ》びたい。「ジングル・ベルクソン！」。

第一二一二夜　二〇〇七年十二月二七日

参照千夜

八六〇夜：サルトル『方法の問題』　一一二三夜：メルロ＝ポンティ『知覚の現象学』　九九二夜：小林秀雄『本居宣長』　三三六夜：林達夫・久野収『思想のドラマトゥルギー』　二九一夜：アリストテレス『形而上学』　七四五夜：ロレンス・ダレル『アレキサンドリア四重奏』　一〇夜：ルネ・デュボス『内なる神』　一七〇八夜：ヘーゲル『精神現象学』　九一六夜：ハイデガー『存在と時間』　九九四夜：ライプニッツ『ライプニッツ著作集』　九九五夜：ホワイトヘッド『過程と実在』　一〇八二夜：ドゥルーズ＆ガタリ『アンチ・オイディプス』　一二一一夜：三枝博音『日本の思想文化』　七九九夜：プラトン『国家』　七五〇夜：空海『三教指帰・性霊集』　一一八二夜：パース『パース著作集』　一七一二夜：フッサール『間主観性の現象学』　七一三夜：茂木健一郎『脳とクオリア』　七五夜：岡倉天心『茶の本』　一〇八六夜：西田幾多郎『西田幾多郎哲学論集』　一三四九夜：ニクラス・ルーマン『社会システム理論』　三一七夜：レヴィ＝ストロース『悲しき熱帯』　八七九夜：稲垣足穂『一千一秒物語』

「現存在」から「存在学」へ。

自身を放下《ほうげ》して世界内存在喚起するには、どうする?

マルティン・ハイデガー

存在と時間

原佑・渡邊二郎訳　中公クラシックス　全三巻　二〇〇三
Martin Heidegger: Sein und Zeit 1927

ごくわかりやすい話を二、三案内して、『存在と時間』という、とてつもなく難解な哲学書をちょっとは柔らかくしておきたいと思う。まずは意外かもしれないが、女の話をしておく。

ハイデガーの存在学（ontology）は荒っぽくいえば、「存在が存在するとは何か」ということであり、こんなことをどうして考える必要があるかと問うたわけである。

およそ世界に存在しないものなんてないはずだ。宇宙も杉も、ライオンも病原菌も、人間も書物もテーブルも、存在しているのは当たり前である。そんなことをわざわざ考えに考えて哲学にするには、世の中の存在というものをいったん否定するか、それとは逆に、まるごと許容する以外はなく、存在の発現が存在の終焉に触れあいながら存在しているのだということを、ひたすら自分という存在を賭けて感じる必要がある。これがハイデガー存在学である。

このことを実感できる身近な例は、むろん虫や星や音楽に夢中になってもいいけれど、時期によっては男と女がどのように感じあえるかということが最もセンシティブである。とくに若いあいだはこのことに勝る存在の感じ方はない。それで女の話なのだ。いや、男の話だと言ってもかまわない。

ハイデガーがその女学生を虜《とりこ》にしたいと切に感じたとき、女学生は十七歳だった。写真を見ればわかるが、絶世の美少女だ。ハンナ・アレントである。

ハイデガーは一九二三年にフライブルク大学からマールブルク大学に移って哲学の助教授になったばかり、三四歳になっていた。翌年、その教室にアレントが来た。アレントはすぐにハイデガーという男が「思考の王国を統べる隠れた王」であると見抜いた。男に「隠れた王」の素質があるかどうかを見抜くのは、ある種の女性特有の能力だ。また、「中世騎士道物語から抜け出したような意志」があるとも見た。「騎士」かどうかを嗅ぎ分けるのも女性特有のカンだが、これはしばしば見誤る。

それはともかく、ハイデガーもこの美少女にときめいた。ハイデガーは自制心の強い男ではあったけれど、若いアレントの魅力は飛び抜けすぎていた。ハイデガーはアレントを、アレントはハイデガーを求めあう。不倫である。

不倫というのは、ハイデガーはエルフリーデという、これもたいへん美しい女性と結婚していたからだ。それでもハイデガーはアレントにぞっこんになった。アレントはこのときのことを、のちに「ただ一人の人への一途な献身」を募らせたと回顧している。その数年後に『存在と時間』の前半部が刊行された。時期からいえば、アレントを貪りながら草稿を書いていたといったほうがいい。

ハンナ・アレントについては、すでに第三四一夜に『人間の条件』（ちくま学芸文庫）をとりあげておいたので読んでもらいたい。

そのとき書かなかったことで、ここで最低限に付け加えておくべきは、アレントがユダヤ系であること、ハイデガーと出会う前の十四歳のときに、池田晶子の『14歳からの哲学』（トランスビュー）ではないけれど、はやくもカントやヤスパースを耽読《たんどく》していたこと、十六歳になるとギリシア語で古典作品を読んでいたこと、それから流行の服を着るのが好きなやけに目立った学生だったこと、とくに緑色を好んだので学生のあいだで「みどり」とニックネームされていたことなどである。

さらに詳しいことを知りたいなら、エリザベス・ヤング＝ブルーエルの大著『ハンナ・

アーレント伝』（晶文社）を読まれると、いい。

もうひとつ付け加えておくと、エルフリーデとハイデガーが結婚するきっかけはドイツ青年運動に共感したせいだった。ドイツ青年運動がどういうものかも第七四九夜に書いておいた。ハイデガーはこのように、自分が苛烈《かれつ》になるときには、そこにつねに異性の存在があったのである。不埒《ふらち》な哲学者にはよくあることだ（哲学者はたいてい不埒である）。


最初に男と女のことを持ち出したけれど、むろんハイデガーが世間体をほったらかしてまで男女の恋愛に入っていったのには、いくつかの背景や言い分がある。

ハイデガーは病弱だった。ときどき心臓発作がおこる。その発作が二五歳ぐらいまで何度か間歇《かんけつ》的に続いた。生きようとすると、死にかける。ずっと病気なのではなく、間歇的であることが気になる。このことがハイデガーの思索に微妙に影響を与えた。そしてどちらかといえば、「彼岸的な生の価値」のほうに思想的関心が動いていった。

このことはハイデガーの生い立ちとも少なからぬ関係がある。ハイデガーは南ドイツの田園地帯（バーデン州）のカトリック教会の堂守の子である。かなり質素な生活だったようだが、信仰の日々が支えた。

生まれた時代はパリ博でエッフェル塔が建った一八八九年で、これまで千夜千冊にとりあげてきた人物でいえば、ハッブル、トインビー、ヴィトゲンシュタイン、コクトーとまったくの同い歳になる。これはいわゆるベルエポック世代にあたる。この世代は、ひとしなみに第一次世界大戦で青年期の蹉跌《さてつ》を受けた。兵士だけで九〇〇万人以上が死んだ。ベルエポックはヘルエポックになったのだ。

ハイデガーのばあいはそこに心臓疾患が加わった。これで、聖職の道が断たれた。二十歳でイエズス会の修道院に入るのだが、疾患のせいでそこを出る。ドイツは連合国軍との戦争の渦中にある。ハイデガーはしだいに「死を通じて生へ」(per mortem ad vitam)という思考に傾いていく。彼岸から此岸《しがん》への、此岸から彼岸への相互転戦だ。ハイデガーは修道院からフライブルク大学に転じた。神学は哲学に変わった。

死をつきつめて考えるということは、存在の究極に思考のカーソルを致すということである。しかしながら、生きたまま存在の究極としての死を考えるというのはいささか妙なことで(生と死を天秤にかけている)、この思考には何か新しい回路が必要だった。

それをハイデガーは、当初は「擬死化《メレテ・タナト》の技法」が必要なのかという見方で考えてみたのだが、どうもそれだけではすみそうもない。この時期、すでにニーチェによって「神の死」が宣告されていた。ドイツの知識人はみんなそのことが気になっていた。けれども神の存在に代わるものなんて、あるのだろうか。「超人」などありうるのだろうか。どうみても人間しか残らない。

そこでハイデガーは「人間という存在」を考える。ただしそれまでのような大局的な目だけでは、人間は掴《つか》めない。むしろ、いまだやってこない「事実ではない死」よりも、きっといまある「生の事実」という〃裸〃の現実のほうが重要なのではないか。

もっとも、その「生の事実」だってふだんはぼうっとしたままになっているか（生の朦《もう》朧《ろう》性）、あるいはそこに埋没した耽落（Verfallen）のままにある。だからそういう耽落《フエアファーレン》の中で「生の存在」を感じるには、死や否定や放下《ほうげ》や負といった回路をいったん媒介にしたほうが感じやすいにちがいない。

このように見つめなおした「人間という存在」こそ、新たにハイデガーがとりくむべき存在問題だった。この回路をへて残った存在というものが、有名な「現存在《ダーザイン》」（Dasein）という新概念である。

ハイデガーは「存在と死」から、「存在と生」という方向へ進んだ。その時期にハンナ・アレントがかかわったのだ。

ぼくは、ハイデガーがアレントと恋愛関係になったことと『存在と時間』が関係ありそうな書きっぷりをしたかもしれないが、まさにそのとおりなのだ。おそらく深い関係がある。互いに濡《ぬ》れながら、互いに哲学したといってよい。そのことを証明する気はさらさらないが、そんなことはすぐに見当がつくことだ。最近やっと刊行された二人の書簡集（ウルズラ・ルッツ編集）がそれを証《あか》している。

アレントが気にくわないことも、あった。ハイデガーはのちにナチズムを称揚する態度を示して、たとえば一九三三年のフライブルク大学の総長演説では、国家社会主義的な国家の行方と教育の方針を重ねたりした。ハイデガーが「わが生涯最大の過誤」と苦痛に満ちて反省したことだ。一九四一年からアメリカに亡命していたアレントは、そういう師を非難した。アレントだけではなく、ハイデガーはマールブルク大学の次に母校のフライブルク大学の哲学教授になるのだが、そこで最初の助手を務めたハーバート・マルクーゼも師のナチズム参画を非難した。マルクーゼについては第三〇二夜に『エロス的文明』（紀伊國屋書店）を紹介しておいた。

ハイデガーがいっときナチズムに共感を示したことについては、このところずいぶん問題になり、それに関する研究もだいぶん出揃《でそろ》ってきた。ヴィクトル・ファリアスの『ハイデガーとナチズム』（名古屋大学出版会）はそういう一冊だ。帯に「逸脱か、本質か」とある。ただし、このような出来事は、むろん『存在と時間』を書いたのちのことになる。『存在と時間』の前半部を書きおえてから、ドイツは大戦敗北の屈辱と悲劇を乗り越えて、ヒトラーによる異胎に向かっていったのだ。

これで、初期のハイデガーをめぐる人物をあらかた紹介したことになるのだが、もう一人、重要な影響を与えた人物がいる。エトムント・フッサールだ。わかりやすくするため、エピソディックに紹介しておく。

神学から哲学に移動したハイデガーは、大学に入ってまもなくフッサールの『論理学研究』（みすず書房・全四冊）や『算術の哲学』（モナス）を図書館から借り出して読み耽《ふけ》っている。そのフッサール当人がフライブルク大学にゲッティンゲンから転任してやってきた。フッサールはすでにゲッティンゲン時代に「現象学的還元」という方法を発見していて、これによって、われわれのふだんの意識においてなんとなく作用してしまっている世界との信憑《しんぴょう》関係を遮断して、超越論的な意識をあからさまに取り出すことができるというようなことを提案していた。これが『イデーン』Iという成果である。

着任後のフッサールはハイデガーを気にいった。当時のフッサールはかなり愛国的な人物で、夫人が反戦を主張する独立社会民主党（その左派がいわゆるスパルタクス団、のちのドイツ共産党）を支持していて、のべつ夫婦喧嘩をするようなところがあった。次男が戦死していて、その悲痛との対峙もかかわっていた。一方、ハイデガーは第一次世界大戦のため戦時勤務と国民軍観測隊に編入されたので、師弟の研究活動はいったん中断し、その後、復員してからフッサールの第一講座の助手となった。

ここでハイデガーは現象学の方法をあらためて学び、「概念構成以前」とか「体系構成以前」という方法をおもいつく。「現在・いま・ここに・いる」という立場をもって、現象学をやろうとした。これはさきほど書いた「生の事実性」にもとづく現象学を試みるということにあたっている。のちにアメリカン・ヒッピーやニューエイジが好んだ“be, here, now”とそれほど変わりないが。

ただハイデガーはこういう方法による現象学的思索をあえて「根源学」(Urwissenschaft)とみなして、根源的な体験をすることを「原体験」とか「環境体験」と名付けた。根源的な原体験といったって、これだけでは何のことかわかりにくいだろうが、ハイデガーが現象学の定義として使った次の説明から察すれば、多少はわかりやすい。

ハイデガーはフッサールが教えた現象学を、「みずから示すものを、それ自身でみずからが示すとおりに、それ自身のほうから見えるようにすること」というふうに捉《とら》えた。「それ」を最低限の方法で示すことで、かえって「それ」が「それ」自身を示すようにすること、このことを重視した。実質的な叙述には頼らずに、暗示的にほのめかすといってもよい。それがかえって根源的な体験を、それを示した者に維持させるだろうと考えた。

しかし哲学は、ほのめかしを文芸するわけではないから、ここに最低限の概念をポンと入れこむ必要があった。たとえば「現存在」とか「世界内存在」というふうに。

こういう最小限の概念投入を、ハイデガーはあまりいい言葉ではないが、「形式的指標」（die formale Anzeige）の投入だとみた。指標が必要だと感じたのだ。こうしてポンと投入された「それ」はそれ自身として示されただけなので、あとは「それ」としての開示をそれがしていくしかない。なんだか変な方法に思われるかもしれないが、これがハイデガーの異能による発明だったのである。

このやりかたはぼくも以前から大好きな方法で、ぼくのばあいは、たとえば「遊星的失望」とか「最も過激なフラジリティ」とか「分母の消息」とか「負の山水」といった言葉を投入してきた。こういう言葉（用語）は、それ自体としては意味が掴めないようになっていて、にもかかわらず、その言葉がひとつの文脈や何かの場面に入ったとたんに劇的に動き出すようになっている。それを取り出すには概念や用語だけではなく、文脈や場面ごと取り出すしかないようにするわけである。ハイデガーは、この投入法に気がついたのだ。

ハイデガーにとってはこのような方法は、従来は健全だとおもわれてきた二分法による思考（昼と夜、善と悪、男と女、国家と個人など）を一挙に宙づりにしてそこから脱出して新たな思考に入ることを、つまりは根源に入ることを意味していた。

あとでも少しふれるが、これはどこか「不在による現前」という方法の可能性を開いたものだった。世界の現象や人間の営みを考えていると、ふっと思いつくことがあるものだが、その思いついたことについての対象や概念がコトバになっていないことは、よくある。そのためいつのまにか「それ」を忘れてしまう。けれども、「それ」を「不在者」あるいは「不在概念」として浮上させることも可能なのである。「それ」が根源にあたるものだったということも、ありうる。ハイデガーの投入法はそういう「不在による現前」だった。「それ」は穿《うが》たれることによって、かえって燦然《さんぜん》と輝いてくる可能性をもっていた。編集工学の言葉でいえば「負の方法」の自覚ということになる。

さて、こんなふうに「存在の現象学」に熱心になってきたハイデガーは、フッサールの現象学からはしだいにはずれていったのである。師と弟子は、エンサイクロペディア・ブリタニカの「現象学」の項目執筆を前に、意見の対立がしだいに目立つようになった。それでもまだ、フッサールの『内的時間意識の現象学』はハイデガーの編集によるものだった。

かくてハイデガーはマールブルク大学の哲学教授に着任し、そこで女学生ハンナ・アレントにぞっこんになる。そういう順番だ。このあとフライブルク大学に戻るまでのあいだが、『存在と時間』を苛烈に執筆した時期になった。ということで、やっと『存在と時間』の説明に入っていくことにする。

八十歳になったハイデガーが若き日々の『存在と時間』をふりかえって、ポツリと語った説明がある。「あれは、思考の場所の革命だった」というものだ。

ヨーロッパの近代哲学は思考の場所を意識のなかにもちこむことによって成立した。デカルトのコギト（意識主体）とはそういうことだ。ハイデガーはこれを嫌って、意識が慣れすぎた場所から、ふいに「べつ」や「ほか」に移るための方法を開示した。その瞬間移動の中間に〝裸の場所〟があり、そこにポツンとおかれた存在の〝裸の姿〟がいわゆる「現存在」（存在を理解するための特異な存在者）なのである。

この現存在はそのようにポツンとおかれることによって、自身が次の開示を遂げる可能性をもっている。そのような現存在なら、当初から「世界内存在」(In-der-Welt-sein) になりうる。こういう見方に立ったことが「思考の場所の革命」だったのだ。

この稿のはじめに、「宇宙も杉も、ライオンも病原菌も、人間も書物もテーブルも、存在しているのは当たり前である。そんなことをわざわざ考えに考えて哲学にするには、世の中の存在というものをいったん否定するか、それとは逆に、まるごと許容する以外はなく、存在の発現が存在の終焉に触れあいながら存在しているのだということを、ひたすら自分という存在を賭けて感じる必要がある」と、書いた。この「存在を賭けて感じる」ための媒介的な拠点が、現存在というギリギリに剝《は》いだ人間の姿である。

ハイデガーがどんなふうに「人間という存在」に向かったのか、これで一応の見当がついたとして、これで話は終わらない。世の中の存在としてもうひとつ素材にあげなくてはならないことがある。それは、宇宙や杉や人間や病原菌やテーブルが存在するとしても、では、時間はどうなのか。思い出や音楽は存在するのか。それらは存在といえるのか。恋や食欲や関係は存在するといえるのか、そういう問題だ。

　これはなかなかの難問で、ハイデガーをおおいに悩ませた。『存在と時間』の悩ましさには、このあたりをなんとか切り抜けようとするもがきが滲《にじ》み出ている。しかし、ハイデガーはここでも驚くべき執念と異能をもってこれを踏破した。

　ハイデガーは『存在と時間』を書く前の一時期、すなわちアレントと密（蜜？）になっていたころ、『仮面論』や『根拠とは何か』を書いて、そこで「世界というものは日常的な現存在が演じている演劇のようなものだ」と指摘していた。

　これを読めば見当がつくように、ハイデガーがいう「世界」は世界劇場なのである。その舞台はそれを知ったときにはすでになんらかの演劇が進んでいるというような、そういう舞台世界だ。われわれは自分に気がつくと、そこに自分がいることを感じる。ということは、われわれは当初から共世界的（mitweltlich）で、存在そのものが世界内存在で、ようするに、はなっから世界制作的だということになるのではないか。

　だいたいそんなふうに考えて、ハイデガーはすでに存在は世界（世界劇場のような世界）に投企（Entwurf）されているとみなした。ただし、この投企に気がつかないばあいは、これは埋没であり、耽落《フェアファーレン》だ。ちなみに、このフェアファーレンというドイツ語はハイデガーがけっこう気にいっていた埋没概念である。

ともかくも、このようにすべてを世界内存在としてみれば、ここに主体と客体というような二分法をもちこむのは、およそムダである。それならまだしも世界と人間の関係を、スケーネー（場面）とドラーマ（活動）とペルソナ（役柄）に分けて見たほうがいい。誰だって、どんな時だって、このいずれかの渦中にいるはずだ。そこで問題は、このもはや〝降りられない舞台〟で、いったんは耽落した自身がいよいよ何にめざめていくかということになる。

われわれの世界劇場ふうの世界においては、われわれはたいてい「役柄の自己」をもっている（たとえば氏名をもっている、学校の生徒だ、居住の住所がある、肩書きがついている）。それゆえ、この役柄を耽落から出て捨てるにあたっては、出たあとのそこに待ち構えている「本来の自己」を覚悟しておかなくてはならない。そうでないと自己の本来性というものが、急に剝《む》き出しに露呈してくることもある。そいつは面倒なものかもしれない。

つまりは耽落から一歩めざめれば、そこは役柄がはがれて「裸の存在」が見え隠れする。その、あからさまな自分に向きあうことになる。このことを知っていなければならない。

問題は、この自分の奥にある「裸の自己」がどの程度のものかということだ。インチキかもしれないし、見るに堪えられないかもしれない。ハイデガーは、この裸の自己をそれなりに覚悟しておくことを、存在学（存在論）としたわけである。存在学的に見ることだとした。そのためには最低でも、二つのことが必要になると考えた。

ひとつには、その本来自己に先立つような思想（立場）をもつことだ。突然に「裸の自己」を見ようとしたって、うまくいくわけがない。がっかりするか、動物的な本能に負けていくか。そのどちらかだ。そこでハイデガーは「自身に先立つこと」(Sich-vorweg) を第一にあげた。あらかじめそれに先立つようにすることだ。

これはどういう意味かというと、「それ」としての本来自己は、役柄自己からすると「外」にあるものなのである。「ほか」や「べつ」なのだ。だから、それをあらかじめ凝視していなければならない。そして、その「外」へ脱自していくことを惧《おそ》れないようにしなくてはならない。

もうひとつには、そのようにそれを想定できるのなら、その本来自己と役柄自己とのあいだで自由に「自身の取り戻し」(wiederholen) をすることを勧めた。これは、役柄に惑わされない存在を自覚できるかどうかということにあたっている。

ざっとこんな順番でハイデガーは、世界内存在における自己の二重性ともいうべきを、すばやく往復するような存在学を提示したわけである。

さあ、そうなると、この世界劇場での時間というものは、演技上の時間を本来の自己の時間が刻一刻という単位で、集約させているということになる。また、その逆もおこっているということになる。その入れ替わりは、まことに速い。この存在のすばやく入れ替わる二重性に関与している時間こそが、ハイデガーの時間論の中核にある「刻一刻性」(Jeweiligkeit) というもの、あるいは「刻時性」(Zeitlichkeit) というものである。『存在と時間』というタイトルの「時間」にはこのような特色があった。ハイデガーの時間とは、刻一刻、生起と消滅を同時化する時間なのである。

ところで、このZeitlichkeit(刻時性)の“Zeitlich”というドイツ語には、そもそもが「はかない」とか「無常の」という意味をもっているということには、もうすこし注目が集まっていい。ぼくは『花鳥風月の科学』(淡交社→中公文庫)では、この“Zeitlich”を、万葉の歌から採って「まにまに」としたものだ。

およその見取り図が見えたとおもうのだが、これらをまとめていえば、ハイデガーの存在学では、現前が不在であり、隠れることが現れることなのである。存在とは、このような現出の様式をもっているということなのだ。ということは、存在には、究極の拠り所なんてものはないのだということでもある。存在の起源や存在の理由をもちだそうにも、もちだせない。それが存在である。

人間の存在というものは、なんと変なものだろうか。しかし、これこそは「存在学の無底性」という、まことに根底的な考え方なのだ。また、無底の存在学なのである。

存在には底がない？　そうなのである。存在は底なしなのだ。無底なのだ。いいかえれば、存在が底なのである。これは『存在と時間』のひとつの結論ともいうべき提唱である。ハイデガーはこれをもって「存在の途方もない不可解」とも言っている。

しかし、結論が「不可解」だなんて、それで哲学なのか。そういう気分にもなってくるだろう。ここはむずかしく考える必要はない。たとえばペットボトルには底がある。その底で「生茶」や「十六茶」が支えられている。けれども、そのペットボトルの底自体には、底はない。バスの終点はたしかに終点である。けれども、その終点のバスストップそのものには、終点がない。人間存在も、そのように底がない。それこそ、無底という底自体が発現した存在なのである。

存在とはそういうものだ。そのような存在の赤裸々の事実を知ることが、役柄を捨てても平ちゃらに本来の存在に向き合える方法なのである。

これをオントロギッシュ（存在論的）な方法という。「現存在」という人間の特異な存在性にかかわって人間存在を考えることをいう。これに対してモノを取りのけると、そのモノの行方ばかりが気になるような思考を、オンティッシュ（存在的）な考え方という。

オンティッシュな見方には存在の開示という根本動機が欠けている。ハイデガーはあくまでオントロギッシュであろうとし、これを「存在関与構造」(zu-Sein)ともよんだ。

ハイデガーの存在学は喚起哲学なのである。投げかけ、なのだ。どこで喚起するかといえば、「近さ」(Nähe)で喚起する。また「あたり」(Gegend)で喚起する。

喚起してどうするのか。そこへ「放下《ほうげ》」(Gelassenheit)すればいいと言う。この「近さ」「あたり」「放下」については、ここでは説明を省略するが、「ハイデッガー選集」第十五巻に『放下』(理想社)があり、また、短文ではあるが、『遊学』(中公文庫)に「無の存在学」を通したハイデガーの一端、すなわち関心《ゾルゲ》の連続体としての存在にかかわる「差異の哲学」がどういうものであるかをスケッチしておいたので、それらを読まれたい。

そこではぼくは、大事なのはＡとＢの関係にあるのではなく、関係ＡＢというものこそが存在の本質だと書いた。文末にリルケの次の言葉を引いておいたのも、参考にしてほしい。「われわれは、彼女よりも彼女の持ち物のほうから存在の本意を知ることがある」というやつだ。

大急ぎで『存在と時間』の近道(猫道?)のようなところを走ってみた。むろんこれだけでは、ハイデガー存在学の部分要約にもなっていない。ハイデガーがヘルダーリンの詩を偏愛していることもふれておきたかったのだが、割愛した。とくにハイデガーの後半期における思索について、何もふれはしなかった。

そこには、世界の組み立ての構造《ゲシュテル》についての想定があって、ハイデガーが世界ニヒリズムと根本対決を迫っていく日々がある。必ずしも器用でなかったハイデガーが不器用にこの対決を試みる姿は、ぼくにはどこか痛ましい。ヘルダーリンは熟知していても、清元《きよもと》や新内《しんない》に「東洋の無」を窺《うかが》い知ることができなかったハイデガーは、どこか根本的な寂寞《せきばく》の微笑から遠ざけられていたようにも見えるのだ。

そういうことはあるのだが、またナチズムに触れて感染症に罹《かか》ったハイデガーもいたのだが、ぼくはハンナ・アレントと燃えつつ綴った『存在と時間』のハイデガーの投企と放下にこそ、あいかわらず関心を寄せている。また、そのようなハイデガーを、ハンス＝ゲオルク・ガダマーやエマニュエル・レヴィナスが何度も描きなおそうとしつづけたことに、いまは時間をさいて考えたくなっている。

マルティン・ハイデガー。黒森の哲人。いまだその本懐がとげられない存在学の人。ぼくとしては、もう少々深入りしたかったところだが、この先の話は、明日の夜の意想外の一人の日本人に託すことにする（追記：これは泉鏡花のことでした）。

第九一六夜　二〇〇四年一月十五日

参照千夜

三四一夜：ハンナ・アレント『人間の条件』　七四九夜：ウォルター・ラカー『ドイツ青年運動』　一六七夜：ハッブル『銀河の世界』　七〇五夜：トインビー『現代が受けている挑戦』　八三三夜：ヴィトゲンシュタイン『論理哲学論考』　九一二夜：コクトー『白書』　一〇二三夜：ニーチェ『ツァラトストラかく語りき』　三〇二夜：ハーバート・マルクーゼ『エロス的文明』　一七一二夜：フッサール『間主観性の現象学』　八七九夜：稲垣足穂『一千一秒物語』　四六夜：リルケ『マルテの手記』　一二〇〇夜：ヘルダーリン『ヘルダーリン全集』　九一七夜：泉鏡花『日本橋』

われわれは「未完了」なのである。
けれども「実存」だけは残されているはずだ。

方法の問題

ジャン＝ポール・サルトル

平井啓之訳　サルトル全集（人文書院）　一九六二
Jean-Paul Sartre: Questions de Méthode 1960

サルトルは「自分入りの未完了」が好きだ。「自分入りの未完了」のために全力を注ぐ。一九五二年に「ジャン・ジュネ全集」が刊行されたとき、その第一巻はジャン＝ポール・サルトル著『聖ジュネ――演技者と殉教者』になった。六〇〇ページ近い大部のサルトルの一冊がジュネ全集の第一巻を飾ったのである。

前代未聞の編集構成だった。中身はジュネに対する最高のオマージュと分析ではあったが、随所に全文学史や全表現史の試みの未熟がちりばめられていて、あたかもジュネのレンズを通してサルトルが挑むべき「未完了」が、騒然華麗に立ち上がっているかのようだったのである。

サルトルは「転用・転位」「流入・流出・流用」「横断・横領・横行」が好きだった。ありったけの知を動員するためにそうした。はっきりいえば「乗っとり」の天才だ。これはサルトルが状況（situations）そのものであろうとしたからだろうと思う。ケアンズ＝スミスに『遺伝的乗っ取り』（紀伊國屋書店）があって、鉱物的生命が情報高分子としての生命になるにあたってジェネティック・テイクオーバーをしつづけたという仮説を発表したことがあるのだが、サルトルを読んでいるとしばしばこの仮説を思い出す。

今夜、初めてサルトルについて書く。学生時代から人文書院のシリーズをこつこつと集め、小説は『嘔吐』を始めとしてそれほど好きではなかったが（『蠅』や『アルトナの幽閉者』や『恭しき娼婦』のような戯曲はそれなりにおもしろかったが）、それでも何かにつけてはサルトルを読んできたわりに、なぜにまたサルトルについて一度も何も書いてこなかったのかと、いま自分で自分を訝《いぶか》っている。

これはちょっとまずかったかなとも思っている。というのも、サルトルがそれなりに周辺で読まれている時期にサルトルを読み、その後にサルトルがまったく流行しなくなってからは（ありていにいえば、フランス現代思想が流行してからは）、ぼく自身はまだサルトルをときどき読んでいたのに、まるで周囲を憚《はばか》るかのように、サルトルについての発言を何もしてこなかったのだ。

だからこれからいまさらに書くことは、ぼくがサルトルに長年にわたって抱いてきたごくごく個人的な印象で、今夜のためにあらためて読み直して書くものではない。

ぼくがサルトルを読み始めたのは学生マルクス主義の只中にいたときである。そのころサルトルを読むといえば「疎外とは何か」「社会に参加する《アンガージュマン》とは何か」を考えることに等しかった。

何から読んだか思い出せないが、ソ連の官僚制スターリン主義をどのように見ればいいかということが学生運動家たちの話題の最前線になっていて、埴谷雄高が『フルシチョフ主義の秘密』を書いたときみんなが焦り、そうか、問題はスターリン主義からはやくもフルシチョフ主義にまで進んでいたかという気になったことをうっすらおぼえているので、その前にすでにサルトルの『スターリンの亡霊』を読んでいたのだったろう。次が『弁証法的理性批判』で、その次が『ユダヤ人』だったろうか。

そのころ「疎外」については、公式マルクス主義見解が「資本主義社会では人間の生き生きとした主体性が根底的に疎外されている」という見方をとっていた。そこでは「物質が歴史の主導権を握っている」という唯物論が王座を占めていて、これでは弁証法的な歴史観そのものから人間が除外されかねない。そのため、ルカーチやルフェーヴルやサルトルはもっと存在くさい弁証法的思考をあらためて確立し、そこに人間を含む社会の全貌の流れをくみこもうとしていた。

かれらは、マルクス主義が弁証法を発展させたはずなのに、その当のマルクス主義のなかで弁証法が歪《ゆが》んでいったとみなしていたのである。とくにサルトルはエンゲルスが『自然弁証法』において人間を欠落させたことをこっぴどく批判した。へえっ、サルトルってやるもんだと思った。そんなとき『スターリンの亡霊』を読んだのだったと憶《おも》う。スターリニズムに対する激越な批判は、学生マルクス主義の末席にいたぼくには衝撃的であり、勇気ある発言だと思えた。もっとも、当時の学生のあいだでサルトルに人気があったのは別の理由だった。

当時の学生にサルトルがウケた理由は「アンガージュマン」(engagement) にあった。社会参加とは何かということだ。第二次世界大戦が終わった一九四五年の秋、サルトルはメルロ＝ポンティ、ボーヴォワール、レイモン・アロンらと雑誌「現代」を創刊し、サルトルがその編集長になった。このときサルトルが掲げたスローガンが「アンガージュマン」である。

人間はそもそも自由な存在だと見られているが、サルトルはそうではなくて、人間は時代と社会の状況に「拘束されている」と見た。自由はこの拘束とぶつかることからしか生まれない。そうだとすれば哲学者や学者や作家も、時代状況と徹底してかかわっていくことからしか、その使命を見出せないのではないか。雑誌「現代」はそこを訴えようとしていた。

サルトルは文学者としてもこの課題を実践すべきだと考え、大作『自由への道』にとりくんだ。哲学教師マチウ・ドラリュが第二次世界大戦下のパリで何かを「待機」していることを感じながらも葛藤にさいなまれ、最後になってふと気がつくと数人の兵士と教会の鐘楼に立てこもってドイツ軍をくいとめていたという物語である。

七面倒くさいデキの作品だが（つまりヘタクソな作品だが）、サルトルはその評判の如何《いかん》にかかわらず、他方で戯曲『恭しき娼婦《しょうふ》』を発表して、今度はアメリカの黒人差別の実態と白人の横暴の意識を娼婦の目で暴き、つづいて休むまもなく『文学とは何か』を問うて、作家にアンガージュマンをよびかけた。

日本でも江藤淳が『作家は行動する』（講談社文芸文庫）を書いて、このサルトルの呼びかけに応《こた》えていた。南米ペルーのバルガス＝リョサもこれに応じた。あのころは、このアンガージュマンが大流行していたのである。「おい、松岡、あしたのデモにはアンガージュマンしろよ」というふうに。

こうして、ぼくは実存主義とはずいぶん遠いところからサルトルに入っていったのである。もともと実存主義（existentialisme）はキルケゴールがデンマーク語で「実存」（現実存在）とした「続けて外に立つ者」（ex-sistere）からフランス語になった用語で、日本語にしたのは九鬼周造だった。そのころはそうした哲学史的事情に関心がなく、ただただ実存主義という言い方がどこかうさんくさく感じられていたように憶う。

原因は『嘔吐』にあった。一九三一年、サルトルは『人間存在の偶然性に関する弁駁書』という抽象的なタイトルの思索的エッセイを書いた。これを読んだボーヴォワールが「言っていることはおもしろいのに、書き方がつまらない」と指摘して、それをサスペンス風の推理小説のように仕上げることを勧めた。そういうヒントに従うところは意外に柔順なサルトルは（惚《ほ》れた女だからだろうが）、さっそくこれを書きあらためて、アントワーヌ・ロカンタンという主人公をつくりだし、とぎれとぎれのロカンタンの日記として作品にした。これが『嘔吐』である。

ロカンタンは三十歳の独身の学者という設定になっていて、以前は世界各地を冒険する活動的な若者だった。けれどもいまはブーヴィルという港町で静かに暮らし、ある人物の伝記のための資料を調べている。

そのロカンタンが自分の中でおこっているあることに気がつく。海岸でなにげなく拾った小石を見て吐き気がしたり、カフェの給仕のサスペンダーを見て気分が悪くなったり、ついには自分の手を見てもおかしくなる。そしてここからが現代文学史上ではそれなりに有名な場面になるのだが、あるとき公園のベンチに坐《すわ》って目の前のマロニエの木の根っこを見たとき激しい嘔吐《おうと》に襲われ、その嘔吐が「ものがそこにあるということ自体」がおこす嘔吐であったことに気がついていく。サルトルに言わせれば、この嘔吐が「実存に対する反応」だったのである。

ざっとこういう話なのだが、ぼくはこの展開に呆《あき》れ、ばかばかしく感じた。とても大江健三郎のようには、この作品を手放しで実感することができない。サルトルを応援しきれない。サルトルはやりすぎだ。そういう印象だった。それがいつしか実存主義の考え方にも親しめるようになっていた。その理由を書くのはちょっとややこしくなりそうなのだが、ごくあっさりと言うのなら、サルトルが「内面性」や「本質」というものに明確な拒否を突きつけていることを知ったからだった。

サルトルの実存哲学は、人間という存在に「本質」があると思いこむ思考法を拒否するところから出発している。そのかわり、世界や社会にポンと投げ出されてしまった「裸の実存」から思索を開始しようとした。ここまではハイデガーそっくりなのだが、そのとき、人間の「内」へ向かうのではなく「外」へ向かおうとした。

サルトルは自分を「私の外」へ関係づけることによって関係的な自己を発見する試みを執拗《しつよう》に展開していたのだ。ぼくもそれらを読むうちに、そういうことを感じてきて、この「外部と関係する」という見方に新しさをおぼえたのだった。

ただし『嘔吐』からはそのようなメッセージは伝わらない。アントワーヌ・ロカンタンがマロニエの根っこに嘔吐したのは物自体の実存を捉えたものだというけれど、また物自体にいちいち意味を見出そうとする者たちへの批判だとはいうけれど、そのように指摘したのではかえってサルトルの実存主義は狭くなる、つまらなくなる。サルトルはあくまで「人間」か「意識」を問題にすべきだったのである。唯物論の訂正をしたからといって、物自体に言及するべきではなかった。だいたいf64の写真家エドワード・ウェストンの木の根っこのモノクローム写真は、いくら見たって嘔吐を催さない。

というわけで、ぼくは『嘔吐』で吐き出された実存ではなく、内面の多様性を脱却しようとしたサルトルの見方のほうに新しさを感じたのである。

総じていえば、他の多くの哲学者や思想家と同様に、サルトルも「意識とは何か」ということを追究しつづけた哲学者である。ただし、ここは強調しておいたほうがいいのだが、サルトルは意識の中身をまったく問題にしなかった。あえて「意識は世界との関係である」と突っぱねた。

一九四五年の『実存主義はヒューマニズムである』には、有名なサルトルのテーゼが謳《うた》われている。「実存は本質に先行する」というものだ。ここにコップがあるとして、コップはそれがどのように使われるかという「本質」(essence)を前提にしてそこに存在する「実存」（existence）である。しかしながら人間は、何が「本質」かということを前提にしないで生まれてきてしまった「実存」なのである。

たとえばキリスト教や学校が教える人間像はそういうものではない。まるでコップのように、もともと人間には「本質」があるのだからそれを発見しなさい、それをめざしなさい、それを探求しなさいと教える。これはまったくおかしいのではないか。逆なのではないか。サルトルは「実存が本質に先行する人間像」をこそ探求すべきだと考えた。

そこから新しいヒューマニズムを樹立しようと考えた。もっとも、このような見方がうまく樹立したかどうかとなると、おぼつかない。なぜそんなことを考えるようになったのかということは、サルトルの日々から察するしかない。

サルトルは父親を知らない子であった。一歳で軍人の父親は死んだ。母親はわが子を連れて実家に戻るのだが、ここでは母子はよそものだった。少年サルトルはませた。やむなく『ラルース百科事典』とエクトール・マロの『家なき子』とフローベールの『ボヴァリー夫人』で育ったようなもので、そこへ再婚があって見知らぬ義父がやって来たものだから、よけいにませた。このことはサルトルの思想形成のどこかに深くかかわっている。

サルトルが斜視であったことも、その思想のどこかの根幹をゆさぶった。「他人にどのように見られているか」ということを考え続けた。これは十円ハゲができたとか、顔を傷つけられたとか、スランプが続いているということとはかなりちがっている。生まれついてのスティグマだ。内面ではなく外見の傷だ。こういうコンプレックスを気にしすぎたためか、少年サルトルと青年サルトルはあえて逆にふるまった。つねに大胆に、行動的に、勝手にふるまおうとした。

そのひとつが十歳で入ったリセにおいて、サルトルが親友としてポール・ニザンを選んだことにあらわれる。ニザンとはその後にわたってずっと濃密な「奇妙な友情」をもちつづけるのだが、サルトルはニザンたちと徒党を組み、煙草をくゆらし酒を飲み、授業をさぼって、わざと他の生徒から恐れられるようにした。リセでのニザンは学校一のダンディだったのである。

のちにニザンはコミュニストとしての活動や小説『番犬たち』で知られ、フランス共産党から裏切り者扱いもされるのだが、サルトルは果敢な弁護をした。日本ではニザンの人気は高く、『ポール・ニザン著作集』全一一巻（晶文社）が早くに揃っている（ちなみにエマニュエル・トッドはニザンの孫にあたる）。

サルトルの、このような故意に悪ぶった無頼行動はずっと続いたらしく、それがしだいに女性にも及んでいった。二十歳のときにはトゥルーズに住む薬局の年上の女性にぞっこんになり、夜中に薬局に忍んでは振りまわされることを好んだ。二四歳で大学教授の資格試験に合格するのだが、あいかわらず授業はほったらかしで、下級生の知的で美しいシモーヌ・ド・ボーヴォワールに夢中になった。

けれどもサルトルはなぜか（なぜかはわかるが）、周囲の誰とも同等でなければいられないようなのだ。そこで一九二九年の秋、ルーブル美術館のベンチに腰掛けて、ボーヴォワールに二年間だけの「契約結婚」を申し込む。二年間だけは二人でパリに住み、それがすぎれば二人とも自由に行動してもいい。二人が世界のどこかで再会したらそのまま一緒に共同生活をしようという、歯が浮くような申し出による「契約」だった。

このサルトルの提案は、いまではまったく虫のいい「男主義《マッチョ》まるだし」の提案だったというふうに評価されている。フェミニスト側からのクレームだけではなく、文学批評家もそんなことを言う。しかしボーヴォワールはこれをすっかり引き受けた。以来、二人は生涯にわたってパートナーシップを続けるのだが、いっときサルトルは自分の提案を棚にあげて、正式な結婚を申し込んだ。これをボーヴォワールは毅然《きぜん》と断った。やむなくサルトルはその後は自由な女性との恋愛をできるかぎりボーヴォワールに話すようになるのだが、ボーヴォワールにとってはこれはまことに面倒なものだった。

ようするにサルトルという男は複雑な手立てがめっぽう好きで、誤解の評判や面倒なことをちっとも厭《いと》わない男だったのである。しかも、その複雑で面倒なことこそが、シンプルで自由なことだという変な確信をもちつづけた。もっとはっきりいうなら、サルトルの「負い目」は、すべて外洋に旅立つための航海術の武器となったのだ。

まあ、こんなことだけでサルトルの思想の背景を語れはしないけれど、だいたいはこんな感じなのである。

さて一九三一年のこと、サルトルはリセの哲学教師になるのだが、そこでレイモン・アロンからドイツにはフッサールという凄《すご》い哲学者がいて、現象学というものを深めていると聞く。ここからのサルトルを見ると、以上の背景のスケッチがまんざら関係がないともいえなくなってくる。このことを聞いて矢も盾もたまらなくなったサルトルはすぐに現象学にとりくみ、あまつさえベルリンに一年間の留学をして、フッサール現象学を学ぶ。そしてこのときに「意識が直接に物に触れている」という哲学をおもいつく。実は『嘔吐』の草稿もこのときに書いていた。ボーヴォワールがそれがあまりに堅すぎるので小説仕立てにさせる前の草稿だ。

ここで注意すべきは、フッサールの現象学とサルトルの実存主義の相異点である。フッサールにおいては意識は現象学的に還元されたものであって、意識の本質を「何かについての意識」というところに特徴づけていた。フッサールはブレンターノを借りてそれを「志向性」とよぶ。それがサルトルでは、意識と世界との関係づけそのものが意識の実質になっていた。いいかえれば、サルトルは「意識」そのものではなく、意識が世界と接するときの仕方にこそ関心があったのだ。そこが現象学と実存主義が分かれるところであった。

サルトルにとっての、この仕方とは何だったかといえば、それが本書のタイトルにあらわれている「方法の問題」なのである。

サルトルが『方法の問題』を書いたのはまだマルクス主義に半ば好意をもち、半ば批判をもっていた時期のことである。それゆえ本書は「弁証法的理性批判・序説」という位置づけがされていた。

サルトルにとっての弁証法は、ヘーゲルの弁証法とは異なって、個人が自由な実践をしていく契機のことをいう。自身が搦《から》めとられている状況から存在のレベルを止揚するための実践のことをいう。この実践的な弁証法を行使するために、サルトルは自己にまとわりつく理性と闘うことにした。この理性は近代国家がつくりあげた社会的理性というもので、マルクス主義にとっても打倒の対象になったものだが、サルトルにとっても唾棄《だき》すべきものとなった。

すでにのべたように、サルトルはここで内面には向かわない。外に向かってアンガージュマンを試みる。なんとかして関係化を試みる。そうすると、そこには一人の自己では御しきれなくなる「場」があらわれてくる。それをサルトルはさまざまな組織性だろうとみなした。サルトルが問題にした「方法」とは、このさまざまな組織と接したときの方法のことだった。

サルトルは疎外された組織を「集列《セリ》」(série)ととらえた。そこに属すると単なる他者になってしまう組織性が集列《セリ》である。そこではバスに並ぶ群れや列のように、モノに支配されざるをえない人間の姿が見えてくる。もしバスが何百台もあるのなら、人々はバスを待ちはしないし、並びもしない。サルトルは人々をこのような集列《セリ》に向かわせるのは、そこに社会的な稀少性があるからだろうと判断した。こうして、これらの社会的心理的な集列《セリ》からの離脱こそがサルトルの方法的課題になってくる。

ここから先、サルトルが考えたことをぼくは十全には追ってはいない。だからおおざっぱなことしか見当づけられないのだが、サルトルは集列《セリ》からの離脱には意外なことが必要だと考えた。いったん「溶融的集団性」(groupe en fusion)が生まれることが必要だろうと考えたのだ。溶融とは集列《セリ》が崩れて互いにバラバラの自由に向かって動いていくことをいう。

たとえば一七八九年におこったバスチーユ解放の動向だ。人々はバスチーユ監獄に向かって走り出し、解放されたバスチーユからは囚人も看守も民衆も一緒になってパリの中心への流れとなっていく。そこでは多くの自己が年齢や職業や給与の軛《くびき》から解かれている。各自はそれぞれの私であるのに、そこには他者もなく、差別者もなく、また同一者というものもない。そうであるのならその溶融性を通したあとに、互いの人間があらためて新たな自己としてのつながりを発見することもあるにちがいない。

しかしながら、このような溶融集団性は必ずしも長続きはしないだろうこともサルトルはうすうす知っていた。だからこの溶融性の高揚の次にやってくる自己規制が集団規制となってくる前に、それぞれの人間たちは新たな自由とは何かを発見しなければならないのではないかと結論づけたのだ。

これはすこぶる変わった考え方である。自由に向かうには理性がいる。しかしその理性は自己を内面に向かわせるから、外に出る。外に出ると集列《セリ》が待っている。そこをいったん離れて、それぞれの自己が溶けあうような体験をしなければいけない。けれどもそれで高揚しすぎないで、ちょっとは自己規制をして新たな自由をつかみ、その自由をもって新たな場をつくるべきである……。

ずいぶんまわりくどい。こういう社会的組織観はひどく可能性に乏しいものに見えてくる。

そのような刹那《せつな》的な集団暴走のような最中に新たな自己発見がおこったり、そこに新たな方法の自覚がおとずれたりするとは思えない。あまりにサルトルは折紙をいじくりすぎているか、楽観しすぎているか、急ぎすぎている。案の定、メルロ＝ポンティはサルトルを批判し、多くの思想戦線もサルトルを嗤《わら》おうとした。

かくてサルトルはひたすら小集団の一員となって、自分のまわりにおこる溶融の実践を試みるしかなくなっていた。サン・ジェルマン・デ・プレのカフェに集ってきたジュリエット・グレコらの黒いとっくり首のセーターの集団は、こういう中から生まれてきたものだった。ゴダール、トリュフォーたちもいた。かれらは、メディアからは「実存主義の群れ」と噂されて話題になったけれども、だからといってそのことでサルトルの「方法の問題」が実証されたというわけではなかった。こうしてサルトルはしだいに孤立を深めていったのである。

ところが、ずいぶんたって予想外のことがおこったのだ。一九六八年五月のこと、パリのカルチェ・ラタンの学生暴動をきっかけに、フランスの若者たちが突如として解放を求めて一斉に走りはじめたのだ。いわゆる五月革命である。

この学生を烽火《のろし》とした「溶融的事態」は一挙に世界に飛び火して、まず先進国の大学を襲っていった。ベルリンでもサンフランシスコでも、東京でも沖縄でも、学生たちは一斉に「集列《セリ》」から離れはじめたのだ。バスチーユどころではなかった。それはまさに自主的な方法の模索への決断をあらわしているようだった。パリは「解放区」とよばれ、ルノーでは工場の解放がおこり、ド・ゴールはたちまち辞職解散に追いこまれた。日本では多くの大学でバリケードが築かれ、校舎が解放され、「全共闘の運動」が広がって、ついに東大は入学試験を中止せざるをえなくなった。

サルトルは五月革命をはじめとするいっさいの解放闘争めく動向に断固たる支持を表明し、激越なメッセージを世界に送りはじめた。けれども、学生たちはこの動向がかつてサルトルの言った「集列《セリ》の解体」であり、「溶融の拡張」であるとは思っていなかった。かれらは勝手にそれぞれの集団のセクトを誇り始めたのだ。

そこへもうひとつの動向が重なった。同じ一九六八年の八月にソ連がチェコスロヴァキアに侵入し、「プラハの春」が蹂躙《じゅうりん》されたのである。これはサルトルが予想し、こうあってほしいと思っていたことだったのだろうか。

さて、ここから時代や社会がどのように動いたかは、サルトルのその後とともにわれわれが考えるべき問題になる。

たとえば、ベトナム戦争に対して立ち上がった民衆の動きは、以上の出来事と関係があったのか、なかったのかということがある。サルトルは一九七三年に民衆の意見を反映する「リベラシオン」という新聞を独力で発行しようとするのだが、それはどうなったのかということがある。サルトルはこのあと毛沢東主義《マオイズム》に加担していくのだが、いったいそれはどういう意味だったのかということもある。そのマオイズムの行く先には何が待っていたのかということも油断ならない。日本でYMOが結成されたのはこの毛沢東主義への追随だったけれど、日本ではそうした感覚の動向はどうなっていったのかということも放ってはおけない。

あるいはまた、一九七九年にベトナム人がボートピープルとして国外脱出を企てて、それにサルトルはいちはやく支持をおくったのだけれど、そのボートピープル救済の運動はその後、さまざまなNPOとなり今日に至っているものの、それらはいったいサルトルの考え方とどこでつながっているのかということも、いまなお議論は出尽くしていない……等々。

こうしたことは、いまもってあまり検討されていないままにあるように思う。なぜなのか、理由をさがすのはそれほどむずかしくない。多くは「サルトルの誤り」として片付けられてしまったからだった。

しかし、はたしてそれですむものかどうかは、サルトルの思想的生涯とともにそろそろ振り返って根こぎされるべきである。たしかにいったんは、サルトルの終焉が「知識人の終焉」として語られたことはあったが（リオタールのように）、ここにはどうやらそれだけではすまないものがある。とくに残された問題は、いったいこれからは、どこに、何をもって「方法の問題」を見出せるかということなのである。

二つほど付け加えておきたい。サルトルについてはぼくの読みの全体が「出し遅れの証文」みたいなものだから、まあ勘弁していただきたい。想像力と読書力についてのことだ。

サルトルに『イマジネール』という本があり、日本では『想像力の問題』などとして刊行されているのだが、ここに、われわれの想像力はアナロゴン（類同的代替物）をもって外側化されているという見方が提案されている。ちょっとおもしろい。想像力は思いついては消えていくのではなく、アナロゴン（この言い方は洒落《しゃれ》てはいないが）として絵なり音楽なり文章なりとなって、ずっと維持されていくというのだ。ぼくはここにはコンティンジェントな見方が足りないとは思うけれど、サルトルが「未完了」と「横どり」に向かっている姿を感じられて、好ましかった。

読書力については、サルトルの見方はマラルメやプルーストに近い。主に『文学とは何か』に書かれている見方なのだが、読書は「ジェネロジテ」（générosité）の行為だというのだ。ジェネロジテは日本語になりにくいけれど、惜しみなく与えるというニュアンスの言葉で、かつてデカルトも『情念論』で使っていた。出し惜しみしないことによって得られる高貴な自由といった意味もある。

サルトルはこのジュネロジテを説明用語にして、読書は著者のものでも読者のものでもなく、相互贈与関係になっていると見たのだった。互いに呼びかけに応えあっていくこと、それが読書なのである。そうだとしたら、ぼくはサルトルとのジュネロジテの半ばくらいでうろうろしてしまったということなのだろう。

第八六〇夜 二〇〇三年十月一日

参照千夜

三四六夜：ジャン・ジュネ『泥棒日記』 一六二一夜：ケアンズ＝スミス『遺伝的乗っ取り』 九三二夜：埴谷雄高『不合理ゆえに吾信ず』 六五二夜：アンリ・ルフェーヴル『革命的ロマン主義』 一二三夜：メルロ＝ポンティ『知覚の現象学』 二一四夜：江藤淳『犬と私』 一七〇七夜：バルガス＝リョサ『密林の語り部』 九一六夜：ハイデガー『存在と時間』 二八七夜：フローベール『ボヴァリー夫人』 一三五五夜：エマニュエル・トッド『経済幻想』 一七一二夜：フッサール『間主観性の現象学』 一七〇八夜：ヘーゲル『精神現象学』 一五九夜：リオタール『こどもたちに語るポストモダン』 九六六夜：マラルメ『骰子一擲』 九三五夜：プルースト『失われた時を求めて』

世界は不条理だったのである。
戦後ヨーロッパはこの一点だけを凝視すべきだ。

異邦人

アルベール・カミュ

窪田啓作訳　新潮文庫　一九五四

Albert Camus: L'Étranger 1942

埴谷雄高に『不合理ゆえに吾信ず』（現代思潮社）というアフォリズム集があった。高田馬場の古本屋の中段の書棚で異質な響きを発していた。何度も逡巡しながら一年がかりで手に入れた。このタイトルはテルトゥリアヌスの箴言《しんげん》から採ったものだった。

テルトゥリアヌスは二、三世紀のカルタゴでキリスト教の教理に独自に耽った最初の神学者である。オリゲネスとテルトゥリアヌスが黎明期の「キリスト教という節理」を教義にし、これを同じく北アフリカに出身したアウグスティヌスが仕上げたのである。教文館から『テルトゥリアヌス』全三冊が、平凡社から『初期ラテン教父』が出ている。ヤロスラフ・ペリカンの『イエス像の二千年』（講談社学術文庫）にも詳しい。

埴谷雄高が奉じた箴言「不合理なるが故に我信ず」(Credo quia absurdum) は、テルトゥリアヌスの言葉そのままではない。実際には次のように書いている。「神の子が死んだということ、これはそのまま信ずるに値する。なぜならそれは不条理だからだ。そして墓に葬られ、彼は復活した。この事実は確かだ。なぜなら、それは不可能だからだ」。

キリスト教による信仰は理性によっては成立しない、イエスの復活は不合理や不条理を啀《くわ》えこむことによって確信できるという意味だ。これをまとめて縮めれば、「不合理ゆえに、吾信ず」なのである。しかし、この考え方はキリスト教の教理としてはともかく、ヨーロッパ哲学史は充分に咀嚼《そしやく》できなかった。ラテン語 absurdum は「不協和」という意味で、これを神理に使うならまだしも、人間にあてはめるにはあまりに高度な矛盾に見えたからだ。

やっと absurdum を哲学にしてみせたのは、デンマークのキルケゴールである。『おそれとおののき』で、アブラハムが息子を殺害して神に捧《ささ》げようとした旧約聖書の一節をとりあげ、不条理 (独 Absurdität) による神の摂理の説明は、このパラドキシカルな思考のプロセスを人間として受け入れることによって可能になるとみなした。

セーレン・キルケゴールはデンマークの青年ヘーゲル派に属していたのだが、二つのことで深い疑問をもっていた。ひとつは当時の教会にまったく哲理が見失われていることに失望していた。もうひとつには、いささかこみいったことになるのだが、実父の考え方にまつわっていた。

キルケゴールの父ミカエルは貧しい農民だったが、十二歳のころから神を呪い、コペンハーゲンに出て毛織物商となり、一代で富を築いた。自分の成功は神を呪うことによって得た代償だと信じていた。この父にとって、先妻の死がさらに決定的な転換をもたらした。すぐに住み込みの手伝いをしていた女性と結婚し、七人の子をもうけたのだが、自分の不貞からくる罪の意識から、子どもたちと引き換えに神の罰を受けるかもしれないという畏れに囚《とら》われてしまうのだ。そのため、末っ子であるセーレンに異様なほど苛酷に、キリスト教徒の使命を教え込もうとした。セーレンは、父にとって、自らが犯した罪を銘記しつづける存在であるとともに、その罪がもたらす負の遺産を相続するべく宿命づけられた〝選ばれた子〟だったのである。

こうしたことがキルケゴールの哲学にすべて投影していたとは言わないが、その後の『あれか、これか』『不安の概念』『死に至る病』『キリスト教の修練』などを読むと、そこにはテルトゥリアヌスの「不合理なるがゆえに、吾信ず」を徹底して通過したうえでの思索があったことが、切々と伝わってくる。

ヘーゲルは矛盾や不合理は止揚《しよう》できると説いた。キルケゴールは青年ヘーゲル派にいながらもそこが疑問で、矛盾や不合理こそが精神を現象させていると見た。そうして『不安の概念』に「主体性は真理であって非真理である」と書いた。

ヨーロッパの哲学はやっと不条理をとりこんだ。それは「類」の哲学ではなく、二十世紀につづく「個」の哲学を開示する。キルケゴールのおかげだった。ここに登場してきたのが、フランツ・カフカであり、アルベール・カミュだったのである。

カフカは「神はクルミを与えてくださるが、クルミを割ってはくださらない」「悪は善のことを知っているが、善は悪のことを知らない」と考えていた。『変身』ではいっさいの矛盾が自分自身の姿になったグレゴール・ザムザを描き、『審判』では理由のわからないまま起訴されたヨーゼフ・Kが裁判のために奔走しながらも犬のように処刑される不条理を綴《つづ》った。

カミュの『シジフォスの神話』は、神を欺いたらしい青年シジフォスが神の怒りを買って、巨大な岩石を山頂に運んでは転落するという話である。ヨーロッパ哲学はずいぶん回り道をしたが、カフカとカミュによって「不合理ゆえに、吾信ず」の本気の逆説に行きついたのである。ただぼくはこれは文学であって、ヨーロッパ哲学の大転回がこのようにして文学的に示されるのだとは、長らく気がつかないままだった。

早稲田ではカミュはちょっとした英雄だった。キャンパスには学生劇団があふれていて、早稲田祭のときは一〇〇をこえ、ふだんでも十五をこえる劇団があったと思うのだが、そのため一年中キャンパスのどこかでカミュの『正義の人びと』や『カリギュラ』の立て看が見えていた。どんな演出だかは知らないが、ときには『異邦人』を翻案して舞台にのせているところもあった。

ついでにいえばそのころの早稲田ではチェーホフ、ブレヒト、サルトル、ベケット、福田善之、宮本研、イヨネスコが多かった。自由舞台では別役実がデビュー作『AとBと一人の女』や『象』を書いて、鈴木忠志が演出していた。

そのカミュをぼくは敬遠していた。食わず嫌いだった。だいたい「きょう、ママンが死んだ」で始まって太陽のせいで殺人を犯した青年の話など、読めたものじゃないと決めこんでいた。カミュは読まなかったが、サルトルはちょいちょい読んでいた。カミュ嫌いはサルトルのせいではない。サルトルとカミュが仲違《なかたが》いしたことにも興味がもてなかった。

ところが、何かのきっかけでカミュがジャン・グルニエの影響をうけていたことを知った。グルニエは『孤島』（筑摩叢書・ちくま学芸文庫）を読んでいたが、こんなふうに思索のつれづれを言葉にできたらいいなと感じていた作家で、当時の気分でいえば、ジョン・クーパー・ポウイスに並ぶ哲学仙人と感じていた（『地中界の瞑想』『人間的なものについて』『存在の不幸』国文社、いずれもいい）。そのグルニエがカミュの高等中学校上級時代の哲学教授だったのである。それで、はたと膝《ひざ》を打った。

急にカミュに対する見方が変わり、機会があれば読もうと決めた。最初は『反抗的人間』だったろうか。まさにグルニエに捧げられていた。『ペスト』のほうはダニエル・デフォーが好きだったので読んだ。たいそう緻密なものを感じた。それでも『異邦人』だけは放ってあった。やっぱり「きょう、ママンが死んだ」が嫌だったのだ。

そのうち『裏と表』を読んだ。カミュの少年時代のことが三人称で綴られていて、父親のいない五人暮らしで、「息子は唖に近く、娘は病身で何も考えることができない」とある。家族を仕切っていたのは七十歳になる祖母で、家族は地中海の太陽だりがおいしかったと書いてあった。


カミュはアルジェリアのモンドヴィで、葡萄酒輸出業者に勤める父のもとに生まれている。第一次世界大戦勃発の直前だ。すぐ戦争で父を亡くし、アルジェ市の場末で暮らした。母親はほとんど耳が聞こえなかったという。二つの部屋に五人がひしめく日々。サルトルも幼年時代に父を亡くしているが、サルトルは祖父の庇護をうけて、どちらかといえば書斎に育った。カミュはそうではなく、アルジェの道端や海岸を走りまわり、サッカーのゴールキーパーでならした。

ずいぶん早くに結婚をした。二十歳だったが、一年ほどで離婚した。まもなく共産党に入党するけれど、これもすぐに脱党した。大学の卒論はプロティノスとアウグスティヌスとヘレニズムである。そのあと肺結核にかかりながら、劇団「労働座」をつくって脚本・演出・役者のいずれにも熱中した。

　時代は不穏になっていた。ナチスが抬頭《たいとう》し、フランス各地が侵攻の危機にさらされていた。アルジェリアとパリを往復するうちに、カミュは猛然と書き始める。

　そういうカミュの『異邦人』なのである。ぼくは今度はやけに謙虚な気持ちでこの作品を読むことにした。読む前にこんなに気持ちを整えた青春文学なんて久しいことだ。読んでみて、なぜこの作品が爆発的に話題になったのかが、やっと了解できた。

　なるほど、ムルソーこそはやがて世界の消費都市を覆うことになる青年の名状しがたいいきしみ感覚を象徴していた。その予告が描かれていた。『異邦人』は一九四二年の作品だから、まだアルジェリアも戦火のなかにある。


　話はムルソーが養老院で母が死んだという通知をうけるところから始まる。ムルソーは何にも刺激を感じられないまま仕事の事務所に通い、日曜日はバルコニーから通行人か空を眺めるだけである。ここまではアントワーヌ・ロカンタンだ。マロニエの根っこを見て吐き気を催す『嘔吐』の青年である。ところがムルソーにはそういう感情もない。外のどんな出来事もリアルには映らない。そこには社会に反応する実存主義的な心というものもない。

ある日、そのムルソーが酷暑のなかでアラブ人たちの喧嘩《けんか》に巻きこまれ、殺人を犯す。ナイフをふりかざして襲ってきたアラブ人にピストルの弾を四たび撃ちこんだ。太陽がギラギラ照りつける海岸である。ムルソーは仲間と遊んでいただけだった。直前までは、「笛を吹いているやつの足のゆびが、えらくひらいている」のを見ていた。友人のレエモンが「やるか」とけしかけたときも、ムルソーは「よせ」と言っていた。レエモンがピストルを渡したときも、まるで時間が停止しているかのように感じた。

そして謂《いわ》れのない殺人がおこる。「すべてが始まったのは、このときだった。私は汗と太陽とをふり払った。昼間の均衡と、私がそこに幸福を感じていた、その浜辺の特殊な沈黙とを、うちこわしたことを悟った」。

ここから『異邦人』は第二部に入り、ムルソーの監獄生活と裁判が描かれる。検事の言葉や証人の態度が淡々と綴られ、何度も御用司祭の訪問を断るムルソーの「やる気のなさ」が申し訳なさそうに挿入される。

ムルソーにとって、自分の味方のはずの弁護士をふくめ、裁判のすべては自分抜きですすんでいる。存在抜きなのだ。こうして検事の次の言葉が、ムルソー的なるもののすべてが今後の社会で誤解されつづけるだろうことを無感情に告知する。「陪審員の方々、その母の死の翌日、この男は、海水浴へゆき、女と不真面目な関係をはじめ、喜劇映画を見に行って笑いころげたのです。もうこれ以上あなたがたに申すことはありません」。

カミュは「社会の不条理」を抑制をきかして書いたと、批評家たちに絶賛された。だが、その不条理はヨーロッパ近代思想のきしみなのである。そのきしみのためにカミュは用意周到に文体を練ったのだ。

ムルソーは裁判のなかで自分がインテリだと思われていることを知って、釈然としなくなっていく。凡庸な町の強靭《きょうじん》な常識は、ムルソーのわずかに悟りきったような言葉の端々に見える「知」を見抜いて、その虚妄を暴こうとした。

これはカミュが共産党に入りながら、そのわずかな言葉の使い方によって、その「真意」を問われ、やがて除名されていったことを思うと、まさにカミュが知っていた社会のおかしさというものの告発だったろう。社会や集団は、いったんその個人が異質な言動をとったとたん、その個人の言葉づかいのどんな細部にも異質なものを発見しようとする。ムルソーはそのことによって異邦人にさせられたのだった。こうして、カミュはあらゆる思想体制に対する異邦人になっていく。

早稲田でカミュがちょっとした英雄だった理由はよくわかった。そのころ早稲田も東京も日本も、すでにカミュのように不条理を語る能力が失われていた。きしみはあったのにきしみを昇華できてはいない。そこでせめてカミュを借りてみたかった。文句をつけたくなっていた。そういうことだったのだろう。

その後、『異邦人』をめぐって三つばかりの感想をもった。

ひとつは日本の文壇では昭和二六年に広津和郎と中村光夫のあいだで『異邦人』論争が交わされていたということだ。少し覗《のぞ》いてみてギョッとしたのは、日本ではムルソーの犯罪と裁判を借りてやたらに日本の社会の病巣を議論しようとしていたことだった。これはおかしい。

二つ目はルキノ・ヴィスコンティがマルチェロ・マストロヤンニをつかって『異邦人』を映画にした。それを新宿で見ながら、そうか、ヴィスコンティはムルソーを「ゲームに参加しない男」として描ききったなという感想をもった。これはさすがだ。

三つ目の感想は、カミュが四六歳で死ぬ前に、グルニエゆかりの南仏ルールマランに家を購入し、最後の手紙をグルニエに出していたということを知ったとき、なんだか胸がつまった。

ぼくはカミュのよい読者ではなかったが、このように、しだいにカミュについて付け加えたいことがふえていった。とくに『カミュの手帖』(新潮社)を読んでから、ぼくの中のカミュはしだいに膨らんでいった。一九三五年から一九六〇年に自動車事故で死ぬまで、カミュは大学ノートに日記《カイエ》をつけていたのだが、それがなんともせつない日記なのである。それに、なんとも告発的な日記でもあった。『異邦人』についても、発表直後にこんなことを綴っている。

問題になるのは芸術的な手法であって、結末ではないということをのべたあと、こうつぶやくのだ。「この本の意味はまさに第一部と第二部の並行関係の中にある。結論はこうだ、社会は母親の埋葬に際して涙を流す人たちを必要としている。人は自分に罪があると思うことによっては決して罰せられない。他にも、私にはさらに十くらいの結論が可能である」（大久保敏彦訳）。

カミュの哲学は哲学なき不条理にある。「われ反抗す、ゆえにわれら在り」にある。だからカミュにとっては、表現は告白であり、思想とは自身の結論を遅らせることにあったのだ。

話は変わるが、二年前のこと（二〇〇二年現在）、ぼくが主宰している未詳倶楽部ではいちばんフランスに近い高野純子に俳号を贈るとき、彼女がオトグラフのコレクターでもあって、ぼくの知らないフランスをぼくにもたらそうとしてくれているのを感じて、カミュの音をひそめた「紙由《しゆう》」という号を思いついたことがあった。そのときぼくの感覚には、次のような文字と音とが交差していたものだった。Meursault（ムルソー）は、ひょっとして mer（海）と sol（太陽）なのではなくて、“meurt”（死ぬ）と“seul”（ひとり）だったのかもしれない、というふうな……。

第五〇九夜　二〇〇二年四月二日

参照千夜

九三二夜：埴谷雄高『不合理ゆえに吾信ず』　三四五夜：オリゲネス『諸原理について』　七三三夜：アウグスティヌス『三位一体論』　一七〇八夜：ヘーゲル『精神現象学』　六四夜：カフカ『城』　八六〇夜：サルトル『方法の問題』　一〇六七夜：ベケット『ゴドーを待ちながら』　一一七三夜：ダニエル・デフォー『モル・フランダーズ』　一六七八夜：吉村信次郎ほか『ヴィスコンティ集成』

非ヨーロッパ社会がそうであったように、相互関係を「構造」とみなすことでしか、世界は語れまい。

クロード・レヴィ＝ストロース

悲しき熱帯

川田順造訳　中央公論社　全二巻　一九七七／中公クラシックス　全二巻　二〇〇一
Claude Lévi-Strauss: Tristes Tropiques 1955

冒頭に「私は旅や探検家が嫌いだ」「それなのに、いま私はこうして自分の探検旅行のことを語ろうとしている」と書いてある。一方、長い長い記述の最後には「世界は人間なしに始まったし、人間なしに終わるだろう」という人類学者らしくないとも人類学者らしいともいえる言葉が出てくる。そのうえで、「ともあれ、私は存在する」。

実に奇っ怪な書物である。本書が文化人類学の古典的な名著だということくらいのヒントで読んだ者には、頭がクラクラする。「ともあれ、私は存在する」と書く一ページ前には、平然と「私は人類全体の矛盾である」とも書いている。不合理や不条理が旅行カバンの中に入っているのだ。とくに「私は旅や探検家が嫌いだ」がいい。自慢じゃないが、ぼくは旅も探検も嫌いなのである。

こんな人類学者はいなかった。人類学的な調査旅行を学術的ではなく旅行記のように書いた研究者ならごまんといるし、その旅行記に自在に学術的な思索をはめこんだものも、たくさんあった。むろんたんなる学術的報告ならキリがない。けれども、その調査研究記録の随所に、人類と人間に関する本質的な思索と自身の根源的な省察を同時に、かつ暗喩《あんゆ》に富んで表現できた学者など、まったくいなかった。

レヴィ＝ストロースは一九三〇年代のブラジルを旅行し、滞在した記録を本書にまとめた。それはそうなのだが、読み出せばすぐにわかるように、本書はレヴィ＝ストロースが最初にどんな調査目的をもってパリを発《た》ち、どのような旅程のすえにブラジルに着き、それからどのように「悲しき熱帯」を調査したか、そのつど何を感じたかというふうには、書いてはいない。

まるで車窓に走る風景を見ながらついつい物思いにふけるように、回顧談や回想や反省がのべつまくなしに入ってくる。たとえば、ユダヤ人として自分が第二次世界大戦をのがれてアメリカに行ったときの思い出が入る。コルネイユの『シンナ』を借りて急に自画像のスケッチを試みる。インド旅行のときの話ではバングラデシュの現在に対する感想がのべられる。それにまじってブラジル奥地のインディオの生きかたの報告が続くこともある。これらが時間をこえ、空間をこえ、しかも軽妙で沈着な思索のなかでジグザグと進行する。加えて、隠喩《メタファー》と換喩《メトニミー》がおびただしい。

けれども言葉が生きている。すこぶる連想に富んでいる。目眩《めくるめ》くというのでなく、精緻な視点で野生のワールドモデルが自在に問われつづけているという印象なのだ。ブラジルのカデュヴェオ族やボロロ族の日々を見ているのは、少年に戻ったレヴィ＝ストロースだったり、ドビュッシーを聞いているレヴィ＝ストロースだったり、若いころにアメリカに脱出したときの苦渋のレヴィ＝ストロースだったりするわけなのである。それでいて、どこか悲しいものがある。

こんな学問があるというのだろうか。あったのだ。そのような方法をレヴィ＝ストロースがつくったのである。構造人類学の原型は、すべてこの『悲しき熱帯』の文章に発酵していたといってよい。

本書を最初に読んだのは、ぼくが早稲田のフランス文学科にいたときの担当教官の室淳介さんが訳した講談社版の、その名も『悲しき南回帰線』という一冊だった。全訳ではなかったが、そのときの紐《ひも》の長いブランコに乗ったような読後感、未知の揺動ともいうべき読中感というものがある。それを伝えたい。けれども、それができそうもない。ぼく自身がその読中感をすぐに再生してみせる方法を、ここで思いつけないからだ。

学術が文学なのである。きっとそういうことだろうと思う。その逆に、文学が学術でありえた稀有《けう》の例だということでもあろう。しかしながらそう書くと、たとえばヤーコプ・ブルクハルトの『イタリア・ルネサンスの文化』(中公文庫)やヨハン・ホイジンガの『中世の秋』(中公文庫)とどうちがうのか、そこをあれこれ言わなくてはならなくなる。あるいは柳田國男が佐々木喜善《きぜん》から聞いたことを『遠野物語』(角川文庫・河出文庫)にし、それを理解できたのが泉鏡花くらいのものだったというようなこととの比較を、うだうだ書かなければならなくなる。

そんなことを説明していたらレヴィ＝ストロースではなくなってくる。そういうものではない。『悲しき熱帯』はどんな学業によっても、どんな報告記録によっても、けっして代行がきかない一冊なのだ。変な言い方になるけれど、構造主義の全体と『悲しき熱帯』のどちらを取るかといわれれば、ぼくは後者を選びたい。そのくらいかけがえのない一冊なのである。

室淳介さんの訳ののち、中公の「世界の名著」にマリノフスキーの『西太平洋の遠洋航海者』とともに『悲しき熱帯』が入ることになった。抄訳だ。次に川田順造の訳で、泉靖一が解説を書いた。ただしこれもまた抄訳である。その後やっと、一九七七年になって同じ川田さんによる全訳が登場した。久々にあらためて読んでみた。ぴったり同じ読中感だった。

クロード・レヴィ＝ストロースは一九〇八年のブリュッセル生まれだから（育ちはパリ十六区）、いまは九三歳だ（二〇〇一年現在）。最近会ったフランスの友人の話では、ますます矍《かく》鑠《しゃく》としているという。

曾祖父が作曲家で、父親が画家だったこともあって、少年期からさまざまな芸術に親しみ、セルバンテス、印象派、ピカソ、ワーグナー、ストラヴィンスキー、ドビュッシーに惹《ひ》かれたり、浮世絵をはじめとするジャポニスムに目を見張ったりした。一方、高校時代やソルボンヌ大学ではかなりマルクス主義や社会主義に傾倒して、学生組織の書記長になったり、社会党代議士のジョルジュ・モネの仕事に携わって法案作成をしたりした。

専攻したのは法学と哲学である。ただ、ちっともおもしろがっていない。哲学のアグレガシオン（教授資格試験）のあと、とりあえず高校《リセ》で哲学を教えるのだがあきたらず、社会主義派の政治活動の支援などをしているうちに、ソルボンヌ大学の社会学者セレスタン・ブーグレから新設のサンパウロ大学への赴任を打診されると、一も二もなくブラジルに渡っていった。

ここで「非西洋」に出会ったレヴィ＝ストロースがどうなったかといえば、原始文化バンザイ、インディオ絶賛、インカ破壊激怒、だったのではない。西洋文明が文明エントロピーによって重圧に堪えられなくなるだろうという感想をもち、自身がひどくペシミスティックになったという感情に打ちひしがれた。それが本書やのちの『野生の思考』につながるのだが、他方で（ブラジルやアメリカから帰ってきてからだが）、ではこんな文明をつくりだした「人類」というものは、いったいどうしてこういう社会に甘んじるようになったのかという問題意識に向かっていった。

これが「構造人類学」や「構造主義」の提案になっていったのである。それにしても、そういう問題意識がなぜにまた「構造」主義なのか。

レヴィ＝ストロースの言う「構造」は堅くない。じっともしていない。要素と要素の「関係」がもたらすものが構造であって、それはつねに変形（あるいは変換）を通じて特性を保持するものだ。

この、たえず変形し変換しながらも基本形を保持する構造という見方を、レヴィ＝ストロースはダーシー・トムソンの『成長と形態』（邦題『生物のかたち』東京大学出版会）から借りた。また、自分の人類学を「構造」という特徴を与えるネーミングにしたのは、ロマン・ヤコブソンらのプラハ学派が「構造言語学」を提示していたことと、アンドレ・ヴェイユ（シモーヌ・ヴェイユの兄）らのブルバキ（フランスの若手数学者集団）が提案していた「数学の構造主義」とに共感したからだった。

そのころ、「構造主義」という言葉を思想の主旨に用いるのは新語流行に近いものでもあった。アンドレ・ラランドの『哲学用語辞典』には、一九〇〇年から一九二六年くらいに流行した新造語だと説明されている。たしかにヘーゲルもマルクスもダーウィンも、構造に意味をもたせていなかったのである。やっとデュルケムが使いはじめた程度だったのだ。

それよりも、ヤコブソンだ。レヴィ=ストロースはブラジルからの帰りにアメリカに入って七年間にわたる亡命の日々をおくるのだが、ここでニューヨークのロマン・ヤコブソンと出会い、その柔らかい言語観や音韻論に感動し、この構造主義の考え方を継承発展したい、人類学にしてみたいと思った。これが大きかった。

フランスに戻ったレヴィ=ストロースは『親族の基本構造』（青弓社）をもって、構造主義（structuralisme）の研究にとりかかる。

構造人類学は、なぜ人類は近親相姦《そうかん》を避けてきたのか、インセスト・タブー（近親相姦の禁止）をもってきたのかという解明に向かった。交叉《こうさ》イトコと平行イトコをまたぐ親族間の婚姻関係の研究である。そのベースとなった『親族の基本構造』は全四巻の大著であるが、結論はまことに明快だった。インセスト・タブーとは「自集団の女性を他集団に贈与する」という交換によって成立してきたものだったのである。少しわかりやすくいえば、自集団にあえて「女性の欠如」をつくりだして、自集団の繁栄には他集団からの「女性の贈与」に依存せざるをえなくしたルールが定着したということだ。

レヴィ＝ストロースはマルセル・モースの『贈与論』に倣《なら》って、これを「互酬的交換」と捉えた。女性を譲渡して女性を獲得するという「同種の交換」で、まさに「交換のための交換」、「関係をつくるためだけの交換」だと捉えたのだ。そういう見方は「親族体系はひとつの言語《ランガージュ》である」という表明に結実している。

インセスト・タブーの史的研究の次にとりくんだ成果は、著書『構造人類学』と『野生の思考』（ともにみすず書房）にあらわれる。とくに『野生の思考』（パンセ・ソバージュ）でサルトルの『弁証法的理性批判』を批判して、人類は主体的な意志によって歴史をつくってきたのではなく、むしろ「見えない構造」によって全容がゆっくり動いてきたのだと言明してみせたことは、当時の実存主義の隆盛に水をさすものとなり、「実存主義から構造主義へ」という思想風潮を醸しだすことになった。

ただレヴィ＝ストロースはそうした風潮に乗ずる気はまったくなかったようで、その後は約十年をかけて大著『神話論理』（みすず書房）に没入していった。「生のものと火にかけたもの」「蜜から灰へ」「テーブルマナーの起源」「裸の人」という全四巻である。これまた大著ではあるが、どこにも大上段にふりかぶったものがなく、読んでいると実に柔らかい。柔らかいだけでなく、〝神話論理〟を抉《えぐ》っている「ロゴス」も見当たらない。それにもかかわらず、この「語り」はその後の人類学者やフィールドワーカーの心を掴《つか》んだのである。

とくに個々の民族や部族の神話や昔語りを、ひとつずつに分けず、相互に関連しあう「群の構造」が成り立つように組み立てたのが新しかった。その作業によって、レヴィ＝ストロースは神話がずうっと再構成されつづけてきたものであること、そこにはたえず「ブリコラージュ」（修繕）が施されていたこと、多くの神話には他の神話の部分に置き換えられても破綻《はたん》しない構造があることに、気が付いた。

レヴィ＝ストロースが気が付いた「ブリコラージュ」(bricolage)とは、もともとは「修繕」とか「寄せ集め」とか「細工もの」といった意味をもつ。フランスではブリコラージュをする職人のことをブリコルールという。

あらかじめ全体の設計図がないのに（あるいは仮にあったとしても）、その計画が変容していったとき、きっと何かの役に立つとおもって集めておいた断片を、その計画の変容のときどきの目的に応じて組みこんでいける職人のことだ。

そのためブリコラージュにおいては、貯めていた断片だけをその場に並べ、それを動かしているうちに、相互に異様な異質性を発揮する。のみならず、しばらくして「構造」ができあがっていくうちに、しだいに嵌《は》め絵のように収まっていきもする。本来、神話というものはそういうものではないか、構造が生まれるとはそういうことではないか、そこにはブリコラージュという方法が生きているのではないかと、レヴィ＝ストロースは見たわけである。

これはぼくの言葉でいえば「創発的な編集」がおこっているということになる。編集というのも、だいたいこんなことをしている。編集はブリコラージュなのである。つねに「全体」と「部分」の関係を有機的に動かしていて、どこかで決着をつけていく。その決着のときに、あとから入ってきた部分がするする育って「超部分」となり、それが「全体」の様相をがらりと変えてしまうのだ。

レヴィ＝ストロースは神話をブリコラージュ的に観察しているうちに、もうひとつ新たな仕組みがあることを発見している。それは、雑多に集めておいた材料や道具の「断片」や「部分」たちが、一応は想定していた「全体」とのあいだであれこれ対話を交わすのではないかと見たことだ。

その対話では、その民族や部族に特有な理性的なものと感性的なものは切り離されずに、「断片と全体が対話した内容」のすべてが検討されるというのである。その対話はレヴィ＝ストロースが好んだ言い方によれば、「サンシーブル」(可変的なもの)と「アンテリジブル」（可知的なもの）の補い合いなのである。センスとインテリジェンスが補い合うのだ。そこを『野生の思考』では、「構造体をつくるのに他の構造体を用いない」というふうに説明をした。

まことに言いえて妙だった。神話がブリコラージュされ、可感と知感をつかってきたというだけではなく、レヴィ＝ストロースが自分の可感と知感をつかって神話を変化しつづけるエディションとして読んできたということなのだ。それは神話や昔話をつくりあげた材料と計画の対話に聞き耳をたてることであり、それらすべてのプロセスにまつわる編集的叙述を、自身のセンスとインテリジェンスを総動員してあらかた実験してみることだったのだ。これを、「問いなき答え」と「答えなき問い」を互いに出しあう相互関係の進展にこそ「構造」が生まれていく秘密がある、というふうにいってもいいかと思う。

こうして、ブラジルのボロロ族のアララオウムとその巣の話が、ジャトバの木と首長の妻殺しの話が、基礎情報として部品化していって、レヴィ＝ストロースがその後の数十年にわたって展開した構造人類学のために用意した編集エンジンの駆動を待って、超部分化をおこすことになったのだった。

レヴィ＝ストロースの〝異様な学問〟は、思想戦線において必ずしもずっと安泰であったわけではない。そうとうに多くの批判にさらされてきた。とくにインセスト・タブーを論じた『親族の基本構造』は穴だらけの議論だと批判され、『構造人類学』についてはは神話内容のメッセージについての議論がなさすぎると批判された。ごくかんたんにいえば、構造主義は図式と機能ばかりを強調する機能主義なのではないかという批判であった。

もともとレヴィ＝ストロースの名が世に轟《とどろ》いたのは、サルトルとの論争が派手だったせいだ。「それ以前の思考」をこそ探索したいレヴィ＝ストロースと、「それ以降の思考」をこそ確立したいサルトルが激突したのは当然だった。サルトルによって「超理性主義だ」と批判されたレヴィ＝ストロースは、サルトルこそ西洋の文明の知にはまりきった理性で人間を見すぎていると撃破していったのだが、その後もレヴィ＝ストロースの学問がはたして学問であったのかどうかという疑問がわだかまっていた。

そこへもってきて、ジャック・デリダが『グラマトロジーについて』や『エクリチュールと差異』でレヴィ＝ストロースをとりあげて「民族中心主義」だと批判した。

レヴィ＝ストロースは「西洋の知で世界を見るな」と訴えて、西洋知が陥った民族中心主義《エスノ・セントリズム》を社会人類学の俎上《そじょう》で切ったのである。ところがデリダによると、そのレヴィ＝ストロースの反「西洋知」による構造主義の見方こそが、西洋的民族中心主義だというのだった。

この話はさかのぼれば、十九世紀の人類学者だったタイラーやモーガンが、人類の発展は原始的農耕民に始まって道具や技能を獲得して呪術《じゅじゅつ》から解放され、やがて商業力や工業力を強化しながら文明的西洋の頂点を迎えたとみなしたのに対して、アメリカの人類学者のフランツ・ボアズやフランスの社会学者のエミール・デュルケムが、どんな社会にも独自の文化があるのであって、人類の発展はひとつの系列ではとても説明できないと反論したことに端を発していた。議論はやがて「文化相対主義」の流れとなり、見方によってはレヴィ＝ストロースもその上に乗っているとみなされたのである。

ぼくはこうした構造主義をめぐる論争にほとんど関心がなかったので、ろくに批判論も擁護論も読んでいないけれど、どうもこうした議論自体が不毛なのではないかと思っている。実際にもレヴィ＝ストロースは周囲からの批判には怯《ひる》むことも目くじらを立てることもなく、ひたすら構造主義ふうの思索と表現に耽《ふけ》っていった。

メキシコの詩人オクタビオ・パスに『クロード・レヴィ＝ストロース』（法政大学出版局）という本がある。

パスはこのなかで「レヴィ＝ストロースを人類学の新しい流れのなかに位置づけようとは思わない」と宣言をした。そして、その文章にはベルクソンとプルーストとブルトンという異質な三人が棲《す》んでいると言った。また、『悲しき熱帯』については、レヴィ＝

ストロースが関心をもっているのは「同一性」ではなく「類縁性」なのだという重要な指摘をした。

大賛成である。学問とは同一性や反復性を確認したがるものだ。それが対象領域と拘束条件の設定が大好きな科学や社会科学の立脚点というものだ。けれども、類縁性はそうした個別の立脚点をやすやすと越えていく。跨《また》いでいく。それは「答えのない問い」によるオイディプスの神話そのものなのである。「なんだか似ている」ということ、「なんとなくつながっている」ということ、そのことを考えるのがレヴィ＝ストロースの学問であり、つまりは『悲しき熱帯』の文章だったのだ。

第十六章「市場」にこんなことが書いてある。最近になってこの文章がぼくを襲ってきて、どうにも困っている。ぼくはいつまでも『悲しき熱帯』の読中感のなかにいる揺《よう》籃者《らんしゃ》であるようだ。

アジアで私を怖れさせたものは、アジアが先行して示している、われわれの未来の姿であった。インディオのアメリカでは、私は、人間という種《しゅ》がその世界にたいしてまだ節度を保っており、自由を行使することと自由を表す標《しるし》とのあいだに適切な関係が存在していた一時代の残照、インディオのアメリカにおいてすら果《は》敢《か》ない残照を慈しむのである。

第三一七夜　二〇〇一年六月十九日

参照千夜

七七二夜：ヨハン・ホイジンガ『ホモ・ルーデンス』　一一四四夜：柳田國男『海上の道』　九一七夜：泉鏡花『日本橋』　一一八一夜：セルバンテス『ドン・キホーテ』　一六五〇夜：ベルナダック&デュ・ブーシェ『ピカソ』　一六〇〇夜：ワーグナー『ニーベルングの指輪』　一七〇八夜：ヘーゲル『精神現象学』　七八九夜：マルクス『経済学・哲学草稿』　一五〇七夜：マルセル・モース『贈与論』　八六〇夜：サルトル『方法の問題』　九五七夜：オクタビオ・パス『弓と竪琴』　一二一二夜：ベルクソン『時間と自由』　九三五夜：プルースト『失われた時を求めて』　六三四夜：ブルトン『ナジャ』

追伸

観念・革命、生・存在、そして不条理

「西の世界観」のI「神と理性」に続いて、II「観念と革命」をお届けする。ささやかながらも十九世紀の思潮と二十世紀前半のレヴィ＝ストロースの構造主義までを扱った。

第一章は「ドイツ」とは何かを追っている。カント、ゲーテ、フィヒテ、ヘーゲルの観念がいったい何に向かおうとしたのかを並べ、そこにナポレオンに蹂躙《じゅうりん》されたイエーナの臨場感、クラウゼヴィッツの軍事戦略論の骨格、革命実践のマルクスと革命詩人のハイネのあいだの奇妙な関係を加えた。第二章は、ショーペンハウアーが共苦に意志を見た「ミットライト・ペシミズム」と、ニーチェが超人の目による「ニヒリズム」を説くにいたった哲学にそこそこ浸《つ》かって、この二人の大胆きわまりない思索の跡を辿《たど》った。本エディションはここから読むのがわかりやすいかもしれない。

第三章から二十世紀に入り、第一次世界大戦とロシア革命の同時進行がこれまでの世界観をどのように引きちぎろうとしたのか、その未曾有《みぞう》の様相が見えるようにした。アナキズム、レーニン、トロツキー、テロリズムの過激な行動思想の動機にもふれた（アナキズムについは別のエディションも予定している）。なかで、ドイツ青年運動がどういうものかが見えれば、第一章の問いの答えがさぐれる。

第四章は大戦後の世界像を求めて、フッサールの現象学、ベルクソンの創造的進化論、ハイデガーの存在学、サルトルの実存主義が相次いで、それぞれどんな組み立てを模索したのか、その「悩ましい工夫」について案内した。そこにはいまだカントやヘーゲルの影が映っていたのだが、しかし、いつまでもそんなことばかりにかまけていてどうするのか、実は「世界はそこにはなかったのではないか」と断じた者もいた。カミュやレヴィ＝ストロースだ。二人が提示してみせたのは「不条理」と「非西洋」というものだった。

ぼくは早稲田のフランス文学科を途中で放棄して、大学時代を学生運動や好きな冒険に費やした口である。以来、自分の中に穿《うが》たれた「西洋知の欠如」を補いたくて、できるだけヨーロッパの歴史思想と科学思想を広く読んできた。その感想を正直に一言でいうと、あまりにも体系の確立にとらわれてきたのではないか、西洋知は胸苦しくなりすぎたのではないかということだ。

モンテーニュやパスカルでよかったのである。それがそうならなかったのは、その後の多くの試みが社会改良思想につながりすぎたからだった。ぼくの学生時代もそうだったけれど、社会的な活動を勁《つよ》い思想でかためるというやりかたには、麻薬のような昂奮《こうふん》とともに、患部の治療にかまける医療性がつきまといすぎるのだ。もっとポリフォニックな編集力を展《ひら》いておいてほしかった。

ドイツが何をもたらしてきたかということも気になる。とくに観念哲学である。イギリス経験論、フランス実存哲学もそうだけれど、ぼくが読んできた印象では、これらはむしろエスニー（民族的文化性）にもとづいていたはずなのだ。西洋知はもっと早くそのことを白状したほうがよかったのである。

松岡正剛

千夜千冊
EDITION

「千夜千冊エディション」は、2000年からスタートした
松岡正剛のブックナビゲーションサイト「千夜千冊」を大幅に加筆修正のうえ、
テーマ別の「見方」と「読み方」で独自に構成・設計する文庫オリジナルのシリーズです。

執筆構成：松岡正剛
編集制作：太田香保、寺平賢司、大音美弥子
造本設計：町口覚
意匠作図：浅田農
口絵撮影：熊谷聖司
編集協力：編集工学研究所、イシス編集学校
制作設営：和泉佳奈子

松岡正剛の千夜千冊　https://1000ya.isis.ne.jp/

千夜千冊《せんやせんさつ》エディション

観念《かんねん》と革命《かくめい》

西《にし》の世界観《せかいかん》II

松岡正剛《まつおかせいごう》

令和元年 10月25日　初版発行

発行者●郡司 聡

発行●株式会社KADOKAWA
〒102-8177　東京都千代田区富士見2-13-3
電話　0570-002-301(ナビダイヤル)

角川文庫 21871

印刷所●株式会社暁印刷
製本所●株式会社ビルディング・ブックセンター

表紙画●和田三造

ISBN 978-4-04-400532-0　C0195

◇◇◇

角川文庫発刊に際して

角川源義

第二次世界大戦の敗北は、軍事力の敗北であった以上に、私たちの若い文化力の敗退であった。私たちの文化が戦争に対して如何に無力であり、単なるあだ花に過ぎなかったかを、私たちは身を以て体験し痛感した。西洋近代文化の摂取にとって、明治以後八十年の歳月は決して短かすぎたとは言えない。にもかかわらず、近代文化の伝統を確立し、自由な批判と柔軟な良識に富む文化層として自らを形成することに私たちは失敗して来た。そしてこれは、各層への文化の普及滲透を任務とする出版人の責任でもあった。

一九四五年以来、私たちは再び振出しに戻り、第一歩から踏み出すことを余儀なくされた。これは大きな不幸ではあるが、反面、これまでの混沌・未熟・歪曲の中にあった我が国の文化に秩序と確たる基礎を齎らすためには絶好の機会でもある。角川書店は、このような祖国の文化的危機にあたり、微力をも顧みず再建の礎石たるべき抱負と決意とをもって出発したが、ここに創立以来の念願を果すべく角川文庫を発刊する。これまで刊行されたあらゆる全集叢書文庫類の長所と短所とを検討し、古今東西の不朽の典籍を、良心的編集のもとに、廉価に、そして書架にふさわしい美本として、多くのひとびとに提供しようとする。しかし私たちは徒らに百科全書的な知識のジレッタントを作ることを目的とせず、あくまで祖国の文化に秩序と再建への道を示し、この文庫を角川書店の栄ある事業として、今後永久に継続発展せしめ、学芸と教養との殿堂として大成せんことを期したい。多くの読書子の愛情ある忠言と支持とによって、この希望と抱負とを完遂せしめられんことを願う。

一九四九年五月三日